Vogt
Kommunikation im Unterricht

Reihe »Bildungswissen Lehramt«
Herausgegeben von Eiko Jürgens

Band 29

Rüdiger Vogt

Kommunikation im Unterricht

Diskursanalytische Konzepte für den Fachunterricht

Dr. Rüdiger Vogt ist Professor für Deutsche Sprache und ihre Didaktik an der Pädagogischen Hochschule Ludwigsburg.

Dieses Buch ist auch als E-Book erhältlich
(ISBN 978-3-407-29366-4).

© 2015 Beltz Verlag · Weinheim und Basel
www.beltz.de

Herstellung: Lore Amann
Satz: Beltz Bad Langensalza GmbH, Bad Langensalza
Druck und Bindung: Beltz Bad Langensalza GmbH, Bad Langensalza
Reihengestaltung: glas ag, Seeheim-Jugenheim
Umschlaggestaltung: Michael Matl
Printed in Germany

ISBN 978-3-407-34216-4

Inhalt

1. Einleitung

In diesem Band geht es um die Art und Weise, wie Unterrichtskommunikation in der Schule in den verschiedenen Fächern realisiert wird. Dies wird aus einer gesprächsanalytischen Perspektive heraus untersucht und dargestellt.

Theoretische Grundlagen

Es gibt für diesen thematischen Schwerpunkt auch andere Sichtweisen, zum Beispiel eine pädagogisch oder didaktisch orientierte, aber in diesen Konzepten werden die fachspezifischen Besonderheiten meist nicht angemessen herausgearbeitet.

So gibt es beispielsweise Texte, in denen Autoren auf der Basis einer pädagogischen Perspektive entsprechende Anleitungen zur Realisierung von Unterricht entwickeln. Hilbert Meyer (2008; 2006) hat zum Beispiel bereits 1987 ein zweibändiges Werk zu diesem Thema veröffentlicht: Der erste Band beschäftigt sich mit den theoretischen Grundlagen der Unterrichtsmethodik, der zweite mit der jeweiligen Unterrichtspraxis. Insgesamt werden die einzelnen thematischen Schwerpunkte angemessen erarbeitet und entwickelt, was aber fehlt, ist der Bezug auf die einzelnen Fächer, die relativ unterschiedlich organisiert sind – dazu gleich mehr. Der Autor formuliert hier allgemein ein Konzept für einen »guten Unterricht«, aus einer pädagogischen Perspektive werden Standards für den Unterricht entwickelt. Dabei werden aber die Unterschiede in den einzelnen Fächern nicht berücksichtigt. Um aber den thematischen Schwerpunkt der Unterrichtskommunikation zu fokussieren, müssen auch die jeweiligen Fachdidaktiken und die darin formulierten Lernziele berücksichtigt werden. Dies unterschlägt allerdings der Autor – eben weil er aus einer pädagogischen Perspektive die jeweiligen Inhalte und Strategien vorstellt. Es wäre sicher sinnvoll gewesen, wenn die Unterschiede in den einzelnen Fächern berücksichtigt worden wären: Erst dann ist eine differenziertere Einschätzung des Unterrichtsgeschehens möglich.

Ansätze Meyer und Helmke

Als ein weiteres Beispiel für einen pädagogischen Zugriff zum Thema Unterrichtskommunikation ist auf eine Veröffentlichung von Andreas Helmke hinzuweisen: Unter dem Titel »Unterrichtsqualität und Lehrerprofessionalität« (2012) hat der Autor ein Buch vorgelegt, in dem die verschiedenen Ebenen der Beurteilung unterrichtlichen Handelns entwickelt werden. Zunächst werden Theorien und Konzepte des Lehrens und Lernens entwickelt, dann geht es um die Lehrerpersönlichkeit und die Professionsstandards. Es folgt ein längerer Abschnitt über Diagnose und Evaluation von Unterricht, in dem unter anderem auch die Gütekriterien für die Unterrichtsbeobachtung entwickelt werden. Im letzten Teil beschäftigt sich der Autor mit der Unterrichtsentwicklung. Basis dieser Arbeit sind videografierte Unterrichtsstunden, die abschließend zusammengefasst präsentiert werden. Aber auch hier bestimmt die pädagogische Perspektive die inhaltliche Auseinandersetzung – wobei darauf hinzuweisen ist, dass der Autor sich schon an anderen Studien beteiligt hat, die vor allem auf das Konzept von Weinert – einem Psychologen aus München – zurückgehen. Zudem muss festgestellt werden, dass bei diesem Modell vor allem eine quantitativ orientierte Forschung im Mittelpunkt steht, während eine qualitative Orientierung keine Berücksichtigung findet. Letztlich gelingt es dem Autor zwar, aus einer pädagogisch-psychologischen Perspektive ein Modell der Unterrichtsbeurteilung zu entwickeln, aber es bleibt doch eher allgemein. Denn auch im Rahmen pädagogischer Betrachtung ist es sinnvoll, bestimmte Dokumentationen qualitativ auszuwerten, um so zu einer konzentrierten Einschätzung der Unterrichtspraxis in den verschiedenen Fächern zu gelangen.

Ziele des Buches Das Ziel dieses Buches ist es, die Unterschiede in der Organisation des Unterrichts in den einzelnen Fächern herauszuarbeiten und sie in gesprächslinguistischer Perspektive einzuschätzen. Dabei wird eine qualitativ fundierte Untersuchung von Unterricht in den einzelnen Fächern realisiert, in der die jeweils spezifischen Bedingungen untersucht werden, die auf den fachlichen Inhalten beruhen und insofern eine spezielle Sichtweise auf den jeweils vollzogenen Unterricht ermöglichen. Zentraler Aspekt dabei ist die Rekonstruktion der im Unterricht vollzogenen verbalen Interaktionen in den einzelnen Fächern. Bei dieser qualitativ orientierten Perspektivierung ergeben sich gewisse Dimensionen, die in der quantitativ orientierten Unterrichtsanalyse nicht oder nur ansatzweise berücksichtigt werden. So lässt sich für die einzelnen Stunden die geplante Realisierung der Vermittlung von Unterrichtsinhalten nachvollziehen. Es ergeben sich dabei auch spezifische Sichtweisen auf die Umsetzung von Unterricht, denn die einzelnen Aktivitäten, vor allem die der Lehrpersonen, aber auch die der Schüler, lassen sich so relativ gut bestimmen. Dabei muss berücksichtigt werden, dass die Unterrichtsinhalte in den einzelnen Fächern sehr unterschiedlich sind – eine kleine Übersicht dazu folgt gleich. Und es zeigt sich dabei auch, dass die Durchführung von Unterricht sehr deutlich an die vermittelten Inhalte gebunden ist.

Vor diesem Hintergrund lassen sich drei Grundlagen der Analyse von Unterrichtskommunikation in einer qualitativ orientierten Perspektive bestimmen:

1. Der jeweils fachlich bedingte thematische Schwerpunkt des Unterrichts bestimmt die Vorgehensweise der jeweiligen Lehrpersonen. So lassen sich bei der Realisierung von Unterricht in verschiedenen Fächern deutliche Unterschiede aufzeigen, die sich aus den jeweils unterschiedlichen Stundenzielen ergeben.
2. In jedem der unterrichteten Fächer gibt es bestimmte Zielsetzungen – formuliert in fachdidaktisch orientierten Texten –, die das jeweilige Handeln der Lehrpersonen bestimmen. So resultiert aus dieser Maxime, dass bei der Analyse des jeweiligen Fachunterrichts die entsprechenden fachlichen Grundlagen und Rahmenbedingungen berücksichtigt werden müssen.
3. Wichtig ist auch das methodische Verfahren, das jeweils von der Lehrperson gewählt wurde, um die fachspezifischen Inhalte zu vermitteln. Dabei lassen sich drei verschiedene Varianten bestimmen, nämlich erstens der lehrerzentrierte Unterricht – die am häufigsten genutzte Form im Unterricht –, zweitens der schülerzentrierte Unterricht, der eher selten stattfindet, und schließlich drittens der verfahrensgeregelte Unterricht, der ebenfalls nicht oft in der Schule genutzt wird.

Allerdings beinhalten die beiden zuletzt genannten Formen durchaus Potenziale, die für ein engagiertes Agieren der Schülerinnen und Schüler genutzt werden können. Ausgangspunkt für die weitere Untersuchung ist also die Vermutung, dass die Unterrichtsinhalte in den einzelnen Fächern sehr unterschiedlich sind und eine entsprechende differenzierte Unterrichtsorganisation erforderlich machen.

- So steht etwa im Deutschunterricht das Schreiben von Aufsätzen zu bestimmten Themen im Vordergrund – und diese müssen inhaltlich im Unterricht vorbereitet werden. Darüber hinaus geht es beispielsweise auch um Sachtexte, Grammatik oder literarische Texte, die entsprechend ausdifferenziert in den Unterricht eingebracht werden müssen.
- In den naturwissenschaftlichen Fächern wie Biologie, Physik oder Chemie – um die wesentlichen zu nennen – geht es vor allem um eine bestimmte Form von Erklärungen, die allerdings je nach Fach unterschiedlich sein kann. So werden beispielsweise im Biologieunterricht neben den Pflanzen auch die einzelnen Tiere – und auch die Menschen – in den Mittelpunkt des Interesses gerückt. Der gleiche

Schwerpunkt steht auch im Physikunterricht im Zentrum – allerdings muss dabei auch beachtet werden, dass der Physikunterricht in der Regel ab der achten Jahrgangsstufe stattfindet, und dies einen ganz spezifischen naturwissenschaftlichen Zugang zu bestimmten Schwerpunkten ermöglicht. Im Unterschied zum Fach Biologie steht im Physikunterricht – und auch im Chemieunterricht – das Experimentieren im Vordergrund. Auf dieser Grundlage werden dann die Unterrichtsinhalte bestimmt und fachlich umgesetzt.

- Im Geschichtsunterricht geht es um einen ganz anderen Schwerpunkt, nämlich um die Frage, wie sich die Menschen und Nationen in den letzten dreitausend Jahren entwickelt haben; allerdings immer auch mit dem Schwerpunkt auf den historisch interessanten Formen wie beispielsweise der kriegerischen Auseinandersetzung oder der gesellschaftlichen Strukturierung nach Kriterien der im Mittelalter entwickelten Hierarchie, um nur zwei Beispiele zu nennen.

- Im Englischunterricht geht es dagegen darum, die spezifischen Eigenschaften dieser Sprache zu erkennen und umzusetzen, was manchmal als relativ schwierig zu bezeichnen ist, weil in diesem Fach die Vermittlung der phonischen und graphischen Realisierung im Mittelpunkt steht. Hinzu kommen noch andere Gesichtspunkte: wie die Art und Weise des Sprechens im Englischen stattfindet, welche Themen dafür genutzt werden und vieles andere mehr, wie zum Beispiel landeskundliche Inhalte. Diese Ausdifferenzierung gilt auch für andere Sprachen, die im Unterricht vermittelt werden, wie beispielsweise Französisch und Spanisch, und unter Verweis auf historische Relevanz auch Griechisch und Latein.

- Im Mathematikunterricht steht hingegen die Vermittlung von mathematischem Wissen im Mittelpunkt, was vor allem in der Sekundarstufe I und II stattfindet, während auf der Primarstufe noch das Rechnen im Mittelpunkt steht.

- Bleibt noch das Fach Kunst und das Fach Sport. Im Fach Kunst steht die Gestaltung künstlerischer Arbeiten im Zentrum, dies geschieht in spezifisch dafür gestalteten Räumen. Ein weiterer Schwerpunkt ist die Geschichte der künstlerischen Arbeit, wofür dann bestimmte Ausstellungen besucht werden oder aus Bildersammlungen entsprechende Arbeiten genutzt werden.

- Ein besonderes Fach ist der Sportunterricht, der entweder in einer Sporthalle oder aber auf einem Sportplatz durchgeführt wird. Auch dafür gibt es spezifische Formen der Schülerorientierung, denn auch hier werden die einzelnen thematischen Schwerpunkte der Stunde den Schülerinnen und Schülern vermittelt, sei es in der Halle Geräteturnen sowie Spiele wie Volleyball oder – auf dem Sportplatz – Leichtathletik, Fußball oder Handball.

An diesen Beispielen lässt sich schon erkennen, welche unterschiedlichen Schwerpunkte in den einzelnen Fächern fokussiert werden. Und diese Differenz erzeugt gleichsam einen jeweils fachspezifischen Unterricht, in dem die inhaltlichen Schwerpunkte des Faches im Zentrum des Interesses von Lehrern und Schülern stehen.

Zudem ist es von Bedeutung, die Aufgaben der Institution Schule sich genauer anzusehen, vor allem aus der Perspektive der Lehrerinnen und Lehrer, aber auch aus der der Schülerinnen und Schüler. Dabei muss auch darauf hingewiesen werden, dass es ganz unterschiedliche Möglichkeiten gibt, diese Rahmenbedingungen zu gestalten. Die in den Landesverfassungen festgelegte allgemeine Schulpflicht, die auf der Grundlage von Artikel 7 Abs. 1 des Grundgesetzes beruht, verpflichtet alle Schülerinnen und Schüler zum Schulbesuch. Diese Festlegungen dürfen nicht vergessen werden, wenn es darum geht, die Aufgaben der Schule im Allgemeinen und im Besonderen zu bestimmen.

Zudem gibt es auch unterschiedliche theoretische Konstruktionen für die Schule und den Unterricht, die vor allem im Bereich der Philosophie entwickelt worden sind. Denn aufgrund der allgemeinen Schulpflicht stehen die Aufgaben der Schule weitgehend fest: Die Normalität von Schule lässt sich genauer beschreiben, wenn ihre Aufgaben als Disziplinaranlage bestimmt werden. In schultheoretischer Perspektive lässt sich der Zweck der Institution so charakterisieren:

> Sie [die Schulen; R. V.] sichern die Überlieferung der jeweiligen Kultur, stabilisieren die bestehende Stammes- und Gesellschaftsordnung und markieren für die Heranwachsenden die Schwelle des Eintritts in die Gesellschaft als vollwertiges Mitglied (Fend 1974, S. 58).

Welche Funktionen lassen sich aus dieser Bestimmung ableiten? Mindestens drei, könnte die Antwort mit Blick auf die schultheoretische Diskussion lauten, nämlich die der Qualifizierung, der Selektion und der Integration (vgl. Fend 1980, S. 19–50):

- Qualifizierung: Die Schule hat die Aufgabe, den Heranwachsenden jene Fertigkeiten und Kenntnisse zu vermitteln, die zur Ausübung gesellschaftlicher Arbeit sowie zur Teilnahme am politischen und sozialen Leben erforderlich sind.
- Selektion: Die Schule bestimmt durch Leistungsbewertung, Zuordnung der Schüler zu Schultypen (im dreigliedrigen Schulsystem)

und differenzierte Schulabschlüsse im Wesentlichen, welchen beruflichen und sozialen Weg ein Schüler gehen wird.

- Integration: Die Schule vermittelt ihren Schülern in der Regel altershomogenen Gruppen einerseits und durch die Entfaltung eines schulischen Lebens andererseits die in der Gesellschaft anerkannten Normen und Werte und bereitet sie so auf die Teilnahme am sozialen Leben vor.

Diese Kriterien werden in einigen Abschnitten dieses Buches noch angesprochen werden, aber es ist deutlich, welche Aufgaben die Schule zu erfüllen hat.

Inhalt des Buches
Vor dem Hintergrund dieser grundlegenden Voraussetzungen der Interaktionsorganisation sollen nun die einzelnen thematischen Schwerpunkte dieses Buches angesprochen werden.

In Kapitel 2 geht es um die theoretische Modellierung der institutionellen Rahmenbedingungen. Dabei ist es zentral, auch die juristischen Grundlagen zu berücksichtigen, denn die allgemeine Schulpflicht gibt es in Deutschland erst seit 1919, während sie in Preußen schon 1732 festgelegt worden ist.

Zudem steht die Auseinandersetzung mit den spezifischen Handlungsbedingungen im Mittelpunkt, nämlich die Frage, wie die einzelnen Schüler im Klassenraum verteilt sind. Dafür gibt es spezifische Kriterien, die schon früher genutzt wurden, aber auch heute noch dominiert das lehrerzentrierte Tableau die Handlungsmöglichkeiten von Schülerinnen und Schülern. Eine Variation davon sind die Gruppentische, die man vor allem in der Grundschule findet, manchmal auch in der Sekundarstufe I und II. In diesem Teil geht es um unterschiedliche Aspekte, wie beispielsweise die Tatsache, dass einer größeren Zahl von Schülern in der Regel nur eine Lehrperson gegenüber steht. Dies sind nur ein paar Aspekte, die diesen Abschnitt des Buches prägen.

In Kapitel 3 geht es um fünf Konzepte zur Analyse von Unterricht. Diese werden anhand eines Beispiels vorgestellt, in dem eine Lehrerin ein Sprichwort thematisiert, dies allerdings in einer eher verkürzten Variante: »Mein Name ist Hase« lautet diese Beispiel, während das vollständige Sprichwort ergänzt werden muss durch »ich weiß von nichts«. Das Sprichwort ist ein Dokument aus den 50er-Jahren des 19. Jahrhunderts. Mithilfe der fünf ausgewählten Ansätze wird die Dokumentation dann analysiert und entsprechend eingeschätzt. Die Ansätze sind erstens der diskursanalytische Ansatz von Sinclair und Coulthard (1975/1977), zweitens der konversationsanalytische Ansatz von Sacks, Schegloff und Jackson in der Perspektive von Mehan (1979), drittens der funktional-pragmatische Ansatz von Ehlich/Rehbein (1986), viertens der Ansatz von Lüders (2003) mit der Thematisierung des »Unterrichts als Sprachspiel« sowie fünftens der interaktionistische Ansatz von Schmitt (2011). Alle diese Ansätze werden in ihren Kernpunkten entwickelt und im Anschluss einer kritischen Würdigung unterzogen. Daraus ergibt sich dann ein Modell zur Analyse von unterrichtlicher Kommunikation.

In Kapitel 4 geht es um die Besonderheiten der unterrichtlichen Kommunikation in den einzelnen Fächern. Zunächst wird die unterrichtliche Organisation des Biologieunterrichts anhand eines Beispiels aus einer 11. Klasse des Gymnasiums entwickelt. Dabei zeigt sich auch, wie ein auf die Vermittlung von Wissen ausgerichteter Unterricht strukturiert sein kann, denn es gelingt der Lehrperson, die Inhalte bei der Bestimmung der DNA angemessen zu entwickeln.

Im Fach Deutsch steht ein anderer Aspekt im Vordergrund, nämlich die Frage, ob Handys im Alltag und in der Schule eine Rolle spielen. Dies wird in Form einer Podiumsdiskussion in einer 8. Klasse der Realschule realisiert – diese dauert etwa acht Minuten. Dabei zeigt sich, dass die auf diese Weise thematisierten Aspekte sehr sinnvoll diskutiert werden können.

Der Unterricht im Fach Englisch in der 9. Klasse einer Realschule thematisiert die Frage, welche »Jobs« von den Schülern gewählt werden können: »What's about jobs?« lautet das Thema der Stunde. Dabei lässt sich gut aufzeigen, dass es dem Lehrer gelingt, die Schüler für diesen Inhalt zu motivieren, denn sie beteiligen sich in den einzelnen Phasen sehr interessiert an dem in der Sprache Englisch abgehaltenen Unterricht.

Im Fach Geschichte geht es um die Entwicklung in der Sowjetunion zwischen 1922 und 1923, indem die Übergabe der kommunistischen Regierung von Lenin nach dessen Tod auf Stalin erfolgte – mit weitreichenden Konsequenzen für die weitere Geschichte des neuen Staates Sowjetunion wie beispielsweise die entsprechenden Straflager (Gulag), die in einer Vielzahl gegründet wurden und bis zum Ende der Diktatur 1991 das Leben in der Sowjetunion entscheidend mitbestimmten. Die Übergabe der Macht an Stalin erfolgte im Jahr 1923: Dies ist das Thema der Stunde, das der Lehrer adäquat vorbereitet und strukturiert hat.

Im Fach Physik steht das Experimentieren von Schülerinnen und Schülern einer 10. Klasse des Gymnasiums im Mittelpunkt des Interesses: Es geht um den »waagerechten Wurf«, der mittels mehrerer eigens dafür eingerichteten kleinen Arrangements erprobt werden kann. Dokumentiert ist eine Doppelstunde, wobei die Schülerinnen und Schüler insgesamt 70 Minuten Zeit haben, um dieses Experiment durchzuführen. Zunächst erfahren sie vom Lehrer, was sie zu tun haben, dann erproben sie dies, und abschließend werden die Ergebnisse ausgewertet. Dies ist ein Beispiel für einen schülerzentrierten Unterricht, in dem der

Lehrer auf eine angemessene Gestaltung der Aufgaben achtet und den Schülerinnen und Schülern relativ viel Freiraum lässt, um diese Erfahrungen auch tatsächlich umzusetzen.

Schließlich geht es noch um den Unterricht im Fach Sport in der 4. Klasse einer Grundschule, in der die Schülerinnen und Schüler auf eine das Schuljahr abschließende Aktivität vorbereitet werden: Sie üben das Seilspringen. Das Prozedere von Sportstunden lässt sich an diesem Beispiel sehr gut verdeutlichen, insofern die Schülerinnen und Schüler erst jeweils in kurzen Einheiten auf bestimmte Aktivitäten orientiert werden, die sie dann im Anschluss auch praktisch durch körperliche Aktivitäten in der Turnhalle realisieren müssen. Ziel ist es, einen Auftritt bei einer Veranstaltung am Ende des Schuljahres vorzubereiten.

Abschließend werden die fachspezifischen Besonderheiten heraus gearbeitet und gegeneinander gestellt.

In Kapitel 5 schließlich stehen die spezifischen Organisationsformen des Unterrichts im Zentrum. Wichtig ist dabei zunächst auch, wie die Schüler im Raum angeordnet sind. Dies lässt sich mithilfe des Begriffs »Tableau« (nach Foucault 1977) erfassen, der festlegt, welche Plätze die Schülerinnen und Schüler einzunehmen haben. So gibt es ein lehrer- und ein schülerzentriertes Tableau. Zusätzlich muss noch berücksichtigt werden, wie der Unterricht selbst organisiert ist und welche jeweiligen Strategien dabei eine Rolle spielen. Wichtig ist auch die Frage, wie der Unterricht eingeleitet und wie er beendet wird – dies wird an zwei Beispielen verdeutlicht. Es folgen Dokumente des lehrerzentrierten Unterrichts. Dabei zeigt sich, dass diese Form des Unterrichtens immer die am meisten genutzte Form ist. Der schülerzentrierte Unterricht dagegen zeichnet sich dadurch aus, dass die Schüler ganz wesentlich ihre eigenen Interessen in den Mittelpunkt stellen können: Dies wird an zwei Beispielen verdeutlicht. Gleiches gilt auch für den verfahrensgeregelten Unterricht, in dem bestimmte Formen der inhaltlichen Auseinandersetzung realisiert werden. Auch hier werden zwei Beispiele aus den verschiedenen Schulstufen (Primarstufe, Sekundarstufe II) genutzt, um die Potenziale dieser Form zu bestimmen – die aber auch nicht häufig im Unterricht angewandt wird. In einer abschließenden Zusammenfassung werden die Potenziale und Grenzen der jeweiligen Arrangements bestimmt und entsprechend kommentiert.

In Kapitel 6 geht es um die Zusammenfassung der Ergebnisse und die Formulierung von möglichen Prinzipien der Organisation von Interaktion im Unterricht.

2. Grundlagen für die Untersuchung von Unterrichtskommunikation in gesprächsanalytischer Perspektive

In diesem Kapitel werden die Rahmenbedingungen von Unterricht thematisiert. Dabei steht zunächst die Überlegung im Mittelpunkt, dass diese im Wesentlichen institutionell geprägt sind – ein Aspekt, der in der einschlägigen Literatur oft nicht hinreichend berücksichtigt wird.

Rahmen-bedingungen

Zunächst werden die institutionellen Rahmenbedingungen beschrieben, etwa die allgemeine Schulpflicht und andere nicht unwichtige Aspekte für die Beurteilung des Klassenzimmers als Handlungsraum (Kap. 2.1). Im Anschluss folgen Überlegungen zur Art und Weise, wie der Raum Schule organisiert ist: Hier wird hervor gestellt, dass der Unterricht in den einzelnen Fächern auch davon bestimmt wird, in welchen schulischen Orten er stattfindet. Bei dieser Beschreibung wird deutlich, wie fachlich bestimmte Inhalte die Anordnung der Schüler im Raum beeinflussen (Kap. 2.2). Im nächsten Teil geht es um die jeweils fachspezifischen Unterrichtskonzepte (Kap. 2.3) und schließlich werden die verschiedenen Formen der Organisation von Unterricht als Lehr-Lernprozess dargestellt (Kap. 2.4). Ein Resümee fasst die Ergebnisse zusammen und stellt einen Bezug zu den folgenden Kapiteln her (Kap. 2.5).

2.1 Rahmenbedingungen

Ausgangspunkt für die Untersuchung der Rahmenbedingungen von Unterricht ist die Tatsache, dass Kinder und Jugendliche bis 14 oder 15 Jahre durch die juristische Definition der allgemeinen Schulpflicht verpflichtet sind, die Schule bzw. den Unterricht zu besuchen. Die Schulpflicht gilt in Deutschland erst seit dem Jahr 1919. Vorher hatten die einzelnen Königreiche und Fürstentümer eigene Regelungen entwickelt: So führte beispielsweise das Königreich Preußen bereits im Jahr 1717 diese Regelung ein, andere Herzogtümer und Königreiche wie Bayern regelten dies dann später. Schülerinnen und Schüler wurden also erst seit Beginn des 20. Jahrhunderts in Deutschland dazu aufgefordert, die Schule zu besuchen. In den einschlägigen Landesverfassungen findet sich in der Regel ein entsprechender Abschnitt, in dem eine solche Rege-

Schulpflicht

lung formuliert ist. Damit hatte sich zu Beginn des 20. Jahrhunderts endgültig ein – im soziologischen Sinn – modernes Schulsystem entwickelt, das neue Organisations- und Kommunikationsformen benötigte.

Veränderungen in der Schule

Mit der Einführung der allgemeinen Schulpflicht vor fast 100 Jahren hatte die Institution Schule zwei zentrale gesellschaftliche Funktionen und Zwecke übernommen, die bis zu diesem Zeitpunkt von anderen Institutionen wahrgenommen wurden, nämlich erstens die Vermittlung von Wissen und zum Zweiten die Weitergabe des jeweils notwendigen Wissens an die jeweils nachfolgende Generation. Insoweit sorgte sie durch die differenzierten Qualifizierungsmöglichkeiten dafür, dass die Leistungsfähigkeit einer Gesellschaft insgesamt weiter ausdifferenziert wurde. Diese Relationen wurden seit den 90er-Jahren durch internationale Vergleichsstudien genauer untersucht (PISA, TIMSS). Dabei zeigte es sich, dass die deutschen Schüler im Vergleich zu den anderen Schülern deutlich schlechter abschnitten. Dies führte dazu, dass der Qualifizierungsgrad der Schüler unter ökonomischen Gesichtspunkten diskutiert wurde – was die herausragende gesellschaftliche Bedeutung der Schule herausstellt. Allerdings blieben andere Dimensionen wie soziale und kulturelle Faktoren ausgeblendet mit dem Resultat, dass die Schule in einem zentralen Spannungsfeld von individuellen und gesellschaftlichen Ansprüchen steht.

Für die Schule änderte sich durch die Etablierung eines modernen Schulsystems ebenfalls einiges: So mussten die relevanten Aufgabenbereiche wie Organisation, Didaktik und Methodik weiter ausdifferenziert werden, was jedoch auch neue Probleme geschaffen hat. Auch das Verhältnis von Lehrern und Schülern änderte sich aufgrund der Massenhaftigkeit von Unterricht und auch die Frage nach der Verantwortung bzw. der Aufsicht stellte sich neu. Die Ausweitung ihrer gesellschaftlichen Zwecke sowie ihrer Klientel führt notwendigerweise zu einer Veränderung ihrer inneren Struktur und Funktionsweise. Insgesamt kommt es also zu massiven Veränderungen der Institution Schule. Mit der steigenden Bedeutung wurde Schule zugleich zum Gegenstand öffentlicher Diskussionen und wissenschaftlicher Disziplinen.

Selektionsfunktion

Ein weiterer zentraler Aspekt der Institution Schule ist ihre Selektionsfunktion. Mittels Benotung der Schülerleistungen entscheidet die Schule über Versetzung und Nichtversetzung und damit auch über Schulabschlüsse, an die unmittelbar Ausbildungsmöglichkeiten und Berufswahl geknüpft sind.

Die zensurenmäßige Beurteilung der Schülerleistungen durch die Lehrkraft ist allerdings auf bestimmte Situationen wie Prüfungen oder Klausuren beschränkt. Das gilt auch für die Erfassung mündlicher Leistungen (u. a. im Rahmen sonstiger Mitarbeit).

Ansonsten gilt für den Unterricht die strikte Trennung zwischen Lernen und leistungsbezogenen Prüfungssituationen. Da Lernprozesse aus der Natur der Sache nicht »fehlerfrei« sein können, müssen sie generell zensurenfrei bleiben. Dennoch sind die Schülerinnen und Schüler einer ständigen direkten oder indirekten Führung und Beobachtung während des Unterrichts ausgesetzt, was selbstverständlich nicht ohne Folgen für deren kommunikatives Verhalten bleiben kann.

Insofern sind die Schüler also einer dauernden Beobachtung ausgesetzt, die sich dann in einer spezifischen Form auch in Hinblick auf das jeweilige kommunikative Verhalten auswirkt.

Schulunterricht lässt sich so als ein Handlungsraum charakterisieren, der alle Kennzeichen einer Disziplinaranlage im Sinne Foucaults (1977, S. 173 ff.) als eines leistungsfähigen Apparats zur Herstellung von Normalität aufweist: Die Subjekte finden ihren festen Platz in einem Tableau, ihre Tätigkeiten unterliegen einer permanenten Kontrolle durch den Institutionsagenten, der darüber hinaus mit einer gezielten Stoffaufbereitung ihre kognitive Entwicklung organisiert. Die Techniken der »guten Abrichtung«, nämlich der hierarchischen Überwachung und der normierenden Sanktion sichern diese Ordnung gegen Störungen und dienen so dem Herstellen von Normalität. Zwischen beiden konstituiert sich also ein Machtverhältnis. In dieser Sichtweise erscheinen Schüler als strukturell in ihren Handlungsmöglichkeiten eingeschränkte Subjekte, während Lehrer die Disziplinaranlage repräsentieren. In den 80er-Jahren hat der französische Autor Gilles Deleuze die historische Weiterentwicklung mit dem Begriff der »Kontrollgesellschaft« beschrieben (1992).

Schule als Disziplinaranstalt

2.2 Der soziale Raum »Schule«

Unterricht ist heute ein institutionelles Geschehen. »Das gesamte Schulwesen steht unter staatlicher Aufsicht«, so heißt es unmissverständlich in § 7 des Grundgesetzes. Das Schulwesen gehört damit zu den zentralen Institutionen unserer Gesellschaft. Dabei verstehe ich unter Institutionen verfestigte gesellschaftliche Einrichtungen, die mit speziell ausgebildetem Personal wiederkehrende Aufgaben nach festgelegten Regeln erledigen. Neben der Schule gehören etwa die Justiz oder die Verwaltung zu den staatlichen Institutionen, die industrielle Produktion oder der Handel zu den privaten. Es leuchtet nun unmittelbar ein, dass die Institution Schule Einfluss nimmt auf den Unterricht, der hier stattfindet. Oder anders ausgedrückt: Lehrer und Schüler sind nicht frei, in dem was sie tun oder lassen. Dadurch unterscheidet sich Unterricht auch mehr oder weniger klar von anderen Lehr-Lern-Situationen, wie

Schule als sozialer Raum

sie etwa in der Eltern-Kind-Interaktion oder in Peergroups zu finden sind.

Unterrichtsräume Bei der Untersuchung von Unterrichtskommunikation muss berücksichtigt werden, dass die räumlichen Verhältnisse in den Schulen durch verschiedene Faktoren geprägt sind. Zunächst einmal gibt es in der Regel die sogenannten Klassenräume, in denen der Unterricht in den einzelnen Klassen stattfindet. Diese Räumlichkeiten sind durch Flure und Treppenhäuser miteinander verbunden, sodass in diesem Rahmen auch soziale Kontakte ermöglicht werden. Darüber hinaus gibt es auch die sogenannte Schulhöfe, das sind außen liegende Raumkonstellationen, in denen vor allem die Schüler ihre Pausen verbringen, beobachtet allerdings von einzelnen Lehrpersonen, die für einen auch sozial angemessenen Umgang miteinander verantwortlich sind. Problematisch dabei ist allerdings, dass auch Schüler untereinander in Konflikt geraten können und dies in Form von körperlicher Gewalt bearbeiten – es gibt hin und wieder solche »Schlägereien«. Auf dem Schulhof sind in der Regel alle Schüler versammelt, die an einer Schule unterrichtet werden.

Außerdem gibt es noch weitere Räume, die vor allem für den naturwissenschaftlichen, den künstlerischen und den sportlichen Bereich genutzt werden, dies vor allem in Schulen mit einer Sekundarstufe I (Haupt- und Realschulen) bzw. mit einer zusätzlich existierenden Sekundarstufe II (Gymnasien). Die naturwissenschaftlichen Räume betreffen vor allem den Unterricht in den Fächern Physik und Chemie, manchmal auch das Fach Biologie. Für die beiden zuerst genannten Fächer ist das Experiment ein zentrales Mittel, um fachliche Inhalte zu vermitteln. Dies bedeutet allerdings auch, dass die Schüler im Raum auf die Aktivitäten der Lehrperson fixiert werden, die so organisiert ist, dass alle Anwesenden die einzelnen Experimente beobachten können. Eine weitere Variante ist die, dass die Schüler selbst Experimente durchführen – ein Prozess, der sich erst in den letzten 20 Jahren durchgesetzt hat.

Die Räume für die künstlerischen Fächer sind eher unterschiedlich strukturiert: Während für das Fach Musik ein oder mehrere Musikinstrumente im Raum sein sollten, sind es im Fach Kunst die Objekte, die ein künstlerisches Arbeiten ermöglichen, wie beispielsweise eine Staffelei oder auch andere Objekte, die in irgendeiner Form bearbeitet werden können, wie z. B. Holz oder Steine.

Schließlich verfügt jede Schule über eine Sporthalle und in der Regel auch über einen Sportplatz, sei es direkt im Umfeld oder etwas weiter entfernt. Vor allem dieses räumliche Arrangement schafft eine Form von Unterricht, die sich deutlich von anderen Fächern unterscheidet. In der Halle werden neben dem Geräteturnen auch Spiele wie Volleyball oder Basketball durchgeführt, während der Sportplatz genug Raum bietet, um entweder leichtathletische Übungen durchzuführen oder Spiele wie Fußball oder Basketball.

Neben diesen Formen gibt es auch noch spezielle Raumarrangements für Lehrpersonen. So werden in den Schulen die sogenannten Lehrerzimmer genutzt, in denen die Lehrer ihre Pausen verbringen oder in ihren Freistunden Korrekturen an Schülerarbeiten durchführen. In der Regel verfügen die Lehrerzimmer auch über mehrere Teile. Dies ist aber abhängig von der Größe der Schule und der Anzahl der dort unterrichtenden Lehrer. Direkt daneben gibt es auch Zimmer, in denen Kopierer und Drucker stehen, die wichtig sind für die Umsetzung der inhaltlichen Vorbereitung auf den Unterricht, indem die entsprechenden Materialien dort in der angemessenen Anzahl kopiert werden können. Einen besonderen Rahmen hat das Leitungsteam der Schule: Sowohl der Schulleiter als auch die stellvertretenden Schulleiter haben ein eigenes Zimmer, und auch die Lehrer, die für eine bestimmte Gruppe wie z. B. die Sekundarstufe I oder II zuständig sind, verfügen über einen eigenen Raum, in dem sie für bestimmte Beratungsaufgaben zur Verfügung stehen.

Abschließend lässt sich allerdings feststellen, dass sich die Verhältnisse in den letzten einhundert Jahren deutlich verändert haben – und noch mehr, wenn man sich Bilder beispielsweise aus dem 16. oder 17. Jahrhundert ansieht: Dort werden Lehrer gezeigt, wie sie systematisch mit einer Rute gegen als missliebig empfundene Kinder vorgehen. Und auch vor hundert Jahren gab es noch ein ganz anderes Raumarrangement, da die Schüler in der Regel auf Bänken saßen und auf diese Weise am Unterricht teilnahmen, während die Lehrer erhöht vor einem Pult vor der Klasse saßen. Dies hat sich erheblich geändert, allerdings bleibt die juristische Konstruktion des Unterrichts weiterhin reglementierend, auch wenn heute teilweise die Schüler eigenständig Aufgaben bearbeiten sollen. Dennoch gibt es immer wieder Schwierigkeiten, wenn sie sich nicht direkt an die vom Lehrer genannten Vorgaben halten und die Situation nutzen, um ihre eigenen Interessen zu verfolgen. Abschließend muss noch darauf hingewiesen werden, dass die Schüler, wenn sie fehlen, eine von den Eltern formulierte Entschuldigung vorlegen müssen, in denen glaubwürdig mitgeteilt wird, dass sie in irgendeiner Art und Weise krank gewesen sein sollen. Dies sind die durch Vorgaben der Kultusminister der Bundesländer festgelegten Rahmenbedingungen, die sich auch auf die Durchführung von Unterricht mehr oder weniger auswirken.

Veränderung gegenüber früheren Zeiten

2.3 Unterrichtskonzepte

Unterrichts-
konzepte

Der Unterricht ist ein vielschichtiges Zusammenspiel von kommunikativen, sozialen, emotional-affektiven und kognitiven Prozessen. Dabei steht vor allem die Vermittlung von fachlichem Wissen im Vordergrund. Diese Vermittlung ist wiederum ganz in das kommunikative Geschehen eingebettet, mit dem die Lehrer die jeweiligen Stunden realisieren. Dabei sind vor allem drei Aspekte von Bedeutung:

1. Der Unterricht wird dadurch geprägt, dass die Lehrer das kommunikative Verhalten der Schüler bestimmen. Das hängt beispielsweise auch mit den zu vermittelnden Inhalten zusammen. In der Regel wird der sogenannte lehrerzentrierte Unterricht praktisch realisiert, indem die Lernprozesse vor allem durch die im Fokus der Aufmerksamkeit stehende Lehrperson erfolgen. Aber auch ein schülerzentrierter Unterricht könnte erfolgreich sein, er wird jedoch nicht so oft durchgeführt. Der Lehrperson kommt die Aufgabe zu, die Bedingungen des unterrichtlichen Arrangements zu bestimmen: Sie muss sich Gedanken darüber machen, wie die zu vermittelnden Inhalte den Schülern angemessen vermittelt werden können. Und das macht sich dann in ihrer Unterrichtsplanung fest.

2. Vor allem in den sprachlichen Äußerungen von Lehrern und Schülern zeigt sich, wie der Unterricht kommunikativ organisiert ist. Mit den vom Lehrer verbal organisierten Aktionen sollen Lernprozesse organisiert werden, die auch für die Schüler nachvollziehbar gestaltet werden. Der Wissenserwerb – der Dimension des kognitiven Prozesses entsprechend – ist eng mit der Kommunikationsstruktur im Unterricht verbunden. Mithilfe von Aufgabenstellungen werden die Schüler angeregt, sich mit bestimmten thematischen Schwerpunkten auseinanderzusetzen und darüber nachzudenken, um anschließend die Ergebnisse dieses reflexiven Prozesses in den Unterricht einfließen zu lassen. Dies kann mündlich oder schriftlich geschehen, und auf diese Weise kann der Lehrer auch Erkenntnisse über das Wissen von Schülern gewinnen.

3. Aber auch die emotionalen Aspekte sind aufs Engste mit dem kommunikativen Geschehen verknüpft. Lobende, kritische oder mahnende Äußerungen von Lehrern und Schülern können bestimmte Gefühle bei den Beteiligten auslösen.

Diese Überlegungen zeigen, dass es um die vielfältigen kommunikativen Aspekte des Unterrichtsgeschehens geht. Diese sollen aus unterschiedlichen Perspektiven ausgeleuchtet werden. So soll gefragt werden,

- wie Schüler und Lehrer gemeinsam Unterricht veranstalten,
- welcher sprachlichen und nicht-sprachlichen Mittel sie sich dabei bedienen,
- welche Handlungsmöglichkeiten für sie bestehen,
- welche Missverständnisse und Störungen auftreten,
- welche Regelmäßigkeiten sich erkennen lassen.

Für die Beantwortung dieser Fragen werden die Methoden der linguistischen Pragmatik genutzt. Damit ist eine linguistische Teildisziplin angesprochen, die es sich in den letzten 30 Jahren zur Aufgabe gemacht hat, das sprachliche Handeln in seinen Strukturen und Funktionsweisen zu untersuchen. Es geht um die Frage, wie wir mittels Sprache handeln:

Linguistische Pragmatik

- Wie geben wir ein Versprechen?
- Wie erzählen wir Geschichten?
- Wie führen wir Verhandlungen?
- Oder eben auch: Wie vermitteln wir Wissen?

Das Spezifische der linguistischen Pragmatik liegt darin, möglichst auf authentische Kommunikationsereignisse zurückzugreifen. Untersucht werden also echte Gespräche, die mittels Ton- oder Videoband oder digital aufgezeichnet und anschließend in einem Format der Transkription verschriftet werden, dazu mehr in Kapitel 3. Auf diese Weise können die zahlreichen Aktivitäten, die während des Kommunizierens gleichzeitig ablaufen, wie mit der Zeitlupe nacheinander betrachtet werden. Zugleich können so auch verschiedene Gespräche gut miteinander verglichen werden.

Resümierend lässt sich festhalten, dass sich die Untersuchung von Unterrichtskommunikation in gesprächsanalytischer Perspektive als ausgesprochen positiv erweist, denn sie ermöglicht einen differenzierten Blick auf einzelne Situationen, die dann auch weiterhin reflektiert werden können. Dabei unterscheidet sich dieser Ansatz von anderen Konzepten, vor allem pädagogischen. Denn diese Konzepte verzichten wie erwähnt in der Regel auf die genaue Untersuchung der fachlichen Besonderheiten und stellen vielmehr die allgemeine Perspektive in das Zentrum des Interesses. Die Unterschiede zwischen den einzelnen Fächern finden dabei manchmal eine Berücksichtigung – und oft auch nicht. Deshalb ist es auch erforderlich, ein relativ differenziertes, gesprächsanalytisch geprägtes Konzept zu entwickeln, mit dessen Hilfe dann dokumentierte Unterrichtsstunden analysiert werden können. Dies wird in Kapitel 3 entwickelt und in Kapitel 4 ausdifferenziert.

Auch den Handlungsmöglichkeiten von Schülern und Lehrern sind durch den öffentlichen Charakter des Unterrichts Grenzen gesetzt. Den Beteiligten wird die Ausrichtung der Aufmerksamkeit auf einen einheitlichen kognitiven und sozialen Prozess abverlangt. Dem Lehrer obliegt es, für eine möglichst erfolgreiche, die Aufmerksamkeit aller Schüler einbindende Gestaltung des Unterrichts zu sorgen, während die Schüler alle Möglichkeiten nutzen können, die ein solch öffentlicher Rahmen bietet: Sie richten in der Regel ihre Aufmerksamkeit auf den Unterricht selbst, aktiv mitgestaltend, in Zwischenrufen ernst oder ironisch kommentierend, in Partnergesprächen begleitend. Darüber hinaus bleiben ihnen die bekannten Möglichkeiten, andere Aktivitäten zu entfalten, sogenannte Nebenkommunikationen (vgl. Rehbock 1981) bzw. Nebendiskurse (vgl. Redder 1984) zu betreiben, oder aber, angesichts der Massenhaftigkeit, einfach »abzuschalten«. Die kommunikativen Verhältnisse des Klassenzimmers sind besondere, vergleichbar etwa mit denen in einem »Vereinslokal« (Mitgliederversammlung), Konferenzraum für eine Mitarbeiterbesprechung oder einem Universitätsseminar.

Die Konzeptualisierung des Unterrichts als öffentlicher Situation hat Auswirkungen auf die Modellierung der kommunikativen Verhältnisse: Es ist zu unterscheiden zwischen einer kommunikativen und einer thematischen Ordnung des Unterrichts. Die kommunikative Ordnung sichert den öffentlichen Charakter der Situation, die thematische dagegen den fachlichen Bezug. Unabhängig von den Inhalten stellen Lehrer Unterrichtsöffentlichkeit her und halten sie aufrecht; die so erzeugte Aufmerksamkeitsausrichtung nutzen sie für die Vermittlung fachlicher Inhalte.

2.4 Unterricht als Lehr-Lern-Prozess

Vermittlung von Wissen

Zu den zentralen Aufgaben des Unterrichts zählt mit Sicherheit die Vermittlung von Wissen. Unter Wissen kann in einer Bedeutungsbeschreibung im weiteren Sinn Folgendes verstanden werden: Es werden von den Lehrern Kenntnisse und Fertigkeiten vermittelt, und zwar unter den spezifischen Bedingungen des Unterrichts. Die relevanten fachlichen Inhalte lassen sich mithilfe von Lehrplänen und weitergehenden Operationalisierungen, wie sie in einschlägigen Schulbüchern geleistet werden, rekonstruieren.

So unterscheiden sich die fremdsprachlichen Fächer wie Englisch, Französisch oder Latein deutlich etwa vom Deutschunterricht: Während in den drei zuerst genannten Fächern die Vermittlung einer anderen Sprache im Mittelpunkt steht, dominiert im Deutschunterricht der muttersprachliche Bezug, insofern neben der Grammatik in besonderem Maße literarische Texte und Sachtexte sowie Formen der interaktiven Auseinandersetzung mit thematischen Schwerpunkten im Zentrum des Interesses stehen.

Auch die mathematisch-naturwissenschaftlichen Fächer spielen eine wichtige Rolle, vor allem deshalb, weil beispielsweise im Mathematikunterricht die differenzierte Auseinandersetzung mit den wissenschaftlich erarbeiteten Grundlagen stattfinden kann, zumindest im Gymnasium. Der Mathematikunterricht in den Haupt- und Realschulen ist hingegen durchaus einfacher konstruiert, und zwar insofern, als hier die Abschlüsse in der 9. oder 10. Jahrgangsstufe erreicht werden, während im Gymnasium auf der Sekundarstufe II die Inhalte sehr viel anspruchsvoller vermittelt werden.

Das Fach Biologie wird in den Sekundarstufen I und II unterrichtet. Auch hier werden relevante Inhalte thematisiert, die sowohl die Dimension der Pflanzenwelt als auch die der Tierwelt und die des Menschen umfassen. Anders ist es im Physik- und Chemieunterricht: Hier stehen Experimente und ihre inhaltliche Bearbeitung im Zentrum des Interesses. Dazu bedarf es auch spezifischer Räumlichkeiten, damit dies auch nachvollziehbar realisiert werden kann.

Auch die sozialwissenschaftlichen Fächer wie Geschichte, Erdkunde oder Sozialkunde werden vor allem in der Sekundarstufe unterrichtet und eröffnen so auch wichtige gesellschaftliche Perspektiven.

Die künstlerischen Fächer Musik und Kunst ermöglichen differenzierte Perspektiven auf die jeweiligen Möglichkeiten der inhaltlichen Realisierung etwa von musikalischer Darbietung oder aber der Produktion von Bildern oder anderen Werken.

Im Fach Sport steht dann schließlich die Entwicklung einer körperlichen Ertüchtigung im Zentrum, sei es durch Geräteturnen, Leichtathletik oder aber verschiedene Spielformen.

Die Vermittlung des fachlichen Wissens geschieht in methodischer Ausrichtung: Diese Formen werden in der Phase der Lehrerausbildung, vor allem im Referendariat, erworben. Allerdings müssen bei der Analyse von Unterricht die jeweiligen Rahmenbedingungen beachtet werden.

**Rahmen-
bedingungen**

1. Die Gruppen sind in der Regel altershomogen, was bedeutet, dass alle Kinder eines Jahrgangs die gleiche Klassenstufe besuchen. Allerdings kann es auch hier vorkommen, dass sitzengebliebene Schüler hinzukommen, sodass auf jeden Fall von einer faktischen Altersheterogenität auszugehen ist.
2. Die Schüler werden in der Regel in weitgehend leistungshomogenen Gruppen zusammengebracht. Nur auf der Grundschule (Jahrgang 1 bis 4) gilt dies noch nicht, allerdings ist mit dem Übergang auf eine

weitergehende Schule in Jahrgang 5 eine Differenzierung verbunden: Die Schüler können auf die Hauptschule, auf die Realschule oder auf das Gymnasium gehen. In den letzten Jahren haben sich allerdings in Form von sogenannten Stadtteilschulen Verbindungen zwischen Haupt- und Realschule ergeben. Eine besondere Form stellt die sogenannte »integrierte Gesamtschule« dar, da hier alle Schüler zusammen unterrichtet werden – entsprechend ausdifferenziert ist hier auch die Leistungsbeurteilung mit sogenannten A-Noten und B-Noten, wobei erstere (A-Noten) die schwächeren Schüler betrifft, während die B-Noten für die besseren Schüler vergeben werden.

3. Der Unterricht findet in der Regel in geschlechtsheterogenen Gruppen statt, dies allerdings erst seit Anfang der 70er-Jahre des 20. Jahrhunderts. Dieses Prinzip wird mit dem Begriff der Koedukation bezeichnet. Diese Form wurde allerdings in den letzten Jahren durchaus auch in kritischer Perspektive in der fachdidaktischen Literatur einer Prüfung unterzogen.

4. Die Organisation des Schuljahres erfolgt auf der Grundlage von sogenannten Halbjahren, in denen es zweimal Zeugnisse gibt, nämlich einmal nach einem Halbjahr und schließlich am Ende eines Schuljahres. Nach entsprechenden Vorgaben werden die Leistungen der Schüler beurteilt, wobei in den letzten Jahren zu beobachten ist, dass vor allem der schriftliche Bereich besonders wichtig ist für die Einschätzung der fachlichen Kompetenz der Schüler. Die täglich realisierten Unterrichtsstunden dauern meist entweder 45 Minuten oder aber – als Doppelstunde – 90 Minuten.

5. Die Erteilung von Fachunterricht ist deshalb von besonderer Bedeutung, da in diesem Zusammenhang die jeweiligen zentralen Inhalte vermittelt werden, und dies geschieht in unterschiedlicher Art und Weise. So können beispielsweise im Deutschunterricht literarische Texte oder aber grammatische Begriffe im Zentrum des Interesses stehen, während in den naturwissenschaftlichen Fächern die entsprechenden Dimensionen im Rahmen von fachlich begründeten Erklärungsmustern erarbeitet werden. (Zu den Unterschieden in den einzelnen Fächern vgl. Kapitel 4).

Diese strukturellen Rahmenbedingungen haben einen erheblichen Einfluss auf die Organisation des Unterrichts. Im Zentrum stehen dabei die vom Lehrer gewählten Verfahren der inhaltlichen Vermittlung, die jedoch von Fach zu Fach unterschiedlich sind. Das Verhältnis zwischen Lehrer und Schüler lässt sich beschreiben als Interaktion zwischen dem Wissenden und den Nicht-Wissenden, man könnte aber auch sagen, dass sich hier Lehrende und Lernende einander gegenüberstehen. Der

Lehrer hat die Aufgabe, die fachlichen Inhalte festzulegen und diese angemessen den Schülern zu vermitteln. Dabei ist darauf hinzuweisen, dass sich die jeweiligen Inhalte aus dem jeweils unterrichteten Fach bzw. der Operationalisierung im Lehrplan ergeben – und dies führt zu einem unterschiedlich gestalteten Unterricht. Während es beispielsweise im Englischunterricht darauf ankommt, die Besonderheiten des Englischen zu vermitteln, stehen in den naturwissenschaftlichen Fächern bestimmte Erklärungsformen im Zentrum, die mithilfe von Experimenten entwickelt werden.

Der Lehrer beurteilt die Leistungen der Schüler, sei es in Bezug auf mündliche Beiträge oder aber auf schriftliche Arbeiten. Mit dieser Form der Leistungsmessung ermittelt er die im Zeugnis zu gebenden Noten und entscheidet mit den anderen Fachlehrern über die Perspektiven der unterrichtlichen Ausbildung. Die Schüler sind dagegen verpflichtet, den Anweisungen des Lehrers zu folgen und vor diesem Hintergrund entsprechende Aktivitäten zu vollziehen – das ist jedoch von der Form des gewählten Unterrichts abhängig. Ihre Mitsprachemöglichkeiten sind begrenzt. Insgesamt lässt sich dieses Verhältnis als asymmetrisch bezeichnen, und zwar insofern die Handlungsmöglichkeiten der Beteiligten ungleich verteilt sind. Bei der Realisierung von Unterricht dominieren immer noch die lehrerzentrierten Verfahren: Der Lehrer stellt eine Aufgabe, die Schüler bearbeiten sie entweder mündlich oder schriftlich. Im Anschluss werden die Ergebnisse entweder klassenöffentlich ausgewertet oder aber einer Beurteilung unterzogen. Insgesamt ist dieses Verfahren als kleinschrittig einzuschätzen: Die Schüler haben kaum eine Gelegenheit, selbstbestimmt in den Unterricht einzugreifen. Daneben existieren andere Formen wie die Einzel- und Gruppenarbeit, der Projektunterricht oder der Einsatz von Selbstlernmaterial. Dies ist jedoch auch von Fach zu Fach unterschiedlich, und insofern lassen sich nur fachbestimmte Arbeitsformen bestimmen, die von den zu vermittelnden Inhalten abhängig sind.

2.5 Resümee

Die charakteristischen Besonderheiten in der Rahmung von Unterrichtskommunikation konnten in diesem Teil herausgearbeitet werden. Bei der Analyse von Unterricht müssen die verschiedenen, in diesem Kapitel kurz erarbeiteten Aspekte in Hinblick auf die theoretische Konzeption der Analyse berücksichtigt werden. Es ist unbestritten, dass die Schule als Institution durchaus über reglementierende Konzeptionen und andere direktive Konzepte verfügt, die jeweils unterschiedlich realisiert werden. War es bis ins 20. Jahrhundert hinein die Rute, mit der

Resümee

Schüler diszipliniert wurden, sind es heute andere Mechanismen und Techniken. So ist die Beauftragung der Schüler mit bestimmten Sonderaufgaben, sofern sie sich nicht angemessen verhalten haben, eine Möglichkeit.

Zudem hat sich in der unterrichtlichen Realität gezeigt, dass durch den Altersunterschied zwischen Lehrerinnen und Lehrern und den Schülerinnen und Schülern eine bestimmte Abhängigkeit erzeugt wird, die sich auf die allgemeine Schulpflicht zurückführen lässt. In Erweiterung dieser Perspektive erlaubt die Konstruktion jedoch auch den Lehrpersonen, in diesem Rahmen durchaus bestimmend zu agieren, was aber auch mit dem jeweils unterrichteten Fach zusammenhängt.

Ergänzend sei noch darauf hingewiesen, dass auch die fachlichen Inhalte entsprechend der jeweiligen Lehrstrategie durchaus verschieden sein können: So hat es ein Sportlehrer durchaus leicht, die Schüler auf sein Modell von Unterricht zu fixieren. Das gilt aber auch für die anderen Fächer. Auch bestimmt der fachliche Inhalt die Art und Weise der Organisation der Vermittlung der spezifischen Inhalte. Und die Organisation des Unterrichts wird durch die Lehrer entscheidend bestimmt, indem sie sich nämlich entweder für kooperative Verfahren entscheiden können oder aber weiterhin einen autoritären Führungsstil praktizieren.

Alles dies prägt die Gestaltung von Unterricht ganz entscheidend und ist auch ein Faktor dafür, wie die Schüler für bestimmte fachliche Inhalte motiviert werden können. Vor allem die fachliche Vielfalt prägt den Unterricht heute, und die jeweiligen didaktischen Konzepte müssen vergleichend bestimmt werden. Die jeweiligen fachlichen Inhalte und die Art und Weise ihrer Vermittlung können auf der Basis von solchen Strukturen genauer bestimmt werden.

3. Konzeptionelle Ansätze zur Analyse von Unterrichtskommunikation

In diesem Kapitel wird es um linguistisch fundierte Konzepte zur Analyse von Unterricht gehen, wie sie in den letzten 40 Jahren entwickelt worden sind.

Es sind die Diskursanalyse, entwickelt in den 70er-Jahren von den britischen Autoren Sinclair und Coulthard (1975/1977). Sie haben ein relativ differenziertes Konzept ausgearbeitet, mit dessen Hilfe eine relativ genaue Analyse von Unterricht möglich wird (Kap. 3.2).

Konzepte zur Analyse von Unterricht

Ein anderes Konzept ist in den 70er-Jahren in den USA hervorgebracht worden, und zwar im Zusammenhang mit dem theoretischen Ansatz der Konversationsanalyse: Der Autor Hugh Mehan hat in seinem 1979 erschienenen Buch »Learning Lessons« diesen Ansatz genutzt, um unterrichtliche Kommunikation zu rekonstruieren (Kap. 3.3).

Im nächsten Schritt wird es noch um den Ansatz der funktionalen Pragmatik (Konrad Ehlich und Jochen Rehbein) gehen, der in den 80er-Jahren entwickelt worden ist, auch unter Berücksichtigung von Unterrichtskommunikation (Kap. 3.4).

Den diskursanalytischen Ansatz von Sinclair/Coulthard hat ein anderer Autor, nämlich Manfred Lüders (2003), genutzt, um sein theoretisches Konzept von Unterricht als Sprachspiel zu operationalisieren, indem er einerseits die theoretischen Grundlagen auf der Basis der »philosophischen Untersuchungen« von Wittgenstein berücksichtigt hat. Diese sind dann weiter ausdifferenziert worden, indem die Sprechakttheorie (Searle) und die Universalpragmatik (Habermas) miteinbezogen wurden (Kap. 3.5).

Eine Weiterentwicklung des Konzepts der Konversationsanalyse stellt das Konzept der Interaktionsanalyse dar, wie sie u. a. von Reinhold Schmitt (2011) vertreten wird (Kap. 3.6).

Diese Ansätze werden im Folgenden dargestellt, und zwar auf der Grundlage eines Transkriptauszugs aus einer 7. Klasse des Gymnasiums, der zu Beginn analysiert und eingeschätzt wird (Kap. 3.1). Entsprechend den in den jeweiligen Konzepten entwickelten Analyserahmen wird dieses Beispiel ermöglichen, die einzelnen Ansätze darzustellen und zu einer differenzierten Einschätzung zu kommen.

Abschließend wird ein eigenes Konzept zur Analyse von Unterrichtskommunikation entwickelt (Kap. 3.7).

3.1   »Mein Name ist Hase …« – Sprichwörter als Thema im Unterricht einer 7. Klasse im Gymnasium

Bei der Analyse von Transkriptionen aus dem Unterricht muss u. a. berücksichtigt werden, welche Rahmenbedingungen das Handeln der Beteiligten bestimmt.

So ist die Sitzordnung in dem genannten Beispiel so, dass die Schüler im Block sitzen. Auf diese Weise gelingt es, ihre Orientierung auf das Handeln der Lehrperson zu fixieren.

Sprichwörter als Themen für den Unterricht

Die Organisation der (Deutsch-)Stunde, in der es um das Thema »Sprichwörter und Redewendungen« geht, entspricht den üblichen Gepflogenheiten: Nach einer Einführung ins Thema folgt eine Stillarbeitsphase, in der sich die Schüler mit etwa zwölf Sprichwörtern auseinandersetzen und für diese eine bestimmte Bedeutung herausarbeiten müssen. Dies wird im Anschluss im Unterrichtsgespräch aufgearbeitet – zu diesem Zeitpunkt sind bereits 17 Minuten vergangen. Es folgt ein zweiter Stillarbeitsschwerpunkt (nach ca. 30 Minuten), und dann wird dieser ausgewertet. Im Anschluss ist die Stunde beendet.

»Mein Name ist Hase« – ein Sprichwort

Im Folgenden wird der Beginn der Beschäftigung mit den Sprichwörtern dokumentiert. Es geht um das Sprichwort »Mein Name ist Hase«, wobei der zweite Teil »ich weiß von nichts« nicht berücksichtigt wird. Zentrales Anliegen der Lehrperson ist es, die Bedeutung dieses Sprichworts zu erarbeiten, als erstes von zwölf. Dabei entwickelt sich das im folgenden Transkript dokumentierte Unterrichtsgespräch.

(1) Transkription Gymnasium Klasse 7, »Mein Name ist Hase«
01   L   okay schild nummer 1
02   SS   ((murmeln))
03   L   da gibt's ja mehrere möglichkeiten (5 sec) wer hat sich an das
           erste rangetraut <<lento>MEIN Name ist HAse> … kann das
           irgendjemand erklärn
04   SS   ((murmeln))
05   L   wie keiner
06   SS   ((murmeln))
07   L   EIJeiijei also
08   SS   ((reden))
09   L   ((richtet OH-Projektor ein – 20 sec))

10	L	ja wer verSUCHTs denn mal, weiß/weiß es denn überhaupt keiner vielleicht ist auch einmal so FREI .. ohne dass ihr es aufgeschrieben habt ja elsbeth
11	El	vielleicht die Rollenspiele die man so macht
12	SS	((lachen))
13	S	is ja cool
14	L	psssst
15	Sj	mein name ist HAse ich kaufe dem mann die ZÄHne und dann eh man einen und fertig
16	L	AH:: .. oKAY … nicht gAnz richtig na wenns keiner wEI:ß … benni
17	B	vielleicht ist das ja ne idee
18	SS	((murmeln))
19	L	pscht
20	B	wenn man irgendwas damit sagen will dann
21	L	ja hm dass man sozusagen einfach sagt . em … ja (is so ähnlich)
22	SS	((murmeln))
23	L	is so ähnlich … is so ÄHNlich nich ganz hat nicht ganz was mitm Namen zu tun aber
24	S	sollen wir alle SPRÜche aufschreiben
25	L	neIN . ihr kriegt von mir … seid maln bisschen leiser bitte … ihr krIEgt von mir gleich EInen eh LÖsungszettel wo diese . kÄstchen drauf sind … der teilnahme … he .. das hEIsst . Hei … ich würde euch empfehlen einfach jetzt da das entsprechende sprichwort eh jetzt die buchstaben zu schreiben die vorne hier . in dem kästchen hier drin sind zu schreiben also in dem fall f
26	SS	((reden))
27	S	wo steht denn da f
28	L	also hier ((zeigt auf das f)) steht F in dem kÄstchen … und ihr kriegt diesen zettel auch gleich noch als BLATT ich kann ihn euch eigentlich auch jetzt schon geben .
29	S	ja
30	L	NEIN besser nIcht da würdet ihr WEIL ansonsten würdet ihr vergessen) was ihr selber geschrieben habt . SO das heißt ihr schreibt für die wir jetzt schon besprechen schreibt ihr einfach eh einfach hier jetzt hin mein name ist Hase schreibt ihr einfach einfach F okay (…) gut ..da haben wir <<lento> DA lIEgt der Hase im PFEFfer …

Dieser Unterrichtsausschnitt besteht aus zwei unterschiedlichen Schwerpunkten. Die Lehrperson hat zunächst Schwierigkeiten, überhaupt

Die Organisation des Unterrichts

einen Lösungsvorschlag von den Schülern zu erhalten. Dann gibt es einige Versuche, die aber keineswegs die tatsächliche Bedeutung des Sprichworts rekonstruieren. Anschließend geht es um organisatorische Fragen, die zu diesem Zeitpunkt geklärt werden müssen, um so den Schülerinnen und Schülern deutlich zu machen, wie sie die Ergebnisse der Auseinandersetzung mit den Sprichwörtern einzuschätzen haben. Im Folgenden wird eine detaillierte Analyse das unterrichtliche Vorgehen sowie die Interaktion zwischen Lehrperson und Schülern rekonstruieren.

Zunächst einige Anmerkungen zum Sprichwort »Mein Name ist Hase«. Dieses ist insofern unvollständig, als die Redensart vollständig lautet: »Mein Name ist Hase, ich weiß von nichts.« Es stammt von dem Heidelberger Studenten namens Viktor Hase, der einem Kommilitonen, der einen anderen im Duell erschossen hatte, durch absichtliches Verlieren seines Studentenausweises die Flucht nach Frankreich ermöglichte. Seine Antwort auf die Generalfragen des Universitätsgerichts (1854/55) wurde zunächst in den Universitäten von Studenten benutzt und ging dann im Anschluss in den allgemeinen Sprachgebrauch über (vgl. Röhrich 2001, S. 671). Kritisch wäre an dieser Stelle anzumerken, dass die Lehrperson diese Redensart vollständig hätte angeben müssen, denn in der von ihr gewählten Konstruktion entspricht es nicht dem tatsächlichen Material.

Wie reagieren nun die Schüler auf die Frage der Lehrperson. Zunächst fällt ihnen gar nichts ein, dann gibt es erste Erklärungsversuche. Die Schülerin Elsbeth hat die Vorstellung, dass damit möglicherweise auf Rollenspiele Bezug genommen wird (11). Einige Schüler lachen darüber, einer ruft *cool* in den Raum. Die Lehrperson markiert dann mit einem *pssst*, dass die Schüler ruhig sind. Dann folgt ein Schüler, der die Vorstellung hat, dass hier eine Konstruktion vorliegt: *mein name ist HAse ich kaufe dem mann die ZÄHne und dann eh man einen und fertig* (15). Damit entwickelt er eine Vorstellung, die mit der eigentlichen Bedeutung nichts zu tun hat, die Lehrperson reagiert darauf so, dass sie sie als *nicht ganz richtig* einstuft. Dann ruft sie Benni auf, der mit zwei Beiträgen versucht, eine Bedeutungsbeschreibung zu entwickeln *(wenn man irgendwas damit etwas sagen will)*. Die Lehrperson bestätigt dies mit einem *is so ähnlich* (23), schränkt dies dann in der Folge weiter ein, indem sie darauf hinweist, dass es *nicht ganz etwas mit einem Namen* zu tun habe. Mit diesem Beitrag ist die inhaltliche Behandlung der Bedeutungsbeschreibung beendet.

Es folgt ein Schüler, der sich nach den unterrichtlichen Modalitäten erkundigt, indem er fragt, ob die Sprüche aufgeschrieben werden müssten (24). Die Lehrerin orientiert die Schüler im Anschluss (25) auf den noch zu verteilenden Lösungszettel, mit dessen Hilfe dann die Bedeutungen der entsprechenden Sprichwörter entwickelt werden können. Sie weist auch darauf hin, dass der entsprechende Buchstabe für das ausgewählte Sprichwort das *f* ist, was einen Schüler dazu bringt, zu fragen, wo denn das *f* sich befindet (26). Die Lehrperson macht deutlich, wo das *f* zu finden ist und orientiert zunächst die Schüler darauf, dass sie das jetzt aufschreiben sollen, nimmt dies aber in ihrem nächsten Beitrag wieder zurück, weil sie darauf hinweist, wie die ganze Sache weiterzugehen hat: Die Schüler sollen die Redensart »Mein Name ist Hase« dem Buchstaben *f* zuweisen, um so eine relativ klare Zuordnung zu ermöglichen. Dann leitet sie über zum nächsten Sprichwort, nämlich *da liegt der Hase im Pfeffer*.

Abschließend lässt sich feststellen, dass es der Lehrperson nicht wirklich gelingt, die Bedeutung der ausgewählten Redensart den Schülern zu vermitteln. Die Schüler entwickeln eigene Vorstellungen, die jedoch nicht den Kern der ausgewählten Redensart treffen. Und auch die Lehrperson weiß nicht so recht Bescheid, ihre auf dem Overheadprojektor fixierte Beschreibung entspricht nicht dem, was im Rahmen der für diese Redewendungen typischen Beschreibungen entwickelt wurde.

In den folgenden fünf Abschnitten wird dieses Beispiel genutzt, um exemplarisch das Vorgehen in den verschiedenen Ansätzen der Gesprächsforschung zu demonstrieren.

3.2 Towards an Analysis of Discourse: Der Beitrag der Diskursanalyse

In diesem Abschnitt wird es um ein Konzept gehen, das in den 70er-Jahren in Großbritannien entwickelt wurde, nämlich von John Sinclair und Malcolm Coulthard. Darin werden verschiedene Ebenen der Kommunikation voneinander unterschieden. Zudem gelingt es den Autoren auch, ein relativ differenziertes Konzept zur Beschreibung von sprachlichen Handlungen im Unterricht zu entwickeln. Es wird zunächst in seinen elementaren Eigenschaften dargestellt, anschließend wird es am Beispiel der in Teil 3.1 gewählten Unterrichtssequenz exemplifiziert.

Das diskursanalytische Hauptwerk zur Unterrichtsanalyse stammt von Sinclair/Coulthard, die in den 70er-Jahren die Arbeit »Towards an Analysis of Discourse« veröffentlicht haben (1975). Die deutsche Fassung erschien zwei Jahre später unter dem Titel »Analyse der Unterrichtssprache. Ansätze zu einer Diskursanalyse« (1977). Allerdings steht nicht die Unterrichtssituation im Mittelpunkt ihres Interesses, es geht den beiden Autoren vielmehr darum – wie der deutsche Untertitel bereits ausdrückt –, eine systematische Ableitung der Strukturbeschrei-

Diskursanalyse – englische Perspektive

bung des Diskurses zu entwickeln. Die Entscheidung, dieses Ziel durch eine exemplarische Beschäftigung mit der Unterrichtssprache zu erreichen, begründen die Autoren mit den großen Problemen, die die Untersuchung alltäglicher Kommunikation nach sich ziehen würde (vgl. Sinclair/Coulthard 1977, S. 17–19):

1. Im Gegensatz zum nicht planbaren Verlauf von »normalen« Unterhaltungen weist der Unterrichtsdiskurs mehr Struktur und Richtung auf.
2. Während die Gleichberechtigung der Teilnehmer in alltäglicher Konversation dazu führt, dass Abschweifungen bzw. eine Änderung der Gesprächsorientierung jederzeit erwartbar sind, sorgt der Lehrer im Unterrichtsdiskurs für eine gewisse Stringenz in der Themenbehandlung.
3. Die Mehrdeutigkeit sprachlicher Äußerungen kann im alltäglichen Gespräch zu Verständigungsproblemen führen, während im Unterricht wegen des eher ernsthaften Charakters der Kommunikation eindeutige Feststellungen zu erwarten sind.

Das Interesse an Unterrichtskommunikation war also methodologisch begründet, denn die zu untersuchenden Aspekte sollten so einfach wie möglich sein. Aus diesem Grund wurden Unterrichtssituationen gewählt, in denen der Lehrer frontal unterrichtete und auf diese Weise ein Maximum an Kontrolle über die Struktur des Unterrichtsgesprächs ausübte. Die Daten, die aufgrund dieser Entscheidung erhoben wurden, waren (auditive) Aufnahmen von sechs Schulstunden, die der jeweilige Klassenlehrer mit Kleingruppen (bis zu acht 10- bis 11-jährige Schüler) gehalten hatte.

Analyseraster Auf der Grundlage dieser Erhebungen wurde das Kategoriensystem entwickelt (s. u.) und anhand von neuem, allerdings nicht weiter spezifiziertem Material verfeinert. Die jeweils erhobenen auditiven Daten werden verschriftlicht; und auf der Grundlage dieses Materials werden jene funktionalen Kategorien entwickelt, die sich in übersatzmäßigen Zusammenhängen bewähren sollen. Die Transkription berücksichtigt beispielsweise Pausen, Akzente und Intonationsverläufe; die Dokumentation der mitgeschriebenen Äußerungen erfolgt so, dass sie die entwickelten Strukturmuster abbildet. Analog zu dem in der Grammatik entwickelten hierarchischen Kategoriensystem – vom Morphem über das Wort und die Wortgruppe zum Satz und den Satzverknüpfungen – haben Sinclair/Coulthard ein Analyseinstrumentarium für die Ebene des Diskurses entwickelt. Es besteht aus den folgenden, hierarchisch konstruierten Komponenten. Das System der aufeinander aufbauenden Einheiten wird auf einer Stufenskala dargestellt.

Übersicht 3.1: Stufenskala Diskursanalyse (nach Sinclair/Coulthard 19975/77, S. 53)

außerlinguistische Organisation	Diskurs	Grammatik
Kurs		
Unterrichtsstunde	Lektion	
Thema	Phase	
	Äußerungsfolge	
	Schritt	Satzgefüge
	Akt	(Teil-)Satz
		(Wort-)Gruppe
		Wort
		Morphem

Die Position auf der obersten Ebene des Diskurses nimmt die Lektion ein – das entspricht im Wesentlichem dem Umfang einer Unterrichtsstunde –, die sich aus Transaktionen zusammensetzt. Allerdings bleibt diese Zuordnung ebenso vage wie problematisch: Weder geben die Autoren Auskunft über die Verknüpfung von Phase zu Lektionen, noch können sie plausibel begründen, dass die größte Diskurseinheit gerade die Bezeichnung trägt, die institutionenspezifisch ist.

Grundlegende Informationen

Genauer werden die Transaktionen beschrieben: Sie sind durch einrahmende strukturierende Äußerungen gekennzeichnet. Transaktionen bestehen aus Äußerungsfolgen oder Redewechseln, nämlich den strukturierenden – sie erfüllen eine strukturierende oder organisierende Funktion – und den didaktischen – mit deren Hilfe der Lehrer den Lernprozess organisiert. Die charakteristische Struktur dieser *exchanges* ist dreischrittig: Einer Initiierung folgt eine Respondierung und dieser ein Feedback. Diese Organisation in *Schritte* oder *Züge* wird weiter ausdifferenziert in *acts* (Akte), die nicht selbstständig auftreten können.

Innerhalb dieses Rahmens nun differenzieren Sinclair/Coulthard die einzelnen Ebenen nach funktionalen Kriterien: Sie bestimmen sowohl die sequentielle Struktur einer Ebene als auch deren Strukturelemente. Letztere werden explizit mithilfe der Funktionsklassen, die ihrerseits durch Kategorien der jeweils darunter liegenden Ebene erläutert werden. Die kleinste Einheit in diesem System sind die Akte. Sie sind im Gegensatz zur grammatischen Kategorie des Satzes funktional bestimmt nach ihrem Beitrag zur Entwicklung des Diskurses. So lässt sich die Äußerung *Wann wurde Julius Caesar ermordet?* grammatisch als Interroga-

Weitere Ausdifferenzierung

tivsatz, sprechakttheoretisch als Frage und diskursanalytisch als Auslöser betrachten. Während die grammatische Interpretation die Form thematisiert, erfasst die sprechaktanalytische Perspektive ihre kommunikative Funktion, indem sie die Bedingungen der Situation mit berücksichtigt; die diskursanalytische Sicht schließlich sieht darin einen Auslöser, also einen einleitenden Schritt, dem verschiedene Schüleraktivitäten folgen können. Auch andere sprachliche Tätigkeiten sind geeignet, die Position des einleitenden Schritts auszufüllen: Informieren – die Weitergabe von Wissensbeständen – und Anweisen – die Aufforderung zu einer nicht-sprachlichen Handlung. Die folgende Übersicht macht die unterschiedlichen Zugriffsweisen deutlich.

Übersicht 3.2: Kategorien – Diskurs, Situation, Grammatik (Sinclair/Coulthard 1977, S. 53)

Diskurskategorien Situationskategorien grammatische Kategorien

Informationsakt	Feststellung	Aussage
Auslöse-Akt	Frage	Interrogation
Anweise-Akt	Befehl	Imperativ

Vor allem die unter dem Oberbegriff »Discourse« gefassten Begriffe stehen im Mittelpunkt der weiteren Ausführungen. Dabei entwickelten die Autoren ein Beschreibungssystem, das geeignet ist, die einzelnen Beiträge zu organisieren, indem sie in Hinblick auf ihre Funktion konkretisiert wurden. Dabei werden die folgenden Akte unterschieden:

Übersicht 3.3: Akte (Sinclair/Coulthard 1977, S. 70–74)

1. Strukturierende Akte	markieren (m), starten (s), sich vergewissern (v), erläutern (er), betonte Pause (A), zusammenfassen (z);
2. Initiative Akte	auslösen (elizitieren) (al), anweisen (anw), informieren (i), antreiben (ant), einhelfen (ein)
3. Responsive Akte	antworten (aw), ausführen (aus)
4. Evaluative Akte	akzeptieren (ak), bewerten (b)
5. Kommunikative Akte	antreiben (ant), einhelfen (ein), zum Melden auffordern (auf), melden (me), aufrufen (ar), nachfragen (n), zur Kenntnis nehmen (ke), Meta-Aussagen machen (ma), beiseite sprechen (bei)

Die nächsthöhere Einheit, der Schritt (*move*), besteht aus einzelnen Akten und nimmt nun seinerseits einen Platz in der Struktur von Äußerungsfolgen ein. Dabei sind zunächst die rahmensetzenden und die zentrierenden Schritte zu beachten, die die Interaktion insgesamt in Form von strukturierenden Äußerungsfolgen realisieren. Sie treten oft in einer sequentiellen Verknüpfung auf mit der Funktion, ein Stadium des Unterrichts abzuschließen und ein neues zu beginnen. Die eröffnenden, antwortgebenden und auswertenden Schritte realisieren die sachbezogenen Äußerungsfolgen. Die eröffnenden Schritte können relativ komplex strukturiert sein: Die Kernelemente des Auslösers und der Anweisung können mittels einer Hinführung vorbereitet werden; mit der Position des Abschlusses und der Auswahl eröffnet sich die Möglichkeit für die Schüler, den entsprechenden antwortgebenden Schritt zu übernehmen.

Übersicht 3.4: Struktur und Funktion des eröffnenden Lehrerschritts (Sinclair/Coulthard 1977, S. 77)

Funktionsklasse des Schrittes		Struktur des Schrittes	Funktionsklasse der Akte
eröffnend	Ein Volk benutzte Symbole als Schrift.	Hinführung	starten
	Sie verwendeten Bilder, anstatt wie wir in Wörtern zu schreiben.		
	Wißt ihr, wer dieses Volk war?	Kernelement	auslösen
	Ich bin sicher, daß ihr es wißt.	Abschluss	antreiben
	Joan.	Auswahl	aufrufen

Ähnlich sind auch die antwortgebenden und auswertenden Schritt-Typen strukturiert, wenn auch nicht so komplex, denn es fehlt die Auswahl: Ein obligatorischer Kern, die Antwort, die Beurteilung, wird durch fakultative Elemente gerahmt, die Hinführung und der Abschluss, die ihrerseits wieder durch unterschiedliche Akte realisiert werden. Die Äußerungsfolgen schließlich lassen sich in zwei Typen unterteilen: Während die strukturbezogenen dazu dienen, den Anfang oder das Ende einer Unterrichtsphase aus der Sicht des Lehrers zu markieren, organisieren die sachbezogenen die thematische Arbeit innerhalb dieses Rahmens. Diese lassen sich wiederum nach dem Kriterium der Abhängigkeit differenzieren nach freien und gebundenen Folgen. Entsprechend der Hauptfunktionen Information, Anweisung, Auslösung und Vergewisserung, die sich aus dem Kernelement des entsprechenden Schrittes ableiten lassen, ist bei freien Äußerungsfolgen zu unterscheiden, ob Schüler oder Lehrer den Eröffnungsschritt machen. Im Wesentlichen sind sie dreischrittig: Einer Eröffnung (E) folgt eine Reaktion (R), die ein Feedback (F) hervorruft.

1. Die *Lehrer-Information* wird genutzt, wenn der Lehrer verbal Wissensbestände den Schülern mitteilt. (E (R))
2. Die *Lehrer-Anweisung* dient dazu, Schüler zu aktionalen Tätigkeiten zu veranlassen. (E R (F))
3. Der *Lehrer-Auslöser* soll sprachliche Handlungen der Schüler herbeiführen. (E R F)
4. Mittels einer *Vergewisserung* informiert sich der Lehrer darüber, ob die Schüler mit der ihnen gestellten Aufgabe zurechtkommen. Hier ist der Auswertungsschritt jedoch nur fakultativ. (E R (F))
5. Der (seltene) *Schüler-Auslöser* hat die Aufgabe, Fragen an den Lehrer zu formulieren. In der Strukturbeschreibung (E R) fehlt der Auswertungsschritt – »die Bewertung einer Lehrerantwort wäre unverschämt.« (Sinclair/Coulthard 1977, S. 82)
6. Von einer *Schüler-Information* kann dann gesprochen werden, wenn Schüler Informationen einbringen, die sie für wichtig halten – und die der Lehrer entsprechend würdigt. In diesem Fall fehlt der Antwortschritt: E F.
   Gebundenen Äußerungsfolgen fehlt der Eröffnungsschritt. Das liegt daran, dass sie auf nicht erfolgreich abgeschlossene freie Äußerungsfolgen anschließen; sie sind diesen insofern untergeordnet. Gemeinsam ist ihnen zudem, dass sie nur vom Lehrer initiiert werden können. (Sie sind in der folgenden Zusammenstellung durch ein g markiert.)
7. *Wieder-Eröffnungen* nutzt der Lehrer, wenn er keine Antwort erhalten hat (Typ 1 mit der Struktur: E R Eg R F) oder aber eine falsche (Typ 2: E R F (Eg) R F).
8. Das *Sammeln* von Antworten dient dazu, entweder mehrere Schüler zu Wort kommen zu lassen oder aber mehrere durch einen offenen Impuls implizierte Möglichkeiten zu evozieren. Die so herausgearbeitete Struktur ist ähnlich der bei der Wiedereröffnung, E R F (Eg) R F, nur dass die gebundene Eröffnung durch das Aufrufen erfolgt.
9. Eine *Hilfestellung* leistet der Lehrer, wenn er bemerkt, dass Schüler nicht mit einer Aufgabe zurechtkommen. (Struktur: E R Eg R)

10. Zu einer *Wiederholung* kommt es, wenn Lehrer Schüleräußerungen nicht richtig verstanden haben oder aber sie aus anderen Gründen noch einmal hören wollen. (Struktur: E R Eg R F)

Eine *Phase* besteht aus einem vorbereitenden, einem (oder mehreren) zentralen sowie einem abschließenden Schritt(en). Diese Schritte setzten sich zusammen aus Äußerungsfolgen und lassen sich als strukturierende bzw. sachbezogene Funktionsklassen beschreiben.

Die zentralen Funktionen der Unterrichtskommunikation finden sich hier wieder: Sinclair/Coulthard (1977, S. 86 f.) unterscheiden zwischen Informations-, Anweisungs- und Auslösungs-Phasen. Ihre Strukturbeschreibung weisen sowohl am Anfang als auch am Ende Strukturierungen auf, während die Binnenstruktur die jeweils funktional charakterisierten Äußerungsfolgen aufweist. Schwierig ist die Bestimmung der *Lektion*, der größten diskursanalytischen Einheit: es reicht, sie als Aneinanderreihung von mehreren Phasen zu betrachten. Mit dieser systematischen Ableitung der größeren Einheiten aus den kleineren ist es Sinclair/Coulthard gelungen, ein linguistischen Ansprüchen genügendes Beschreibungsinstrumentarium zu entwickeln, mit dessen Hilfe auch begrifflich der Zugang zu Prozessen der Unterrichtskommunikation möglich wurde.

Im zweiten Schritt soll es nunmehr darum gehen, wie dieses Beschreibungsinstrumentarium genutzt werden kann, um die in Kapitel 3.1. vorgestellte Unterrichtsszene zu beschreiben. Dazu müssen die jeweiligen sprachlichen Äußerungen in ein anderes Modell überführt werden, nämlich in eines, das aus drei Teilen besteht: Die initiierenden Lehreräußerungen, die Schülerreaktionen und die Beurteilung der jeweiligen Schülerleistungen. Dabei wird die Analyse auf den ersten Teil beschränkt, in dem es um Bedeutungsbeschreibungen des Sprichworts »Mein Name ist Hase …« geht – auf die Defizite bei dieser Rekonstruktion wurde bereits oben hingewiesen.

Analyse des Transkripts

Übersicht 3.5: »Mein Name ist Hase …« – Bedeutungsrekonstruktion

Akt	initiierende Akte	Akt	responsive Akte	Akt	evaluative Akte
s	L: okay schild nummer 1	bei	SS: murmeln		
er	L: da gibt's ja mehrere möglichkeiten (5 sec)				
ant	L: wer hat sich an das erste rangetraut MEIN Name ist HAse				

Akt	initiierende Akte	Akt	responsive Akte	Akt	evaluative Akte
auf	L: kann das irgendjemand erklärn	bei	SS: murmeln		
kom	L: wie keiner	bei	SS: murmeln		
kom	L: ElJeiijei also ((richtet OH-Projektor ein, Dauer: 20 Sekunden))	bei	SS: reden		
ant	L: ja wer verSUCHTs denn mal, weiß/weiß es denn überhaupt keiner vielleicht ist auch einmal so FREI .. ohne dass ihr es aufgeschrieben habt				
ar	Ja elsbeth	aw	E: vielleicht die Rollenspiele die man so macht	bei / kom	SS: lachen / S: is ja cool
re	L: psssst	aw	Sm: mein name ist HAse ich kaufe dem mann die ZÄHne und dann eh man einen und fertig	b	L: AH:: .. oKAY ... nicht gAnz richtig
auf	L: na wenns keiner wEI:ß				
ar	L: ... benni	Aw / bei	B: vielleicht ist das ja ne idee / SS: murmeln		
re	L: pssst	aw	B: wenn man irgendwas damit sagen will dann	ak	L: ja hm dass man sozusagen einfach sagt . em ... ja (is so ähnlich) is so ähnlich .. is so ÄHNlich nich ganz hat nicht ganz was mitm Namen zu tun aber

Bei einer Analyse des gewählten Ausschnitts macht dieses Aufschreib-system deutlich, mit welchen systematischen Zügen die Lehrperson den Ablauf der Interaktion steuern kann. In der Tat gibt es ja hier das Pro-blem, dass die Schüler nicht genau wissen, worauf sich das Sprichwort bezieht. Aber genauer zum Verlauf. Zunächst orientiert die Lehrperson die Schülerinnen und Schüler darauf, welches Schild im Mittelpunkt des Interesses steht, nämlich die Nummer 1. In der Typologie der Leh-reräußerungen zählt dieser Beitrag zu den strukturierenden Beiträgen, und zwar insofern, als eine Stillarbeitsphase beendet wird und ihre Aus-wertung bevorsteht. Die Reaktion der Schüler darauf ist, dass einige von ihnen murmeln. Zudem ist nicht klar, was da gesagt wird, weil die Auf-nahme hier nicht differenziert genug ist. Im zweiten Schritt wird diese thematische Fixierung erläutert, auch dies ein Schritt in der Unter-richtskommunikation, der zu den strukturierenden Akten gehört. Es folgt die Orientierung auf den ersten Schwerpunkt, nämlich die Fokus-sierung der Aufmerksamkeit auf das Sprichwort »Mein Name ist Hase …« Allerdings reagiert zu diesem Zeitpunkt noch kein Schüler da-rauf, vermutlich, weil sie mit dem Sprichwort nicht wirklich etwas an-fangen können. Die Reaktion einiger Schüler darauf ist, dass sie sich un-terhalten, eine Tatsache, die im Transkript als *murmeln* markiert ist. Die Lehrperson kommentiert dies, indem sie nachfragt, *wie keiner*, was wie-derum zur Folge hat, dass die Schüler murmeln. Ein zweiter Kommen-tar folgt, mit der die Problematik deutlich gemacht werden kann. Aller-dings orientiert sich die Aufmerksamkeit der Lehrperson in der Folge auf die Einrichtung des Overheadprojektors – dies dauert ca. 20 Sekun-den. Während sie dies tut, reden die Schüler miteinander. Dann ist der Overheadprojektor eingerichtet, und die Lehrperson greift wieder auf das Thema zu, indem sie noch einmal eine Äußerung macht, die die Aufgabe des Antreibens erfüllt. Sie fragt nämlich danach, wer es denn nun einmal versucht, auch wenn dazu nichts aufgeschrieben wurde. Dann meldet sich eine Schülerin namens Elsbeth, die von der Lehrerin aufgerufen wird. In ihrer Antwort vermutet sie, dass es vielleicht um Rollenspiele gehen könnte. Dies hat zur Folge, dass einige Schüler la-chen und einer diese Reaktion mit dem Ausdruck *cool* kommentiert. Die Lehrperson ruft die Schülerinnen und Schüler mit dem Beitrag *pssst* zur Ordnung, um ihre Aufmerksamkeit wieder auf die gestellte Aufgabe zu lenken. Ein Schüler hat sich gemeldet und bietet eine neue Variante an, indem er eine subjektive Theorie der Bedeutung entwickelt, was ihm aber wahrscheinlich nicht klar ist, indem er ein Konstrukt ent-wickelt: Derjenige, der Hase heißt, kauft einem Mann Zähne, und dann hat dieser wieder welche, die er auch für alles Mögliche nutzen kann. Die Lehrperson beurteilt diesen Beitrag zunächst positiv (*AH:: .. oKAY*), muss aber im Anschluss darauf hinweisen, dass der Beitrag nicht ganz richtig entwickelt worden ist. Es folgt die nächste Aufforderung an Benni, der zunächst darauf verweist, dass es vielleicht eine Idee sei. Allerdings gibt es wieder Schüler, die murmeln, sodass sich die Lehrperson verpflichtet fühlt, noch einmal für Ruhe zu sorgen. Der Schüler Benni setzt seinen ersten Beitrag fort, indem er seine Vermutung präzisiert, dass derjenige, der das äußert, etwas damit sagen will. Die Lehrperson formuliert einen Beitrag, indem sie die Interpretation von Benni akzeptiert, aber auch deutlich macht, dass diese Deutung auch nicht der eigentlichen Interpretation entspricht.

Zusammenfassung   Die Analyse der ausgewählten Transkriptionsseqeunz auf der Grundlage des diskursanalytischen Ansatzes von Sinclair/Coulthard (1975/1977) hat deutlich gemacht, dass es aufgrund der kategorialen Voraussetzungen durchaus gelingt, eine differenzierte Sichtweise des Unterrichtsgeschehens zu entwickeln, allerdings bleiben bestimmte Aspekte unberücksichtigt. So erweist sich die thematische Fixierung auf Redewendungen als nicht unproblematisch, weil die inhaltlichen Voraussetzungen für die Bearbeitung der Bedeutung des ausgewählten Sprichworts nicht gelungen sind. Das prägende wesentliche Moment wird ausgelassen, nämlich die Beachtung der gesamten Redewendung. Für den durch die Lehrperson strukturierten Lehr-Lernprozess ist erkennbar, dass ihre Erwartungen nicht erfüllt werden konnten. Die Schüler bemühen sich zwar, Deutungen einzubringen, sie sind aber weiterhin relativ verunsichert, weil ihnen die eigentliche Dimension des Sprichworts von der Lehrperson nicht klar gemacht wird. Entsprechend kritisch fallen auch die Kommentare der Lehrperson aus, wenn sie den Schülern deutlich macht, dass sie nicht die eigentliche Bedeutung erfasst haben. Und wenn man dann noch einen Blick auf den Aufschrieb auf dem Overheadprojektor wirft, bleibt ebenfalls unklar, was denn eigentlich die faktische Bedeutung der ausgewählten Redewendung ist. Dieses Beispiel zeigt auch, wie problematisch eine Unterrichtsvorbereitung sein kann, die über keine fundierte Bedeutungserklärung des jeweiligen inhaltlichen Schwerpunkts verfügt.

Kritische Würdigung   Eine kritische Würdigung dieses Ansatzes zur linguistisch fundierten Beschreibung soll sich an dieser Stelle auf drei Aspekte beschränken, nämlich erstens die empirische Grundlage, zweitens die Berücksichtigung der Kontextbedingungen und drittens die Klarheit der Kategorienableitung.

(1) Die Hinweise auf die empirische Fundierung (s. o.) zeigen deutlich, dass das Untersuchungsarrangement aus den Anforderungen der theoretischen Diskussion um den Gegenstandsbereich von Linguistik abgeleitet ist. Dieses Interesse bestimmt die gleichsam experi-

mentelle Datenerhebung der Unterrichtung von kleineren Gruppen (»bis zu acht Schüler«). Nicht Unterricht im institutionell gegebenen Rahmen leistet also die Fundierung der linguistischen Kategorien, sondern ein auf effektive Instruktion ausgerichtetes Setting. Die sprachliche und damit auch die soziale Realität des Unterrichts erfährt eine Zurichtung aufs Überschaubare. So mag es vielleicht gelingen, ein Instrumentarium zur Analyse von Diskursen zu konstruieren, das Interesse am Unterricht bleibt diesem auf diese Weise äußerlich. Es bleibt zu fragen, ob Kategoriensysteme konstruiert werden können, ohne auf den institutionellen Zusammenhang einzugehen. So ist etwa der Akt der Auswahl, mit dem der Lehrer entscheidet, welcher Schüler den folgenden Schritt ausführen soll, ohne diese Rahmung nicht angemessen zu analysieren.

(2) Auf einen ähnlichen Aspekt zielt der zweite Kritikpunkt: Die Kontextbedingungen von Unterricht scheinen für die Diskursanalyse unerheblich zu sein, so z. B. in der Unterscheidung von linguistischen und außerlinguistischen Einheiten. So ist die Unterrichtsstunde keineswegs eine bloß schulorganisatorische Entität, sondern eine, auf die mit sprachlichen Äußerungen Bezug genommen wird: Lehrer begrüßen die Schüler an ihrem Anfang und verabschieden sich an ihrem Ende. Diese Ebene der sprachlichen Organisation bleibt dem Ansatz verschlossen. Es lohnt sich auch nicht, die Wechselwirkung mit anderen Zugängen zur Unterrichtsrealität zu versperren, denn das konkrete sprachliche Handeln von Lehrern hängt auch von ihrem didaktischen Konzept ab, wie man an der Diskussion um die Lehrerfrage sehr schön zeigen kann. Den Autoren bleiben die kontextuellen Bedingungen der Interaktion äußerlich, sie dienen nur als Folie für eine linguistische Beschreibung.

(3) Aus diesen Gründen weist auch die linguistische Beschreibung selbst Probleme auf. Die eindeutige hierarchische Zuordnung von segmentierten Einheiten in Äußerungen zu Handlungen setzt voraus, dass genau spezifizierte Listen von Handlungen und Äußerungseinheiten vorliegen und aufeinander bezogen werden können (vgl. die Diskussion bei Levinson 1990, S. 290 f.). Die Listen liegen auch vor, sie versprechen jedoch eine Sicherheit in der Zuordnung, die nicht zu erreichen ist. Die strukturell bedingte Mehrdeutigkeit sprachlicher Formen wird so scheinbar erledigt. Einen begrifflichen Apparat, der auch dies erfassen könnte, haben die Autoren nicht vorgelegt.

3.3   Die ethnomethodologische Konversationsanalyse

Ethno-methodologische Konversations-analyse

Unter der Bezeichnung »Ethnomethodologie« (grch. *ethnos* »Volk«, *methodos* »Gang einer Untersuchung«) werden jene soziologischen Forschungsrichtungen zusammengefasst, die sich seit den 60er-Jahren mit der Beschreibung mikrostruktureller Bedingungen sozialen Handelns beschäftigen. Der Begründer dieses Ansatzes war Harold Garfinkel. Er hat in seinen Arbeiten auf der Grundlage zweier Konzepte die Ethnomethodologie begründet, nämlich zum einen der phänomenologisch orientierten Lebenswelt-Theorie von Alfred Schütz und zum anderen der Theorie des symbolischen Interaktionismus in der Tradition von Georg H. Mead.

Weiterentwicklung des Ansatzes

Diese beiden Ansätze nutzte Garfinkel zur Weiterentwicklung eines Forschungsansatzes, der die Konstitution des sozialen Sinns durch die Beteiligten zum zentralen Schwerpunkt macht. Die Leitfrage dabei lautet, mithilfe welcher Techniken oder Mechanismen die Handelnden selbst ihren Aktivitäten Sinn verleihen. Diese Methoden lassen sich als alltagspraktisch bezeichnen, insofern sie von den Beteiligten im Vollzug genutzt werden, um eine Ordnung herzustellen. Dies gelingt deshalb, weil sie ihre Aktivitäten selbstreflexiv als Teil eines Sinnkonzepts darstellen.

> Ethnomethodological studies analyze everyday activities as members' methods for making those activities visibly-rational-and-reportable-for all practical-purposes, i. e. ›accountable‹ as organizations of commonplace everyday activities (Garfinkel 1967, VII).

Um die Funktionsweise dieses Konzepts zu illustrieren, sei auf die Krisen-Experimente verwiesen, mit denen Garfinkel die impliziten Interaktionsstrukturen deutlich gemacht hat. So hat er beispielsweise Studenten aufgefordert, in eine Drogerie zu gehen, um nach Würsten zu fragen. Selbstverständlich haben diese keine Artikel, die ausschließlich in Metzgereien verkauft werden. Eine andere Aufgabe war zum Beispiel, in einem Kaufhaus den festen Preis herunterzuhandeln. Daraus entstanden sogenannte »Interaktionskomplikationen«, die den Beteiligten jene Ordnung deutlich machte, die das Handeln in verbalen Interaktionen bestimmt.

Eine andere Variante dieses Ansatzes war die Herausarbeitung eines eher soziologisch orientierten Ansatzes, in dem die kommunikativ hergestellten sinnhaften Strukturen zum Gegenstand der Untersuchung wurden. Unter dem kategorialen Begriff der Konversationsanalyse (frz. *conversation* »Umgang, Unterhaltung«) wurden ab Anfang der 70er-Jahre die Sinn erzeugenden Eigenschaften der gesprochenen Sprache untersucht. Die bedeutendsten Vertreter dieses Ansatzes waren Harvey Sacks, Emanuel Schegloff und Gail Jeffersen. In den folgenden Jahren entwickelte sich daraus ein eigenes Paradigma, in dessen Rahmen die verschiedenen Ordnungsdimensionen sozialer Interaktion herausgearbeitet wurden. Auf der Grundlage von genauen Transkriptionen von auditiv oder audio-visuell dokumentierten »natürlichen« Gesprächen, also keinen durch das wissenschaftliche Interesse selbst erzeugten Interaktionen, fokussiert die Konversationsanalyse die in den Oberflächenphänomenen vor allem lokal und sequentiell wirksam werdenden sozialen Ordnungen, wie sie von den Handelnden hergestellt werden. So etwa das *turntaking*-System, also die Regeln für die Verteilung des Rederechts im Gespräch, oder die regelhafte Abfolge von *turns* in Nachbarschaftspaaren (*adjacency pairs*), wie etwa das Verhältnis zwischen Frage und Antwort. Sequentiell wirksam werdende Strukturierungsaktivitäten werden auch in der Beschreibung der Aktivitäten von Teilnehmern deutlich, die ein Gespräch zum Abschluss bringen wollen.

turn-taking-system

Im Folgenden soll das System des *turn-taking* exemplarisch beschrieben werden, um die Arbeitsweise dieses Ansatzes herauszuarbeiten. Dabei steht die Frage im Mittelpunkt, wie Sprecher im Prozess des Gesprächs die Aufgabe bearbeiten, dass das Rederecht immer so verteilt wird, dass nicht mehr als ein Sprecher spricht. Dass diese Frage auch mit gewissen kulturell geprägten Praktiken zusammenhängt, hat beispielsweise Umberto Eco gezeigt, der über das Sprachverhalten von Italienern in Bars einen Aufsatz veröffentlicht hat, in dem er zeigt, dass die Italiener in einer solchen Situation meist parallel sprechen. Grundlage dieser Vermutung ist die Beobachtung, dass verbal interagierende Subjekte in unterschiedlichen Zusammenhängen die Aufgabe bearbeiten, das Rederecht so zu verteilen, dass nicht mehr als eine Person spricht. Zudem sind die Pausen zwischen den Beiträgen relativ kurz. Auf der Grundlage von Transkripten erarbeiten Sacks, Schegloff und Jefferson (1974) eine Beschreibung des Systems mithilfe von zwei Komponenten sowie eines Regelsystems. Die beiden Komponenten dienen der *turn*-Konstruktion (*turn-constructional component*) sowie der *turn*-Zuteilung (*turn-allocation component*), das Regelsystem beschreibt die Prozeduren der Sprecherzuweisung. Die Redebeiträge (*turns*) verfügen über prosodische und syntaktische Einheiten, mit denen die inhaltlichen und artikulatorischen Aufgaben von den Sprechern bearbeitet werden. Am Ende einer solchen Einheit – einem übergangsrelevanten Ort (*transition relevance place, TRP*) – ist ein Punkt erreicht, an dem der Sprecher entweder weitersprechen kann oder aber ein anderer das Wort ergreift. An dieser Stelle können nun die den Sprecherwechsel steuernden Regeln genutzt werden, nämlich erstens durch den Sprecher, der einen anderen direkt anspricht oder ihn etwas fragt, zweitens durch Selbstwahl eines Teilnehmers, oder drittens durch Fortsetzung des Beitrags durch den Sprecher. Diese Regeln lassen sich wie folgt zusammenfassen:

Regeln *Regel 1 – gilt zu Anfang für den ersten übergangsrelevanten Ort (TRP) jedes Redebeitrags:*

(a) Wenn A im laufenden Beitrag B auswählt, muss A aufhören und B als Nächster sprechen, wobei der erste Übergang beim ersten TRP nach der Auswahl von B erfolgt.

(b) Wenn A nicht B auswählt, kann jeder andere Teilnehmer sich selbst wählen, wobei der Erste, der spricht, das Rederecht übernimmt.

(c) Wenn A nicht B gewählt hat und kein anderer sich selbst unter Option (b) wählt, kann A weitersprechen (muss es aber nicht), d. h. eine weitere beitragsbildende Einheit beanspruchen.

Regel 2 – gilt für alle folgenden TRPs:

Wenn Regel 1c von A angewandt worden ist, gelten beim nächsten TRP und rekursiv bei jedem nächsten TRP die Regeln 1 (a) – (c), bis ein Sprecherwechsel erfolgt.

Diese sequentielle Beschreibung erlaubt es, die einzelnen Teile eines Redebeitrags in Hinblick auf organisierende Äußerungen zu überprüfen. Darüber hinaus zeigt sie auch, wie die interagierenden Personen in der Situation ihre verbale Interaktion organisieren. Zudem verdeutlichen die Analysen, dass auch nonverbale Elemente wie Pausen oder Schweigephasen nach einem Beitrag Sinn konstituieren können, indem sie Raum für den nächsten Teilnehmer schaffen, das Wort zu ergreifen.

Während die Konversationsanalyse zu Beginn hauptsächlich die das Gesprächsverhalten strukturierenden Regeln in alltäglichen Zusammenhängen thematisierte, erweiterte sie das Spektrum zunehmend in Hinblick auf institutionelle Kontexte und Gespräche im Fernsehen etc. (vgl. die Beiträge im Sammelband *Talk at work*, Drew/Heritage ed. 1992). Zu jener in den sprachlichen Tätigkeiten alltäglicher Kommunikation interaktiv hergestellten Ordnung gesellt sich nun der gesetzte äußere Rahmen, auf den die Beteiligten ebenfalls Bezug nehmen. Diesen Zusammenhang erfasst das Konzept des Kontextes, indem die Äußerungen sowohl lokal als auch global implizit oder explizit auf die gegebene Rahmung verweisen. Diese neue Orientierung ermöglicht zugleich auch einen Vergleich mit den nicht-institutionalisierten Situationen der traditionellen Konversationsanalyse, sodass etwa spezifische Techniken der Zielorientierung oder der Machtausübung in den Blick kommen. Die Schule hat bisher nur am Rande zu den Gegenständen der Konversationsanalyse gehört – wohl aber zu denen der Ethnomethodologie.

Die Perspektive Mehans Die ethnomethodologisch orientierte Arbeit Hugh Mehans *Learning lessons* wird immer noch als Bezugsarbeit – auch in der Konversationsanalyse – herangezogen, sodass hier die oben problematisierte Verknüpfung beider Forschungstraditionen unter einem Etikett endlich ihre Begründung findet.

Mehan vertritt einen Ansatz, den er »constitutive ethnography« nennt: Mithilfe dieses Ansatzes gelingt es ihm, das soziale Handeln im Klassenzimmer zu beschreiben. Im Mittelpunkt des Interesses steht die Struktur der dort etablierten sozialen Ordnung und die Art und Weise, wie diese hergestellt wird. Dabei spielen vor allem die strukturierenden Aktivitäten eine Rolle, mit deren Hilfe der Unterricht als sozial organisiertes Ereignis konstituiert wird. Auf der Grundlage in ethnographischer Tradition entwickelter Standards wird zunächst beschrieben, welche Struktur eine Unterrichtsstunde hat – sie ist als geordnete Abfolge von Phasen strukturiert – und wie die Verteilung des Rederechts organisiert ist. Zudem geht es um den Aspekt, aufzuzeigen, wie Kinder die Fähigkeiten erwerben, zu einem kompetenten Mitglied der sozialen Organisation »Klasse« zu werden. Dabei bezieht er sich auf einige methodologische Standards, die der ethnographischen Tradition verpflichtet sind: Verlässlichkeit der Daten, interpretative Datenauswertung, Konvergenz zwischen Forscher- und Teilnehmerperspektive und schließlich Fokussierung der Interaktion.

Eine audiovisuelle Dokumentation von neun Schulstunden in einer Klasse von Erstklässlern, Grundstufen-Schülern einer *elementary school* in San Diego, Kalifornien, fundiert die Arbeit. Die Daten werden aus Gründen der leichteren Zugänglichkeit transkribiert und schaffen auf diese Weise eine verlässliche Grundlage der Analyse. Die Transkripte sind bereits an Kategorien orientiert (*initiation – reply – evaluation*), sie hätten jedoch noch genauer sein können, da bestimmte Aspekte wie Akzente und Tempo nicht berücksichtigt werden. Die Analyse erfolgt aus einer Perspektive, indem die durch das empirisch dokumentierte Handeln der Beteiligten deutlich werdenden Orientierungen rekonstruiert werden. Vor allem steht die Art und Weise der Interaktion im Mittelpunkt des Interesses, und zwar unter Berücksichtigung der dem Unterricht zugrunde liegenden Konzeption. Zudem wird das sequentielle und hierarchische Arrangement rekonstruiert und die interaktionalen Aktivitäten, mit deren Hilfe die thematische Aufarbeitung rekonstruiert wird.

Beschreibung des Unterrichts

Die Phasen und die Organisation einer Unterrichtsstunde (*lesson*) stehen im Mittelpunkt der Untersuchungen Mehans. Der sequentiellen Analyse des Stundenverlaufs folgt die der Ordnung herstellenden Lehreraktivitäten, bezogen auf die Verteilung des Rederechts und auf die Disziplinierung derjenigen Schüler, die sich nicht an die geltenden Regeln halten. Eine Unterrichtsstunde weist eine sequentielle Organisation auf, d. h., sie lässt sich in verschiedene, aufeinanderfolgende Abschnitte einteilen: die Eröffnungs-, die Instruktions- und die Abschlussphase (49). In der Eröffnungsphase legt der Lehrer seinen Schülern in einer informativen Sequenz das Programm der Stunde offen; eine direktive Sequenz bereitet die darauffolgende Phase vor. In der Instruktionsphase vermittelt der Lehrer den Schülern in direktiven und informativen Sequenzen die vorgesehenen Wissensbestände, während die Abschlussphase der evaluativen Rückschau über das zuvor Erarbeitete dient.

Ein dreischrittiges Modell   Die Phasen werden jeweils durch dreischrittige interaktionale Sequenzen gebildet, deren Positionen Mehan als *initiation*, *reply* und *evaluation* bezeichnet. Sie lassen sich als miteinander verknüpfte *adjacency pairs* klassifizieren: Die beiden Schritte *initiation* und *reply* bilden nicht nur das erste dieser Paare, sondern auch zusammen den ersten Schritt des zweiten Paares, da sich die *evaluation* nicht nur auf die durch *reply* ausgedrückte Form bezieht, sondern auf das Paar.

Übersicht 3.6: Struktur Sequenzen in der Instruktionsphase (Mehan 1979, S. 54)

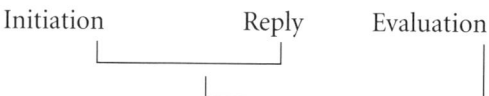

Die Abfolge und Anordnung dieser Sequenzen sind abhängig vom Thema, sodass sich eine gewisse Folge zu einem *topically related set* zusammenfassen lässt, das aus einer das Thema bestimmenden Basissequenz (*basic sequence*) und einer oder mehreren Folgesequenzen (*conditional sequences*) besteht (1979, S. 65). Insgesamt lassen sich die beschriebenen Strukturen als ein rekursives System aufschreiben, in der die hierarchisch höhere Kategorie jeweils durch elementarere Kategorien beschrieben werden kann (vgl. Übersicht 3.7).

Übersicht 3.7: Rekursive Struktur einer Unterrichtsstunde (Mehan 1979, S. 75)

Lesson ----------------------------> Opening Phase + Instructional Phase + Closing Phase

Opening, Closing Phase ------> Directive + Informative

Instructional Phase ----------> Topically Related Set (TRS) + TRS

TRS ----------------------------> Basic + Conditional Sequence (or Interactional Sequence)

Instructional Sequence -------> Initiation + Reply + Evaluation

Die Art und Weise der interaktiven Herstellung dieser Strukturen gewährleistet der turn-Zuteilungsapparat, mit dessen Hilfe die Ordnung im Klassenzimmer hergestellt und aufrechterhalten wird. Im Wesentlichen muss das Problem gelöst werden, welcher Schüler die reply-Position besetzen darf. Im »Normalfall« organisiert die Lehrerin dieses Problem erstens durch gezieltes individuelles Aufrufen (individual nomination: »where were you born, Prenda?«, Mehan 1979, S. 84), zweitens durch Einladungen zur Teilnahme (invitation to bid: »raise your hand«, Mehan 1979, S. 90) und Einladungen zur Antwort (invitations to reply: T: »I called the tractor a mm …« St: »machine«). So sorgt sie dafür, dass diese Position besetzt wird. Schüler, die sich nicht an diese Regeln halten, laufen Gefahr, sanktioniert zu werden. Die Lehrerin hat für diese Fälle die folgenden Strategien entwickelt (Mehan 1979, S. 108–118):

- das Nichtstun (*the work of doing nothing*): unaufgeforderte Schüleräußerungen werden übergangen;
- das Weitermachen (*getting through*): bei fehlenden Antworten setzt der Lehrer seine Aktivitäten fort, bis die Übergabe zur *reply*-Position gelingt;
- die stillschweigende Rederechterteilung (*opening the floor*): das Akzeptieren der richtigen Antwort eines unautorisierten Sprechers, nachdem der autorisierte eine falsche gegeben hat, und
- das Unerwartete akzeptieren (*accepting the unexpected*): dies betrifft vor allem nicht erwartete Antworten von nicht-autorisierten Sprechern, deren Regelverstoß implizit geduldet wird.

So erwerben die Schüler in der Schule eine spezifische kommunikative Kompetenz, die darin besteht, nach den impliziten Regeln der kommunikativen Ordnung des Klassenzimmers zu agieren und in diesem Rahmen zu kognitiven Wissensbeständen zu gelangen.

Auf dieser Grundlage soll nun das ausgewählte Beispiel im Rahmen dieses Ansatzes analysiert werden. Im Anschluss sollen Leistungen und Probleme des Ansatzes thematisiert werden. Das oben dokumentierte Transkript ist nunmehr in die Kategorien Initiation (I) – Reply (R) – Evaluation (E) eingeteilt. Die Nummerierung wird nicht dokumentiert.

Übersicht 3.8: Initiation, Reply, Evaluation

Initiation	Reply	Evaluation
T: Okay Schild Nummer 1	SS: murmeln	
T: Da gibt's ja mehrere Möglichkeiten (5 sec) wer hat sich an das erste rangetraut? Mein Name ist Hase ... kann das irgendjemand erklären?	SS: murmeln	
T: Wie . Keiner? Eijeiijei, also!	SS: murmeln	
T: richtet OH-Projektor ein – 20 sec	SS: reden	
T: Ja, wer versuchts denn mal, weiß es denn überhaupt keiner? Vielleicht ist auch einer einmal so frei .. ohne dass ihr es aufgeschrieben habt? Ja, Elsbeth!	E: Vielleicht die Rollenspiele die man so macht.	mS: lachen is ja cool
T: Pssst!	S: Mein Name ist Hase, ich kaufe dem Mann die Zähne, und dann eh hat man einen, und fertig.	T: Ah. Okay. Nicht ganz richtig.
T: Na wenns keiner weiß? ... Benni	B: Vielleicht ist das ja ne Idee: Wenn man irgendwas damit sagen will, dann ...	T: Ja, hm, dass man sozusagen einfach sagt, em ... ja (is so ähnlich) is so ähnlich, is so ähnlich nich ganz hat nicht ganz was mitm Namen zu tun, aber ...
	S: Sollen wir alle Sprüche aufschreiben?	T: Nein.

Initiation	Reply	Evaluation
T: Ihr kriegt von mir … Seid mal n bisschen leiser bitte! … Ihr kriegt von mir gleich einen eh Lösungszettel, wo diese . Kästchen drauf sind … der Teilnahme … he .. das heisst . Hei … Ich würde euch empfehlen, einfach jetzt da das entsprechende Sprichwort eh jetzt die Buchstaben zu schreiben, die vorne hier . in dem Kästchen hier drin sind, zu schreiben also in dem Fall F.	SS: reden S: Wo steht denn da f?	T: Also hier ((zeigt auf das f)) steht F in dem Kästchen …
T: Und ihr kriegt diesen Zettel auch gleich noch als Blatt. Ich kann ihn euch eigentlich auch jetzt schon geben.	S: Ja.	
T: Nein, besser nicht. Da würdet ihr, weil, ansonsten würdet ihr vergessen, was ihr selber geschrieben habt. So, das heißt, ihr schreibt für die, wir jetzt schon besprochen haben, schreibt ihr einfach eh einfach hier jetzt hin: Mein Name ist Hase. Schreibt ihr einfach F, okay? (…) Gut.		

Analyse der Transkription

Nach dieser Auflistung im Format Initiation, Reply und Evaluation ergeben sich bei genauerer Betrachtung vier Abschnitte. Der erste Teil bezieht sich darauf, die Schüler auf den vorgegebenen Gegenstand zu orientieren. Dies ist mit einigen Schwierigkeiten verbunden, denn die Schüler reagieren nicht auf die Impulse der Lehrperson. Dann widmet sich die Lehrperson in einem zweiten Schritt der Installation des Overhead-Projektors, das dauert insgesamt zwanzig Sekunden, und es ist in dieser Phase durchaus möglich, dass die schülerseitigen Aktivitäten wie das Miteinander-Reden praktiziert werden. Es folgt der dritte Teil, in dem die drei Schüler Vorschläge zur inhaltlichen Deutung des Sprichwortes »Mein Name ist Hase …« machen. Allerdings wird die tatsächliche Bedeutung nicht getroffen. Mit der Frage eines Schülers, ob denn alle Sprüche aufgeschrieben werden sollen, beginnt die vierte Phase, in der es um die inhaltliche Organisation des Themas geht. Dabei werden von der Lehrperson verschiedene Möglichkeiten genannt, sie selbst entscheidet sich aber dafür, die Schüler notieren zu lassen, wie sie die inhaltliche Seite realisieren können. Damit ist dieser kurze organisatorische Abschnitt abgeschlossen, und es kann das nächste Sprichwort untersucht werden, nämlich »Da liegt der Hase im Pfeffer«.

Mehrschrittige Analyse

Im Folgenden sollen die einzelnen Phasen auf der Grundlage der oben entwickelten Kategorien in der ethnomethodologischen Perspektive etwas genauer untersucht werden. Beginnen wir mit der ersten Phase, in der es um die Fokussierung der Aufmerksamkeit auf die erste thematisierte Redewendung geht. Die Reaktion der Schüler in diesem Abschnitt zeigt, dass sie offenbar gar keine Idee entwickeln konnten, wie ihre Bedeutung zu beschreiben ist, denn statt sich zu melden und Vorschläge einzubringen, reden sie miteinander. Die Lehrperson ist etwas überrascht, was sie mit dem Ausdruck *Wie, keiner? Eijeijei* zum Ausdruck bringt. Dabei spielt auch noch eine Rolle, dass das Sprichwort nur in reduzierter Form eingebracht wurde. Dann folgt die zweite Phase, in der die Lehrperson den Overheadprojektor einrichtet. Das dauert 20 Sekunden, und die Schüler sprechen in dieser Zeit. In der dritten Phase werden dann nach einer Initiation der Lehrperson insgesamt drei Schüler befragt, wobei zunächst die Schülerin Elsbeth einen Vorschlag einbringt, der aber von der Lehrperson nicht weiter kommentiert wird, da sie sich eher darum bemüht, die unaufgefordert sprechenden Schüler zu disziplinieren. Es folgt ein weiterer Vorschlag (*Mein Name ist Hase, ich kaufe dem Mann die Zähne, und dann eh hat man einen, und fertig*), der im Anschluss von der Lehrperson positiv kommentiert wird. Allerdings muss sie auch darauf hinweisen, dass der Inhalt nur im Ansatz getroffen wird, indem sie in einer evaluierenden Äußerung (*Nicht ganz richtig*) den Akzent auf eine nur teilweise zutreffende Bedeutungsbeschreibung legt. Im Anschluss daran wird Benni aufgerufen, der eine mögliche Idee einbringt, nämlich dass man etwas damit sagen will. Dies wird von der Lehrperson ausführlich kommentiert, indem sie darauf hinweist, dass die Bedeutung der Redewendung *so ähnlich* sei, aber nicht ganz richtig. Als Nächstes verschiebt sich der Schwerpunkt des Unterrichtsgesprächs auf die weitere Organisation des Unterrichts. Dies wird durch die Frage eines Schülers veranlasst, der sich erkundigt, ob alle Sprüche aufgeschrieben werden sollen. Daraufhin orientiert die Lehrperson die Schüler auf das weiter von ihr geplante Vorgehen, indem sie ankündigt, im Anschluss nicht nur einen Lösungszettel auszuteilen, sondern auch noch ein weiteres Blatt. Da ist sie sich aber nicht so sicher, denn sie kündigt zunächst an, diesen Zettel gleich auszuteilen, nimmt dies aber im Anschluss wieder zurück mit der Begründung, dass die Schüler dann ansonsten vergessen würden, was sie zuvor aufgeschrieben haben. Dann erläutert sie abschließend das weitere Vorgehen, indem sie die Schüler auffordert, zu dem Sprichwort »Mein Name ist Hase …« den Buchstaben F zu notieren. Damit ist die Organisation des weiteren Vorgehens abgeschlossen und es kann die nächste Redewendung thematisiert werden.

Zusammenfassend sollen die Qualitäten und Probleme dieses Ansatzes **Zusammenfassung** untersucht werden. Die Qualitäten bestehen vor allem darin, dass die interaktive Organisation des Unterrichts im Zentrum der Aufmerksamkeit steht. Natürlich sind auch Aspekte wie die thematische Orientierung von Bedeutung, aber das vor allem an Inhalten orientierte Vorgehen von Lehrpersonen wird zugunsten einer detaillierten Beschreibung der interaktiven Sequenzen nicht so intensiv berücksichtigt. Das kann auch daran liegen, dass Mehan ausschließlich Unterricht aus dem Primarbereich untersucht hat, genauer: aus einer 1. Klasse. Und da liegen natürlich gewisse besondere Bedingungen vor, die bei der Analyse auch berücksichtigt werden müssten. Dennoch: Insgesamt überzeugt der Ansatz, da die Unterrichtssituation im Zentrum des Interesses steht. Die wesentlichen Anteile sprachlicher Aktivitäten an der Organisation der interaktiven Prozesse werden in Form von Sequenz- und Beitragsverteilungsregeln expliziert, die ganz in der ethnographischen Tradition auf der Grundlage von genauen Transkriptionen auditiv dokumentierten Unterrichts beruhen. Die methodologischen Prämissen sind erfüllt, aber nur auf den ersten Blick. Die Beschränkung der Datenerhebung auf eine Schuleingangslerngruppe hat nämlich zur Folge, dass möglicherweise die Beobachtung anders organisierter Stunden in gleichen oder höheren Jahrgangsstufen auch differente Organisationsmodalitäten offenlegen würde. Ein Blick in Klassenzimmer der verschiedenen Jahrgangsstufen zeigt jedenfalls eine Variabilität der Unterrichtsgestaltung, die deutlich macht, dass die Modellierung schulischer Interaktion auf eng vom Lehrer kontrollierte Interaktionszusammenhänge zu kurz greift.

Der zweite Punkt betrifft die Thematisierung der Institutionalität. Mehan geht auch auf die schulischen Bedingungen ein, die er jedoch nicht markiert – wie etwa die funktionale Pragmatik mit der Gegenüberstellung von alltäglichen und schulisch-institutionellen Handlungsmustern –, sondern als gegeben und selbstverständlich voraussetzt. Auch die unterschiedlichen Diskurswelten der Disziplinen, die auf Schule einwirken, finden keine Berücksichtigung.

3.4 »Muster und Institution«: Der Ansatz der funktionalen Pragmatik

Funktional-pragmatischer Ansatz

Das Etikett »funktionale Pragmatik« stellt die theoriegeschichtlichen Bezüge dieses gesprächsanalytischen Ansatzes her: Der Ausdruck *Pragmatik* verweist auf die Rezeption der Sprechakttheorie (Austin/Searle) in den 70er-Jahren in der Bundesrepublik Deutschland, die die Entwicklung der linguistischen Pragmatik zentral bestimmt hat. Allerdings erwies sich dieser Ansatz in seiner sprecherseitigen Konzentration auf einzelne Sprechakte insofern als reduktionistisch, weil sprachliche Handlungen von einzelnen Subjekten in der Regel eingebunden sind in zum Teil komplex strukturierte Interaktionen. Der Ausdruck *funktional* bezieht sich darauf, dass in Interaktionen von den Beteiligten Zwecke realisiert werden. Eine erste Zusammenfassung der Elemente dieses Ansatzes sei den folgenden Ausführungen vorangestellt:

> Funktionale Pragmatik ist eine Analyseweise, die sprachliches Handeln als Teil gesellschaftlichen Handelns untersucht. Das bedeutet, daß sie das sprachliche Handeln systematisch auf gesellschaftliche Zwecke und institutionelle Bedingungen bezieht. Zugleich analysiert sie es in seiner Vernetzung mit anderen (mentalen und praktischen) Formen des Handelns. Sie rekonstruiert die gesellschaftlichen Zwecke und bis zu einem gewissen Grad auch die individuellen Ziele aus den Formen sprachlicher Handlungen sowie aus der Verwendungsweise sprachlicher Muster. Dabei verwendet sie empirische Daten in Form authentischer Diskurse und Texte (Brünner/Grafen 1994, S. 14).

Sprachliches Handlungsmuster

Zentraler Begriff im Ansatz der funktionalen Pragmatik ist der des sprachlichen Handlungsmusters, wie er von Ehlich und Rehbein in zahlreichen Arbeiten entwickelt worden ist.[1] Sprechhandlungen stellen gesellschaftlich ausgearbeitete Formen dar, derer sich die Subjekte bedienen, um ihre Bedürfnisse zu befriedigen. Sprechhandlungen sind

---

1 Für die folgenden Ausführungen beziehe ich mich auf die einschlägigen Arbeiten von Ehlich/Rehbein (1979) und (1986).

auf bestimmte Abläufe bezogen, es sind die Formen standardisierter Handlungsmöglichkeiten, die Subjekte im konkreten Agieren aktualisieren.

Sprachliche Handlungsmuster sind abhängig von Zwecken, die die Handelnden verfolgen. Zwecke sind charakterisiert durch die Verbindung von Konstellationen und Bedürfnissen. Ehlich/Rehbein (1979, S. 244) gehen davon aus, dass Handelnde sich nicht auf immer Neues einzustellen haben, sondern dass durch Identitäten und Entsprechungen von Wirklichkeitspartikeln sich gewisse Konstellationen ergeben, die für die individuell Handelnden als Konstanz aufgrund von Erfahrung und Wissen wahrnehmbar sind: Handelnde bringen ihre Bedürfnisse in Standardkonstellationen ein. Innerhalb einer so konstruierten Handlungsvoraussetzung treten Defizienzen – also solche Zustände, die vom Handelnden als mangelhaft beurteilt werden – auf, deren Beseitigung der Zweck einer Handlung sein dürfte. Nun gibt es wohl kaum eine Standardkonstellation, in der sich nicht mehrere, alternative Handlungsmöglichkeiten zum Erreichen von Suffizienz – ein vom Handelnden als ausreichend oder genügend beurteilter Zustand – finden ließen. Die Gesamtheit solcher standardisierten Wege in sich wiederholenden Defizienzkonstellationen bezeichnen Ehlich/Rehbein als »Ablaufsysteme« (1979, S. 246).

Handlungsmuster umfassen nicht nur sprachliche Tätigkeiten, sondern auch mentale Handlungen, Interaktionen und gegenstandsbezogene Tätigkeiten, insofern sie in die gesellschaftliche Praxis eingebunden sind. Dabei ergibt sich ein Problem, das zunächst als terminologisches erscheint, sich aber bei genauerer Überprüfung als ein weitergehendes erweist: nämlich das der Bezeichnung für die Handlungsmuster. Bis auf eine Ausnahme (»Aufgaben stellen/Aufgaben lösen«) benennen Ehlich/Rehbein Handlungsmuster nach der Sprechaktbezeichnung für eine der konstitutiven Musterpositionen: So setzt das Muster »Rätselraten« das Stellen eines Rätsels, das Muster »Begründen« das Aufstellen einer These oder die Kundgabe einer Handlungsabsicht voraus. Wenn jedoch der gesellschaftliche Zusammenhang auch terminologisch eingeholt werden soll, dann wäre nicht der Sprechakt die Bezugsgröße, sondern der interaktive Zusammenhang, in dem dieser erscheint. In den sog. Praxeogrammen – Diagramme von Handlungsabläufen, die ein Muster konstituieren – sind diese Aspekte enthalten, sodass ihre terminologische Fixierung auch auf die letzten Relikte der kritisierten Sprechaktkonzeption verzichten könnte. Sprachliche Handlungsmuster erweisen sich so als gesellschaftliche Norm. Sie sind zwar objektiv gültig, nicht aber unbedingt an der Oberfläche des Handelns manifest. Die Handelnden bedienen sich der Muster, sie realisieren ihre Struktur.

Die Monografie »Muster und Institution« (Ehlich/Rehbein 1986) bildet den Abschluss einer längeren Auseinandersetzung beider Autoren

Eigenschaften der Handlungsmuster

mit Problemen der »Kommunikation in der Schule«. Das induktiv aufgebaute Buch enthält neben der Analyse einzelner Handlungsmuster wie »Aufgaben stellen/Aufgaben lösen« u. a. nicht nur eine Weiterentwicklung des Handlungsmuster-Konzepts, sondern auch eine Einordnung der Ergebnisse in Hinblick auf die Institution Schule. Dieser Rückbezug auf die Rahmenbedingungen hängt mit dem Erkenntnisinteresse der Autoren zusammen. Dieses richtet sich nicht nur auf die Weiterentwicklung einer Theorie des sprachlichen Handelns – in wissenschaftlicher Perspektive, sondern soll auch durchaus praktische Konsequenzen haben, indem sie nämlich die analytischen Voraussetzungen für einen Reflexionsprozess über die eigenen sprachlichen Handlungen der Aktanten – den Lehrern – schaffen und so die sprachlichen Verhältnisse im Unterricht verbessern wollen (178).[2] Die Theorie sprachlichen Handelns sehen sie als notwendige Weiterentwicklung einer nicht-reduktionistischen Sprachtheorie an, also eines Ansatzes, der nicht den formalen und illokutiven Eigenschaften einer Äußerung bloß deren Umgebungsbedingungen hinzufügt, sondern die Komplexität des gesamten sprachlichen Handelns innerhalb der Gesellschaft mit berücksichtigt (5). Die Untersuchung der kommunikativen Verhältnisse in der Schule als einer »versprachlichten Institution« kann einen Beitrag dazu leisten, dass jene konstitutiven Bedingungen auch analytisch rekonstruierbar werden.

Verschiedene Handlungsmuster für den Unterricht

Exemplarisch untersuchen Ehlich/Rehbein schulische Form und Funktion von vier sprachlichen Handlungsmustern, nämlich »Aufgaben stellen/Aufgaben lösen«, »Rätselraten«, »Lehrervortrag mit verteilten Rollen« und »Begründen«, also Handlungsmuster, in denen die Vermittlung von Wissen durch den Lehrer im Vordergrund steht. Wie sind nun diese Muster in größere Zusammenhänge einzuordnen? Dazu deuten Ehlich/Rehbein einen Lösungsvorschlag an, sie machen nämlich von der Funktionsbestimmung der Handlungsmuster die Zuordnung zu bestimmten Diskurstypen abhängig:

Andere Diskurstypen betreffen die Organisation des Unterrichts (z. B. unmittelbare Handlungsaufforderungen), wieder andere die Herstellung praktikabler Kommunikationsbedingungen (z. B. Ermahnungen). Weitere kommunikative Formen betreffen die Organisation der Teilnahmeverteilung (turn-Organisation) im Unterricht … schließlich: Der Unterricht ist nicht die ganze schulische Kommunikation, andere Konstellationen gehören ebenso zur Kommunikation in der Schule, so etwa Pausengespräche und Gespräche im Lehrerzimmer, Konferenzen,

---

2 Dies ist ihnen nicht gelungen, wenn die Rezeption ihrer Arbeiten in der didaktischen Diskussion dafür als Beleg herangezogen werden kann: In der Folgezeit nimmt kaum eine didaktische Publikation darauf Bezug.

Beurteilungen. In den meisten dieser Kommunikationszusammen-
hänge spielen Muster eine essentielle Rolle. (7)

Der Unterricht zerfällt offenbar in verschiedene Handlungsmuster, die
unterschiedlichen Diskurstypen zugeordnet werden können. Unklar ist
allerdings die Abgrenzung der Handlungsmuster von dem, was die Autoren als »kommunikative Formen« bezeichnen. Natürlich gehört es zu den
allgemeinen Wissensbeständen, dass in der Schule oft ein besonderes Verfahren der turn-Organisation praktiziert wird, nämlich das Signalisieren
der Redebereitschaft der Schüler durch das Aufzeigen. Allerdings erfahren
diese Formen eine Beschreibung im Rahmen der Fixierung der Struktur
sprachlicher Handlungsmuster, wie z. B. im Praxeogramm des »Rätselratens« (37), in dem die Positionen Bitte um turn seitens des Schülers sowie
turn-Zuweisung durch den Lehrer aufgeführt sind. Offenbar sind diese
»kommunikativen Formen« in das Muster integriert, was ja auch sinnvoll
ist, weil es um die Beschreibung seiner institutionellen Ausprägung geht.
Nicht klar wird allerdings die Einbettung von Handlungsmustern in den
Gesamtzusammenhang einer Stunde, außer dass festgestellt wird, es gebe
eben funktional unterscheidbare Diskurstypen.

Die Konzentration auf den Aspekt der Wissensvermittlung zeigt sich
nicht nur bei der Auswahl der untersuchten Handlungsmuster, sie
kommt auch in der Bestimmung der Funktionen von Schule zum Ausdruck. Ehlich/Rehbein konzentrieren sich auf die Qualifizierungs- und
die Selektionsfunktion: Schule habe im Wesentlichen die Aufgabe, gesellschaftlich relevantes Wissen auf die gesellschaftlichen Klassen zu
verteilen (S. 168 f.). Um die Besonderheiten der Institution Schule herauszuarbeiten, stellen sie diese der »gesellschaftlichen Wirklichkeit« gegenüber. Sie konstruieren so einen wegen seiner Einfachheit nicht un-
problematischen antithetischen Bezug, denn die außerschulische
»Wirklichkeit« oder auch »Praxis« erscheint wiederum als so vielfältig,
aufgespalten in die familialen und Peergroup-Domänen mit jeweils besonderen Kommunikationskonventionen, dass sich eine pauschalisie-
rende Gegenüberstellung verbietet.[3]

Diese Abgrenzung strukturiert auch ihr methodisches Vorgehen:
Ehlich/Rehbein entwickeln die Kategorien für eine Beschreibung der
institutionsspezifischen Kommunikation aus den Verhältnissen im Alltag, sowohl mit Beispielen als auch ohne diese. Als charakteristisch für
eine solche Herangehensweise sei ihr Beitrag zum Rätselraten herangezogen. Die aufgewiesene Antithetik findet sich bereits in der Überschrift

---

3 So räumen Ehlich/Reehbein in einer Fußnote auch ein, dass ihre Einteilung in
   zwei Repertoires relativ grob ist, – und nennen Beispiele für die Ausdifferenzierung schon im schulischen Raum S. 2): Diese Einsicht bleibt jedoch folgenlos
   (S. 169).

wieder: »Rätselraten als Spiel und in der Schule«. Sie erarbeiten die Komponenten des alltäglichen Handlungsmusters Spiel zunächst deduktiv, dann empirisch an einem Beispiel von einem nicht-institutionellen Kindergeburtstag, um anschließend die Funktionalisierung dieses Handlungsmusters für die Zwecke des Lehrers im Unterricht zu betrachten. Dabei zeigen sie überzeugend, wie das scheinbar naturwüchsige Handlungsmuster durch die Adaption nur einiger Positionen institutionell deformiert wird.

Wie lässt sich nun dieser Ansatz auf das bereits in verschiedenen Perspektiven untersuchte Unterrichtsbeispiel beziehen? Beginnen wir mit einer Beschreibung des Handlungsmusters »Aufgaben stellen/Aufgaben lösen«.

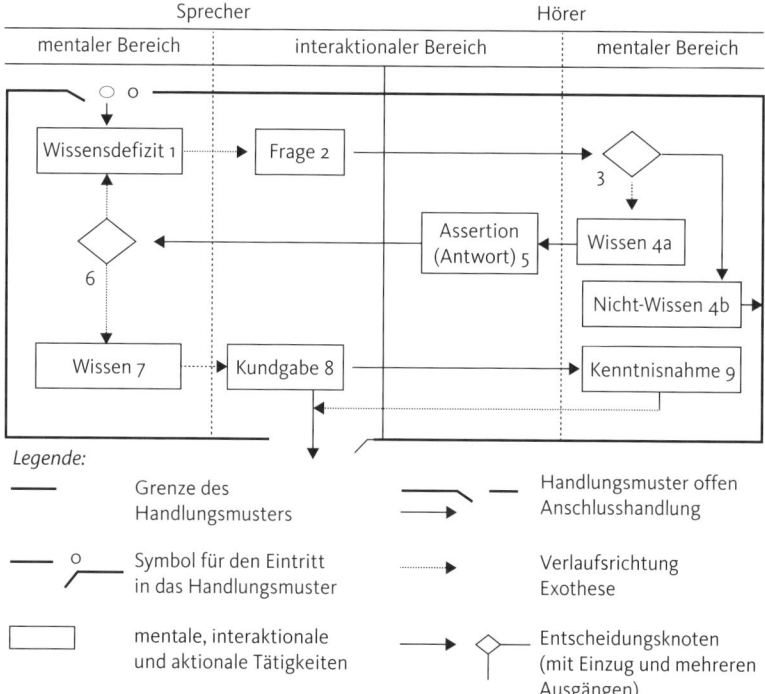

Abb. 3.1: Handlungsmuster (Ehlich/Rehbein 1986, S. 16)

Zentral für die grafische Darstellung der Handlungsmuster ist die Unterscheidung zwischen dem mentalen und dem interaktionalen Bereich. Damit wird der Tatsache Rechnung getragen, dass für die Analyse der verbalen Äußerungen auch die gedanklichen Aktivitäten der an der Interaktion Beteiligten eine Rolle spielen sollten. Für das unterrichtlich relevante Handlungsmuster – es prägt weitgehend die Form des lehrerzentrierten Unterrichts – ist wichtig, dass eine Frage aufgrund eines Wissensdefizits gestellt wird (1 und 2). Der Befragte muss sich entscheiden, ob er über das Wissen verfügt und eine entsprechende Antwort gibt (3 bis 5). Wenn er nicht darüber verfügt, muss er dies auch kenntlich machen. Im nächsten Schritt überprüft der Fragende, ob das Wissensdefizit durch die Antwort ausgeglichen ist oder nicht (6) – im zweiten Fall hat er die Möglichkeit, die Frage noch einmal zu wiederholen bzw. sie modifiziert einzubringen. Im ersten Fall wird er dann kundgeben, dass die Antwort ihn überzeugt hat (7 und 8), während der Antwortende die Bestätigung zur Kenntnis nimmt (9) – dies könnte er auch in verbaler Form tun und somit die Interaktion beenden. Mit diesem Schritt endet das Handlungsmuster. Danach kann ein neues etabliert werden.

Wenn man nun dieses Handlungsmuster in Hinblick auf das ausgewählte Beispiel untersucht, dann ergeben sich die folgenden Beobachtungen:

Analyse der Transkription

1. Die Lehrperson hat in der dokumentierten Szene größte Probleme, die Schüler zu einer Deutung des ausgewählten Sprichwortes zu bewegen. Sie fragt bei dem Einstieg danach, was sich die Schüler zu diesem Sprichwort aufgeschrieben haben, allerdings reagiert darauf niemand, denn die Schüler unterhalten sich, sie murmeln. Daraufhin wiederholt die Lehrperson ihre Frage, indem sie das ausgewählte Sprichwort fokussiert, es noch einmal äußert. Aber auch jetzt schweigen die Schüler – manche sprechen auch. Dies wird von der Lehrperson kurz kommentiert (*eijeijei*), und im Anschluss beschäftigt sich die Lehrerin damit, den Overheadprojektor zu installieren. Das dauert ca. 20 Sekunden, also ziemlich lange. Im Anschluss daran wird noch einmal die Frage wiederholt – jetzt gelingt der Einstieg in das Handlungsmuster »Aufgabe stellen/Aufgabe lösen«, denn eine Schülerin beantwortet die Anfrage. Damit beginnt der zweite Teil der ausgewählten Unterrichtsszene.

2. Es beginnt nun der Teil, in dem die ersten Schüler der Aufforderung der Lehrperson nachkommen. Dieser Abschnitt lässt sich in drei Teile einteilen, die alle dem Handlungsmuster »Aufgabe stellen/Aufgabe lösen« zugeordnet werden können.

(2a) »Mein Name ist Hase ... «

10	L	ja wer verSUCHTs denn mal, weiß/weiß es denn überhaupt keiner vielleicht ist auch einmal so FREI .. ohne dass ihr es aufgeschrieben habt .. ja elsbeth
11	El	vielleicht die Rollenspiele die man so macht
12	SS	((lachen))
13	S	is ja cool
14	L	psssst

Die Lehrperson verweist an dieser Stelle, nachdem sie es mehrfach schon vorher versucht hat, auf das Sprichwort – das ist genau der Punkt, an dem die Fokussierung gelingt, denn es meldet sich Elsbeth, die dann auch gleich aufgerufen wird. Mit dieser Frage werden die Punkte 1 und 2 des Handlungsmusters abgearbeitet. Es folgt der Beitrag von Elsbeth, in der sie ihre Fantasie zum Ausdruck bringt, dass es sich um Rollenspiele handelt, eine mögliche Antwort, die jedoch den eigentlichen Inhalt des Sprichwortes nicht erfasst. Auf diese Antwort reagieren einige Schüler mit einem Lachen, ein anderer Schüler kommentiert den Beitrag, und die Lehrperson sieht sich gezwungen, die Schüler zur Ruhe aufzufordern. Damit ist das Handlungsmuster allerdings noch nicht abgearbeitet – eine angemessene Lösung wurde noch nicht formuliert.

Es geht weiter mit einem weiteren Schülerbeitrag.

(2b) »Mein Name ist Hase ...«

| 15 | Sj | mein name ist HAse ich kaufe dem mann die ZÄHne und dann eh man einen und fertig |
| 16 | L | AH:: .. oKAY   … nicht gAnz richtig |

Ein Junge gibt eine Antwort, auch das relativ spekulativ, wenn er daraus schließt, dass, wenn er Hase heißt, er dann einem Mann Zähne kauft und dann ist es fertig. Auch das entspricht nicht der tatsächlichen Bedeutung des Sprichwortes – dies bringt die Lehrperson auch mit ihrer Antwort zum Ausdruck, dass die Antwort nicht unbedingt ihren Erwartungen entspricht.

(2c) »Mein Name ist Hase ... «

	L	na wenns keiner wEI:ß … benni
17	B	vielleicht ist das ja ne idee
18	SS	((murmeln))
19	L	pscht
20	B	wenn man irgendwas damit sagen will dann
21	L	ja hm dass man sozusagen einfach sagt . em … ja (is so ähnlich)
22	S	((murmeln))
23	L	is so ähnlich .. is so ÄHNlich nich ganz hat nicht ganz was mitm Namen zu tun aber

Zunächst vermutet die Lehrperson, dass es keiner weiß, aber Benni hat sich gemeldet und möchte nun seinen Beitrag einbringen. Er erhält auch das Wort, was ihm Gelegenheit gibt eine entsprechende Vermutung zu artikulieren, dass man möglicherweise etwas damit sagen will. Dazwischen murmeln einige Schüler, die dann von der Lehrperson ermahnt werden. Dann bestätigt sie mit ihrer Reaktion die Angemessenheit des Beitrags. Einige Schüler murmeln wieder und die Lehrperson bestätigt noch einmal, dass die Hypothese so ähnlich sei. Es habe aber nichts mit dem Namen zu tun. Mit diesem Beitrag ist das Thema fürs erste abgeschlossen.

3. Es folgt nun ein anderes Handlungsmuster, indem die Lehrperson Anweisungen gibt, die die Schüler auf die weitere Auseinandersetzung mit dem Thema orientiert. Auf die Frage eines Schülers, wie es denn jetzt weitergehen solle, antwortet die Lehrperson mit einem längeren Monolog, in dem sie ein sprachliches Handlungsmuster nutzt, das man als »Erklären-wie« bezeichnen kann. Im Folgenden ist dieses Handlungsmuster dokumentiert, allerdings fehlen bei der Bearbeitung des thematisierten Problems die entsprechenden Nachfragen an die Schüler.

Bevor die genaue Analyse des Transkripts erfolgt, soll das Handlungsmuster »Erklären-wie« erläutert werden. Diese Form des Erklärens setzt voraus, dass A über ein prozedurales Wissen verfügt, B aber nicht. Das Wissen von A bezieht sich generell auf die Kenntnis von Abläufen, etwa in welcher Reihenfolge Handlungen koordiniert werden müssen, um ein bestimmtes Ziel zu erreichen. In erster Annäherung bezieht es sich auf die Funktionsweise von Geräten, die ganz bestimmte Arbeitsabläufe erforderlich machen. Es ist zu unterscheiden zwischen dem Erklären eines unbekannten Prozesses, auf den sich das zu vermittelnde prozedurale Wissen bezieht, und der Anleitung zur Ausführung eben dieser Prozedur. Denn einmal geht es um die Vermittlung von prozeduralem Handlungswissen, das andere Mal um die Ausführung der Handlung selber (vgl. Becker-Mrotzek 2004, S. 183 ff.). Beide Formen können im Vollzug realisiert werden, indem beim Anleiten Erklärungen genutzt und bei Erklärungen diese durch Handlungsausführungen veranschaulicht werden. Betrachten wir das folgende (konstruierte) Beispiel, in dem ein Vertreter einen Dampfreiniger vorführt und seinen Gebrauch erläutert:

Handlungsmuster »Erklären-wie«

(6) A: *Wenn der Tank des Dampfreinigers leer ist, müssen Sie das Gerät abschalten, damit es abkühlt. Sie können erst nach einer halben Stunde wieder Wasser nachfüllen und Ihre Arbeit fortsetzen.*

Es handelt bei diesem Beispiel um eine Instruktion, das heißt, es wird prozedurales Wissen über den Umgang mit einem elektrischen Gerät vermittelt. In diesem Zusammenhang erachtet es der Sprecher als notwendig, auch die Ursachen für den funktionsangemessenen Umgang mit dem Reinigungsgerät zu benennen. Charakteristisch für diesen

Mischtyp ist die Verbindung von konditionaler (*wenn … dann*) und finaler Konstruktion (*damit*). Auf die Vermittlung von prozeduralem Wissen zielt der weitergehende Hinweis auf die zu erwartende Arbeitsunterbrechung.

Analyse der Transkription

In dem ausgewählten Beispiel geht es der Lehrperson vor allem darum, den Schülern zu erklären, wie sie weiter vorgehen sollen, indem sie erläutert, was sie in der Folge machen sollen. Der Transkriptauszug verdeutlicht dieses Vorgehen.

24 S   sollen wir alle SPRÜche aufschreiben
25 L   neIN . ihr kriegt von mir … seid maln bisschen leiser bitte … ihr krIEgt von mir gleich EInen eh LÖsungszettel wo diese . kÄstchen drauf sind … der teilnahme … he .. das hEIsst . Hei … ich würde euch empfehlen einfach jetzt da das entsprechende sprichwort eh jetzt die buchstaben zu schreiben die vorne hier . in dem kästchen hier drin sind zu schreiben also in dem fall f
26 SS   ((reden))
27 S   wo steht denn da f
28 L   also hier ((zeigt auf das f)) steht F in dem kÄstchen … und ihr kriegt diesen zettel auch gleich noch als BLATT ich kann ihn euch eigentlich auch jetzt schon geben.
29 S   ja
30 L   NEIN besser nIcht da würdet ihr WEIL ansonsten würdet ihr vergessen was ihr selber geschrieben habt . SO das heißt ihr schreibt für die wir jetzt schon besprechen schreibt ihr einfach eh einfach hier jetzt hin mein name ist Hase schreibt ihr einfach einfach F okay (…) gut ..da haben wir <<lento> DA lIEgt der Hase im PFEFfer …

Ein Schüler stellt die Frage, ob sie alle Sprüche aufschreiben sollen. Das nutzt die Lehrperson dazu, die Schüler darüber zu instruieren, wie jetzt weiter vorgegangen werden soll. Sie verweist zunächst darauf, dass die Schüler einen Lösungszettel bekommen, auf dem die zuvor behandelten Sprichwörter aufgelistet sind und die Schüler die Möglichkeit haben, diese zuzuordnen. Sie haben nun die Aufgabe, die in der folgenden Sequenz entwickelten Lösungsvorschläge zu sammeln und zu notieren. Dabei bleibt zu beachten, dass die Lehrperson auch die Lösungen schon auf den Overheadprojektor legen wird. Sie orientiert die Schüler zudem auf das ausgewählte Beispiel »Mein Name ist Hase …«, das dem Buchstaben F zugeordnet ist. Ein Schüler fragt nach, und die Lehrperson zeigt auf das F in dem Kästchen. Dann thematisiert sie den Lösungszettel, indem sie ankündigt, dass sie ihn gleich verteilen möchte. Ein Schüler bestätigt sie dabei, während die Lehrperson im Anschluss dieses Angebot zurücknimmt und statt dessen die Schüler auffordert, das Blatt noch nicht zu benutzen mit der Begründung, sie würden das vergessen, was sie selbst geschrieben haben. Im letzten Schritt instruiert sie die Schüler, wie weiter vorgegangen werden soll, nämlich indem den einzelnen Sprichwörtern der Buchstabe zugeordnet wird, der auf dem Overheadprojektor zu finden ist. Mit dieser Instruktion ist diese Phase abgeschlossen und das nächste Sprichwort kann thematisiert werden.

Mit dieser Sequenz endet also diese erste Phase der unterrichtlichen Bearbeitung der Bedeutungen von Sprichwörtern und Redewendungen. Der Ansatz der funktionalen Pragmatik ist relativ gut geeignet, das unterrichtliche Handeln zu rekonstruieren, denn es ist deutlich, dass die Ablaufschemata immer wieder ähnlich sind und die Personen nach den vorgegebenen Mustern handeln, unter anderem auch deshalb, weil hier in einem besonderen institutionellen Rahmen agiert wird. Es geht mehr oder weniger im Unterricht um die Vermittlung von fachlichem Wissen, und dies ist auch davon abhängig, wie sehr sich die Schüler für ein bestimmtes Thema interessieren. An dem ausgewählten Beispiel zeigt sich aber, wie schwierig es ist, Schüler für ein Thema zu interessieren, das ihnen nicht unbedingt direkt zugänglich ist.

Zusammenfassung

3.5 »Unterricht als Sprachspiel«

In dem Buch »Unterricht als Sprachspiel« (2003) thematisiert Manfred Lüders das unterrichtliche Geschehen aus zwei verschiedenen Perspektiven, nämlich einer theoretischen und einer empirischen. Während die theoretische Perspektive dazu dient, ein eigenes Konzept auf der Grundlage von Publikationen von Wittgenstein, Searle und Habermas zu entwickeln, wird der Ansatz von Sinclair/Coulthard übernommen und erweitert, um empirisches Material aus dem Deutschunterricht analytisch zu rekonstruieren. Die theoretische Grundlage ist jedoch eine ganz andere als bei Sinclair/Coulthard, denn es geht Lüders vor allem darum, ein theoretisch entwickeltes Konstrukt zu operationalisieren. Zuvor setzt er sich jedoch kritisch mit drei anderen Konzepten auseinander, nämlich einem handlungstheoretischen, einem geisteswissenschaftlichen sowie einem systemtheoretischen Modell. Diesen Ansätzen liegen unterschiedliche Fundierungen zugrunde. Der handlungstheoretische Ansatz beispielsweise konzipiert Unterricht als ein System von Handlungen, die das Lernen ermöglichen, insofern die pädagogische Intentionalität sich im Medium des realisierten sozialen Handelns versteht. Dagegen werden jedoch auch problematische Aspekte erarbeitet, die zu einer negativen Einschätzung führen. Der geisteswissenschaftliche An-

Unterricht als Sprachspiel

satz orientiert dagegen auf den Aspekt der Lebensäußerungen und der darauf bezogenen Verstehensleistungen. Hintergrund ist das Konzept des Mediums eines objektiven Geistes. Auch dieser Ansatz wird differenziert entwickelt und kritisch eingeschätzt, indem gezeigt wird, dass diese Konzeptualisierung problematisch ist und wegen der aufgewiesenen Probleme keine Realisierungschance hat. Es folgt eine Auseinandersetzung mit dem systemtheoretischen Modell in der Tradition Niklas Luhmanns, in der Unterricht als ein System organisierter Interaktion konzipiert ist. In diesem Ansatz erscheint die Lehrperson als jemand, die das Konzept der Erziehung in der Interaktion realisiert. Kritische Aspekte dieses Konzepts werden aufgezeigt, und so gelingt es dem Autor zum Abschluss, die theoretische Fundierung seines Ansatzes durch das Sprachspiel-Konzept zu realisieren.

Verschiedene Konzepte Zunächst wird das Sprachspiel-Konzept Wittgensteins in Hinblick auf die Kommunikationssituation Unterricht ausdifferenziert. Im Ergebnis kommt der Autor dazu, zwei mögliche theoretisch fundierte Schritte zu entwickeln, nämlich zunächst die Darstellung der jeweils prozessierten Interaktion sowie im Anschluss daran der Vergleich mit anderen Situationen. Wichtig ist ihm jedoch vor allem, den Spielcharakter der Sprache zu nutzen, um auf dieser Grundlage ein Konzept für die Analyse zu entwickeln, in dem Regeln der Sprachspielpraxis entwickelt werden in der Perspektive der Gebrauchsbedeutung.

Im nächsten Schritt steht einer der zentralen Ansätze linguistischer Pragmatik im Zentrum des Interesses, nämlich die Sprechakttheorie. Allerdings muss einschränkend darauf hingewiesen werden, dass dieser theoretische Ansatz ohne empirische Studien entwickelt worden ist. In Anlehnung an Searle (1969) wird diese Theorie dargestellt, indem zunächst die Ebenen der Sprechakte beschrieben werden, nämlich Äußerungsakt, propositionaler Akt und illokutionärer Akt. Im Anschluss daran wird die von Searle erarbeitete Regeltypologie beschrieben sowie eine Typologie der illokutionären Akte dargestellt, nämlich Repräsentative, Direktiva, Kommissiva, Expressiva und Deklativa. Dies ist sicher nicht uninteressant, vor allem deshalb, weil so eine relativ eindeutige Zuordnung der empirisch dokumentierten Sprechhandlungen ermöglicht wird. In einem abschließenden Teil wird der Habermassche Ansatz einer Universalpragmatik aufgenommen und relativ komplex dargestellt. Aber auch diesem Ansatz fehlt der Bezug zu empirisch erhobenen Daten. Dieser wird dann unter Bezug auf den Ansatz von Sinclair/Coulthard hergestellt, das entsprechende analytische Instrumentarium erweitert und so eine relativ genaue Analyse unter Nutzung der Klassifizierungskonventionen entwickelt. Insgesamt ist dieser Ansatz als durchaus interessant einzustufen, allerdings fehlt eine überzeugende Verbindung zwischen dem durch Wittgenstein inspiriertem theoretischen

Grundkonzept und der empirischen Analyse, die aus einem anderen Ansatz übernommen wurde.

In dem nächsten Schritt werden die in diesem Zusammenhang entwickelten Konzepte dargestellt. Dabei werden die entsprechenden methodischen Ansätze vorgestellt und ihr Erkenntnisinteresse rekonstruiert. Zunächst stehen soziolinguistische Ansätze im Mittelpunkt des Interesses des Autors. Dabei werden die wichtigsten Forschungssätze aus den 80er- und 90-Jahren vorgestellt und kommentiert. Es folgt ein Abschnitt über qualitativ-hermeneutische Methoden mit den Schwerpunkten des ethnomethodologischen Ansatzes sowie des symbolischen Interaktionismus. Interessant ist auch der Abschnitt, in denen über Gegenstände und Befunde referiert wird. In diesem Teil werden die wichtigsten Forschungsergebnisse dargestellt und auch unter verschiedenen Aspekten eingeschätzt. So geht es zunächst um quantitative Merkmale, um dann im Anschluss eine Systematik der Lehrer- und Schülersprache zu entwickeln. Verschiedene andere Bereiche wie Strukturen und Funktionen, das Frage-Antwort-Rückmeldungsmuster sowie das Problem, wie Inhalte und Prozesse im Unterricht interaktiv behandelt werden. Abschließend geht es um den Zusammenhang von Unterrichtssprache und Unterrichtserfolg. Auch diesem Abschnitt gelingt es dem Autor, ein differenziertes Bild des unterrichtlichen Handelns zu entwickeln.

Bei der Auswertung der von ihm erhobenen Daten in Kapitel 3 geht er davon aus, »dass ein im Hinblick auf die forschungsrelevanten Merkmale von Unterricht auskunftsfähiger Unterrichtsbegriff nicht verfügbar ist und dass für die Mehrzahl der in den letzten Jahren erhobenen Befunde empirischer Forschung häufig nicht oder nur in Form von Andeutungen angegeben werden kann, wie sie zu erklären sind« (ebd., S. 265). Als theoretische Antwort auf dieses Problem schlägt er eine Unterrichtstheorie vor, die im Kern eine Theorie der Unterrichtssprache sein muss. Damit greift er eine Entwicklung auf, die er zu Beginn seiner Arbeit als *linguistic turn* in der Erforschung der Unterrichtssprache nachzeichnet (ebd., S. 119). Zu den unstrittigen Ergebnissen der bisherigen Forschung gehört die Phasierung des Unterrichts in eine Eröffnungs-, Instruktions- und Abschlussphase, die sich jeweils durch spezifische Zwecke mit je eigenen sprachlichen Handlungen auszeichnen. In der Instruktionsphase dominiert das I-R-E-Schema, wobei offen ist, wie stark die Lehreräußerungen die Schüleraktivitäten bestimmen. Ein methodologisches Problem sieht er zu Recht in der Repräsentativität der Befunde, die überwiegend aus Einzelfallanalysen bzw. kleinen Stichproben und aus der Grundschule bzw. den unteren Klassen der Sekundarstufe I stammen. Ungeklärt ist für ihn auch die Frage nach der Unterrichtsqualität, also dem Verhältnis von Lehrformen und Lernerfolg.

Analyseraster

Eigene empirische Untersuchungen

In seiner eigenen Studie, geht Lüders der Frage nach, ob komplexere Inhalte Änderungen in der Unterrichtskommunikation ergeben. Dabei zeigt sich Folgendes:

- Nicht immer sind explizite Eröffnungsphasen zu finden, stattdessen ist ein kontinuierlicher Übergang in den Unterricht feststellen, auch deshalb, weil nicht immer alle Schüler zu Beginn anwesend sind.
- Viele Stunden enden ankündigungslos mit dem Klingelzeichen, was entweder als Ausdruck mangelnden Zeitmanagements oder zu kurzer Unterrichtsstunden gedeutet werden kann.
- In den Instruktionsphasen finden sich komplexere Varianten des I-R-E-Schemas, beispielsweise in Form diskontinuierlicher Realisierungen, was Lüders als Ausdruck der höheren kognitiven Anforderungen deutet.
- In Bezug auf freie Schüleräußerungen stellt er fest, dass diese – soweit sie nicht als Störungen einzuordnen sind – in der Regel kurz und ohne Einfluss auf das weitere Unterrichtsgeschehen sind. Die Arbeit von Lüders bestätigt damit die Notwenigkeit, die sprachlich konstituierten Lehr- Lernprozesse kategorial hinreichend differenziert zu erfassen, um belastbare Aussagen über Funktionen, Strukturen und Wirkungen von Unterricht machen zu können.

Ein spezielles Analyseraster

An einem Beispiel soll nun dieses Konzept in seiner empirischen Fundierung entwickelt werden. Es handelt sich um den bereits in Teil 1 vorgestellte Transkript, das jedoch auf einer ganz anderen Grundlage dargestellt wird. Dies stellt eine Weiterentwicklung des Ansatzes von Sinclair/Coulthard dar, indem das Konzept weiter ausdifferenziert wird: Die Anzahl der Kategorien hat sich erhöht: Bei der Klassifizierung von Äußerungen entwickelt Lüders 32 vorher: 20), bei den Äußerungsfolgen 13 (vorher: 11) und schließlich die sogenannten freien Schüleräußerungen sind es 8 (vorher: keine). In der folgenden Tabelle wird die ausgewählte Unterrichtssequenz entsprechend dargestellt.

Übersicht 3.9: »Mein Name ist Hase …« – Im Modell »Unterricht als Sprachspiel«

Nr.	Lehrerin	Schüler	LA	SA	IRF	Typus
1	okay Schild Nummer 1	((murmeln))	m		I	AL
2	da gibt's ja mehrere Möglichkeiten wer hat sich an das erste rangetraut mein Name ist Hase … psst kann das irgendjemand erklärn	((murmeln))	s		I	AL

Nr.	Lehrerin	Schüler	LA	SA	IRF	Typus
3	Wie keiner ..... Eijeiijei	((reden))	kom		I	AL
4	((richtet OH-Projektor ein))					
5	ja wer versuchts denn mal, weiß/weiß es denn überhaupt keiner vielleicht ist auch einmal so frei.. ohne dass ihr es aufgeschrieben habt ... ja Elsbeth	vielleicht die Rollenspiele die man so macht	al	Aw	I, R	AL, SL
		((lachen))		kom		
		is ja cool				
6	psssst	mein Name ist Hase ich kaufe dem Mann die Zähne und dann eh macht man einen und fertig	disz	aw	R	AL, SL
7	ah:. okay nicht ganz richtig na wenns keiner weiß benni	vielleicht ist das ja ne Idee	kom	aw	I R F	SL
		((murmeln))				
8	pscht	ja hm dass man sozusagen einfach sagt	disz	aw	R	AL, SL
9	ja hm dass man sozusagen einfach sagt . em ... ja (is so ähnlich)	((murmeln))	kom		R F	AL, SL
10	s so ähnlich .. is so ähnlich nich ganz hat nicht ganz was mitm Namen zu tun aber		kom		R	AL

Erläuterungen
LA: Lehreraktivitäten – m: markieren, s: starten, kom: kommentieren,
al: auslösen, disz: disziplinieren,
SA: Schüleraktivitäten – aw: antworten, kom: kommentieren
IRF: Initiierung – I: initiierende Akte, R: respondierende Akte, F: Feedback
Typus – AL: Aktivität des Lehrers, SL: Aktivität von Schülern

Dieses Beispiel zeigt, wie das von Sinclair/Coulthard entwickelte Konzept weiter ausgebaut worden ist. Zu den einzelnen Beiträgen erfolgt eine relativ differenzierte Zuordnung. Wenn die Aktivitäten der Lehrperson in den Blick kommen, zeigt sich, dass es vor allem um die Organisation von Unterricht und die Einbeziehung der Schüler geht. Zunächst wird die Aufmerksamkeit der Schüler auf das Schild Nummer 1 gelenkt – die Auseinandersetzung mit dem Thema wird so eingeleitet. Es folgt die Frage nach den der Bedeutung des ausgewählten Sprichworts »Mein Name ist Hase …«. Nachdem kein Schüler sich dazu meldet, kommentiert die Lehrperson dieses, um anschließend den Overheadprojektor in Gang zu setzen – dies dauert ca. 20 Sekunden. Dann wird es noch einmal aufgegriffen, und die Schülerin Elsbeth gibt eine erste Vermutung kund – eine ganz normale Antwort. Auf die Reaktion der Schüler – sie murmeln bzw. kommentieren diese erste Lösung – reagiert die Lehrperson mit einer Zurechtweisung. Dann folgt ein zweiter Lösungsvorschlag eines Schülers, den die Lehrperson auch kurz kommentiert. Anschließend ruft sie Benni auf, der ebenfalls eine Lösung vorschlägt, allerdings gestört von den anderen Schülern. Auch hier muss sie wieder eingreifen und anschließend entsprechend reagieren.

Es folgt nun der zweite Teil der Unterrichtsstunde, in der die Lehrperson den Schülern erläutert, wie sie jetzt weiter vorgehen sollen.

Übersicht 3.10: »Mein Name ist Hase …« – Im Modell »Unterricht als Sprachspiel«

| 10 | S: sollen wir alle Sprüche aufschreiben | Fr | R, I | AL |
| 11 | L: nein . ihr kriegt von mir ... seid maln bisschen leiser bitte ... ihr kriegt von mir gleich einen eh Lösungszettel wo diese . Kästchen drauf sind ... der Teilnahme ... he .. das heißt . hei ... ich würde euch empfehlen, einfach jetzt da das entsprechende sprichwort eh jetzt die buchstaben zu schreiben die vorne hier . in dem kästchen hier drin sind zu schreiben also in dem fall F | disz L-Info | I | AL |

12	SS ((reden))		R	SL
	S: wo steht denn da f	Fr		
13	L: also hier ((zeigt auf das F) steht F in dem Kästchen … und ihr kriegt diesen Zettel auch gleich noch als Blatt ich kann ihn euch eigentlich auch jetzt schon geben .	L-Info	I	AL
	S: ja			
14	Nein besser nicht, da würdet ihr weil ansonsten würdet ihr vergessen) was ihr selber geschrieben habt . SO das heißt ihr schreibt für die wir jetzt schon besprechen schreibt ihr einfach eh einfach hier jetzt hin mein Name ist Hase schreibt ihr einfach einfach F okay (…) gut .	L-Info		

Erläuterungen
LA: Lehreraktivitäten – L-Info: informieren, disz: disziplinieren
SA: Schüleraktivitäten – aw: antworten, kom: kommentieren, fr: fragen
IRF: Initiierung – I: initiierende Akte, R: respondierende Akte, F: Feedback
Typus – AL: Aktivität des Lehrers, SL: Aktivität von Schülern

Erläuterungen und Zusammenfassung

In diesem Abschnitt erläutert – wie schon oben gezeigt – die Lehrperson, wie die inhaltliche Auseinandersetzung stattfinden soll, genauer: wie die Schüler die erarbeiteten Inhalte sich aneignen können, in dem sie erläutert, wie der Aufschrieb auf dem Overheadprojektor im Anschluss aufgenommen bzw. niedergeschrieben werden soll. Dass sie dabei mit den verschiedenen Möglichkeiten spielt, ist klar, letztlich entscheidet sie sich für eines der ausgewählten Beispiele. Es zeigt sich aber auch, dass es nicht ganz einfach war, diese für die Weiterarbeit notwendigen Informationen zu vermitteln, denn die Schüler werden immer wieder auch zurechtgewiesen.

Insgesamt ergibt sich auf dieser Grundlage eine relativ differenzierte Auseinandersetzung mit dem ausgewählten Gesprächsausschnitt. Vor allem die theoretischen Grundlagen unter Rückgriff auf die Sprachspiel-Theorie Wittgenstein sind geeignet, eine angemessene Grundlage zu schaffen. Aber dieses Konzept muss auch noch detaillierter an den zugrunde gelegten Transkriptionen entwickelt werden, um so einen differenzierte Perspektive zu schaffen. So fehlen Details in der Transkription, die dazu geeignet wären, sich genauer und detaillierter mit dem Konzept auseinander zu setzen. Trotzdem erweist sich dieser Ansatz als interessant und für eine weitere Ausdifferenzierung geeignet.

3.6 Der Beitrag der interaktionalen Linguistik

Konzept der interaktionalen Linguistik

Die Interaktionsanalyse stellt eine Weiterentwicklung der Konversationsanalyse dar. Sie basiert auf Konzeptionen, die in Deutschland im Jahr 2000 erstmals publiziert wurden. Dabei ging es vor allem darum, konversationsanalytische Forschungen weiter auszuweiten. So wurde ein Konzept einer »interaktionalen Linguistik« entwickelt, was jedoch lediglich eine Ausweitung des Spektrums des konversationsanalytischen Ansatzes darstellt, insofern mehrere weitergehende Ansätze berücksichtigt und in das Analysemodell integriert wurden. Schwerpunkte dieses Ansatzes sind die folgenden (vgl. Selting/Couper-Kuhlen 2000, S. 90):

(a) Es wird gezeigt, dass Sprachstrukturen als *emergente* Strukturen in der Interaktion und aus ihr heraus entstehen.
(b) Sprachstrukturen der »Rede-in-der-Interaktion« werden als flexible und anpassungsfähige Konstruktionsmittel oder -verfahren rekonstruiert, die der lokalen und situativen Regelung von sequenzieller Interaktion in Echtzeit dienen sollen.
(c) Es wird gezeigt, dass linguistische Kategorien und Einheiten interaktional hergestellt werden.
(d) Sprachstrukturen und interaktionale Organisation werden in ihrer gegenseitigen Abhängigkeit untersucht. Sprachstrukturen haben einen Einfluss auf die Strategien der Interaktionsorganisation und Strategien der Interaktionsorganisation wiederum hängen von den sprachstrukturellen Mitteln der jeweiligen Sprache ab.
(e) Es wird gezeigt, dass die Interpretation von »Funktionen« und »interaktionalen Bedeutungen« von Äußerungen als Handlungen in der Interaktion durch den Einsatz bestimmter Sprachpraktiken innerhalb eines bestimmten sequenziellen interaktionalen Kontextes konstituiert wird.

Allerdings steht die Auseinandersetzung mit interaktiven Prozessen im Unterricht erst am Anfang. Beiträge dazu gibt es z. B von Heiko Hausendorf (2008) und Reinhold Schmitt (2009). Schließlich ist im Jahr 2011 ein Band mit Unterrichtsanalysen in verschiedenen Fächern erschienen mit dem Titel »Unterricht ist Interaktion!«, herausgegeben von Reinhold Schmitt. Das Konzept dieses Bandes soll im Folgenden dargestellt werden. Im Anschluss daran wird es am Beispiel eines Transkripts exemplifiziert und dann kritisch beurteilt.

Ob der Titel »Unterricht ist Interaktion!« angemessen ist, sei dahingestellt. Er fokussiert damit den Aspekt, der von dem Herausgeber in den Mittelpunkt gestellt wird. Er begründet dies damit, dass hier eine institutionell geprägte Interaktion stattfindet, die verschiedene Aspekte berücksichtigt, nämlich »als Form, in der sich der staatliche Lehrauftrag realisiert, als Form institutioneller Kommunikation, als gesellschaftlich sanktionierte Zwangsveranstaltung oder als Form der Wissensvermittlung« (Schmitt 2011a, S. 8). Alle diese Perspektiven bedingen die Tatsache, dass Unterricht Interaktion ist. Dass mit dieser Konzeption jedoch auch die Tatsache unterschlagen wird, dass die Analyse von unterrichtlicher Interaktion dies berücksichtigen muss, wird nicht zum Ausdruck gebracht.

Die theoretische Grundlage dieses Ansatzes ist die Ethnomethodologie, ein Konzept, das in den 60er-Jahren von Harold Garfinkel entwickelt worden ist (vgl. Garfinkel 1967; vgl. Kap. 3.3). Zentral bei diesem Ansatz ist das Konzept, dass die soziale Realität der Menschen als Vollzugswirklichkeit konstruiert wird, indem sie in sozialen Interaktionen handeln. Dies bietet die Grundlage für die Untersuchung auch des unterrichtlichen Handelns. Diese ethnomethodologischen Betrachtungsweisen sind von Schmitt und anderen auf den Unterricht übertragen worden, indem dieser als Ausschnitt einer sozialen Realität eingeschätzt wird, der unter Berücksichtigung des interaktiven Vollzugs der Handlungen zu analysieren ist. Für die Analyse in interaktionistischer Perspektive stehen genau diese Verfahren im Mittelpunkt der Auseinandersetzung mit den einzelnen Sequenzen, die jedoch bestimmte Aspekte nicht berücksichtigen: »Interaktive Verfahren können also, sind sie erst einmal bekannt, jederzeit wieder reproduziert werden« (Schmitt 2011, S. 12). Zentral für diesen Ansatz ist das Interesse, die allgemeinen Handlungsgrundlagen aufzudecken und diese gleichsam unbewertet zu beschreiben, also ohne Berücksichtigung der selbst in der Analyse genutzten Rahmenbedingungen. Zentral für die Analyse ist demnach ein rekonstruktives Vorgehen, in dem die Gestaltung der Interaktion im Vordergrund steht, die im Abschluss in Hinblick auf Chancen und Risiken eingeschätzt wird.

Analyseraster   Der Gegenstand der Untersuchungen, nämlich Unterricht als Interaktion zu rekonstruieren, wird dann unter Rückgriff auf Beiträge aus der empirischen Interaktionsforschung verdeutlicht. Dabei ist zu berücksichtigen, dass Unterricht durch einen institutionellen Rahmen geprägt ist, der für alle Beteiligten gewisse Verpflichtungen birgt: Für die »Fokusperson« Lehrer gilt, dass sie bestimmte Aufgaben erfüllen müssen, für die Schüler gilt, dass sie im Rahmen der allgemeinen Schulpflicht am Unterricht teilnehmen müssen. Dieser institutionelle Rahmen schafft die Voraussetzungen, etwa durch die räumlich Anordnung der Schüler im Klassenzimmer und die jeweils spezifischen fachlichen Inhalte, wie der Unterricht stattfinden kann. Die interaktionistische Perspektive fokussiert genau diese Formen des durch die Institution geprägten Unterrichtens, indem sie sich auf das Handeln der Lehrperson konzentriert, da diese generell im Mittelpunkt des interaktiven Geschehens steht und insofern den Unterrichtsverlauf und die Interaktionsdynamik bestimmt. Darüber hinaus sind die Lehrpersonen die einzigen, die der Gesamtheit der Schüler gegenübertreten und sich somit im Wahrnehmungsfeld der Schüler befinden, sie sind also die den Unterricht organisierenden »Fokuspersonen«. Ob dieses Konzept allerdings wirklich tragfähig ist, bleibt zu prüfen – doch dazu später mehr.

Sechs Analysekategorien   Welche Aspekte der Interaktion spielen für die Beobachtung und die Analyse die wesentliche Rolle? Insgesamt werden sechs genannt, die im Folgenden kurz dargestellt werden.

1. Multimodalität
   Mit dieser Kategorie wird die Aufmerksamkeit darauf fixiert, wie die einzelnen Lehrpersonen und die Schüler im Klassenraum agieren. Denn die Gestaltung des Raums ist wichtig, um die einzelnen Aktivitäten der an der Interaktion Beteiligten zu rekonstruieren. Dabei stehen den Subjekten mehrere Ausdrucksmöglichkeiten zur Verfügung: Verbalität, Blickverhalten, Gestik, Mimik, Körperpositur, Körperkonstellation, Positionierung im Raum, Körperausrichtung auf andere, Bewegung, Manipulation von Objekten (vgl. Schmitt 2011a, S. 18). Damit werden die Voraussetzungen geschaffen, um das interaktive Handeln der Beteiligten im Klassenzimmer zu gestalten. Schmitt wählt dafür den Begriff der multimodalen Interaktion, der eben auch die Tatsache fokussiert, dass der räumliche Rahmen eine gewisse Bedeutung hat für die qualitative Untersuchung der unterrichtlichen Interaktion.

2. Wechselseitige Wahrnehmung
   Mit diesem Begriff wird darauf verwiesen, dass die Interaktion im Unterricht wesentlich durch die Möglichkeit zur wechselseitigen

Wahrnehmung bestimmt ist. Dies ist die Voraussetzung dafür, dass die Interaktion in der gegebenen Situation gelingen kann. So muss die Lehrperson dafür sorgen, dass sie in ihrem Handeln von den Schülern wahrgenommen wird. Dies gelingt vor allem durch ihren Körpereinsatz, aber auch durch die Ausstattung des Unterrichtsraumes und durch ihre verbalen Äußerungen. Auf diese Art und Weise ist es dem Lehrer möglich, die Aufmerksamkeit der Schüler als Klienten der Institution Schule auf sich zu ziehen. So werden die Voraussetzungen für eine gelingende Interaktion geschaffen.

3. Wechsel von Sprecher- und Hörerrolle
    Eine zentrale Aufgabe der Lehrperson ist es, die Schüler am Unterricht zu beteiligen. Dies können die Schüler deutlich machen, indem sie sich melden. Entsprechend werden sie aufgerufen. Dies unterscheidet sich fundamental von den alltäglichen Konventionen, in denen auch angesichts kleinerer Gruppen solche Strategien nicht genutzt werden. Ergänzend kann darauf hingewiesen werden, dass es noch andere Konventionen gibt, wie etwa das Dazwischenreden von Schülern, vor allem dann, wenn die inhaltliche Fokussierung weiterhin offenbleibt.

4. Lokale Herstellung und Aushandlung
    Der in der Tradition von Mehan (1979) entwickelte Dreischritt »Lehrerinitiative – Schülerreaktion – Lehrerevaluation« wird auch weiterhin genutzt, um die Erarbeitung vorgegebener Inhalte vertiefend zu bearbeiten. Aber auch Schüler haben die Möglichkeit, eigenständig ein Interaktionsmanagement zu betreiben und auf diese Weise zur Unterrichtsgestaltung beizutragen. Diese bewegen sich zwischen Lehrerunterstützung und Subversivität. Wenn dies eingebracht wird, müssen sich die Lehrpersonen mit den jeweiligen Interessen beschäftigen.

5. Unterschiedliche Relevanzen
    Die am Unterricht beteiligten Personen verfolgen jeweils eigene Interessen. Damit hängt auch zusammen, dass es für die Beteiligten unterschiedliche Relevanzen gibt, die sie im Unterricht verfolgen. So gibt es häufiger Störungen durch Schüler oder aber Formen der Nebenkommunikation – mit dem Nachbarn sprechen – sowie andere Formen wie beispielsweise das »Absinken«. Allerdings bleibt der institutionelle Rahmen insofern bestehen als die allgemeine Schulpflicht weiterhin gilt – ob aber weiterhin von einem »Beteiligungszwang« gesprochen werden kann, bleibt offen und muss am Einzelfall entwickelt werden.

6. Emergente Entwicklungen und eingeschränkte Kontrolle
Der Terminus »emergente Entwicklung« wird in zweifacher Weise definiert: Zum einen geht es um die schülerseitigen Relevanzen und Perspektiven, zum anderen um die eingeschränkte Kontrolle des Lehrers über den Interaktionsverlauf. Es zeigt sich dabei, dass bestimmte Entscheidungen immer auch von der jeweiligen Situation abhängig sind. Dies kann deutlich gemacht werden am Beispiel der Bearbeitung von Unterrichtsthemen. Schüler wiederum werden als Interaktionsspezialisten bezeichnet, die in der Lage sind, die institutionsbestimmten Voraussetzungen zu berücksichtigen und sich innerhalb dieses Rahmens soziale Handlungsmöglichkeiten zu eröffnen.

Zusammenfassung   Abschließend werden die Implikationen dieses Konzepts für Lehrpersonen zusammengefasst. Dabei werden die folgenden Schlüsse formuliert:

- Die Lehrperson kontrolliert die Entwicklung des Unterrichts nur eingeschränkt und ist vor emergenten Entwicklungen nicht geschützt.
- Die Lehrperson ist auf die Mitarbeit der Schüler angewiesen und muss deshalb Entscheidungen treffen, inwieweit sie auch strukturierende Beiträge zulässt.
- Es gibt einen idealisierten Arbeitskonsens zwischen Lehrperson und Schülern, der durch interaktive Arbeit gesichert werden muss.
- Mit diesem Konzept werden die Grundlagen für eine *De-facto*-Didaktik gelegt, die für die Untersuchung und Einschätzung von Unterricht von konkreten Praxisbeispielen ausgeht.

Analyse   Kommen wir nun zur Analyse eines ausgewählten Beispiels. Dabei werden die von Schmitt für die Analyse genannten Schritte verwendet, nämlich erstens die Fallanalyse, zweitens der Aspekt der Kontrolle der Interaktion, drittens die interaktiven Bearbeitungsverfahren und viertens die Gesamteinschätzung in Chancen, Risiken und Alternativen. Dies wird die Grundlage für eine differenzierte Einschätzung dieses Ansatzes sein. Die beiden ersten Schritte, in denen die Rahmenbedingungen genannt werden (räumliches Arrangement, inhaltliche Schwerpunkte) sind bereits in Kapitel 3.1. ausführlich bearbeitet worden.

Zu Beginn steht also die Fallanalyse. Dabei wird es darum gehen, die einzelnen thematischen Schwerpunkte zu isolieren und die Schritte der Interaktion zu rekonstruieren.

```
01  L    okay schild nummer 1
02  SS   ((murmeln))
```

Mit der ersten Äußerung dieser Sequenz lenkt die Lehrperson die Aufmerksamkeit der Schülerinnen und Schüler auf das erste Schild. Diese reagieren jedoch erst nicht darauf, vielmehr wird noch gemurmelt. Dann ergreift wieder die Lehrperson die Initiative.

03 L   da gibt's ja mehrere möglichkeiten (5 sec) wer hat sich an das
         erste rangetraut <<lento>MEIN Name ist HAse> … kann das
         irgendjemand erklärn
04 S   ((murmeln))

Die Lehrperson verweist darauf, dass es mehrere Deutungsmöglichkeiten gibt, die der auf Schild 1 genannten Redewendung zugrunde liegen. Nach einer Pause von 5 Sekunden fragt sie noch einmal nach, indem sie sich darauf bezieht, wer sich möglicherweise mit dieser Redewendung beschäftigt hat. Sodann verliest sie die Redewendung, allerdings nur den ersten Teil, und das relativ langsam. Im Anschluss thematisiert sie das Erklärungspotenzial dieser Redewendung, indem sie die Schüler um eine Erklärung bittet. Es meldet sich jedoch kein Schüler, stattdessen murmeln einige.

05 L   wie keiner
06 SS   ((murmeln))
07 L   EIJeiijei also
08 SS   ((reden))
09 L   ((richtet OH-Projektor ein – 20 sec))

Die Lehrperson ist erstaunt, dass niemand eine Lösung präsentieren kann – und als Reaktion darauf murmeln wieder einige Schüler. Dies kommentiert die Lehrperson mit einer zweiteiligen Äußerung negativ. Die Schüler reden, und dann beginnt die Lehrperson, den Overheadprojektor einzurichten – das dauert ca. 20 Sekunden. Nach Abschluss der Einrichtung geht es inhaltlich weiter, denn in der Folge melden sich nacheinander drei Schüler.

10 L   ja wer verSUCHTs denn mal, weiß/weiß es denn überhaupt
         keiner vielleicht ist auch einmal so FREI .. ohne dass ihr es
         aufgeschrieben habt   ja elsbeth

In dieser Aufforderung finden sich Hinweise darauf, dass bisher keiner der Schüler eine Antwort eingebracht hat. Dabei verweist sie auch darauf, dass es auch möglich ist, spontane Hypothesen einzubringen, nämlich auch frei eine bestimmte Bedeutungsbeschreibung einzubringen. Die erste Antwort wird von Elsbeth geäußert:

11	El	vielleicht die Rollenspiele die man so macht
12	SS	((lachen))
13	S	is ja cool
14	L	psssst

Elsbeth orientiert die Aufmerksamkeit auf mögliche Rollenspiele, die bisweilen in der Schule üblich sind. Allerdings markiert das initiale *vielleicht*, dass es sich um eine Vermutung handelt. Als Reaktion lachen einige Schüler, während ein Schüler durch ein spontan geäußertes *is ja cool* einen Kommentar zu der Äußerung gibt. Die Lehrperson jedoch meint dafür sorgen zu müssen, dass die Schüler ruhig sein sollen. Allerdings nimmt sie nicht dazu Stellung, ob die von Elsbeth eingebrachte Vermutung angemessen ist oder nicht.

15	Sj	mein name ist HAse ich kaufe dem mann die ZÄHne und dann eh hat man einen und fertig
16a	L	AH:: .. oKAY … nicht gAnz richtig

Ein Junge formuliert im Anschluss eine Vermutung, indem er die einleitende Sequenz durch eine Fortsetzung ergänzt, dass er nämlich dem Mann die Zähne kauft. Er ergänzt diese Idee, indem er darauf verweist, dass man dann einen hat und dann ist auch die Bedeutungsbeschreibung abgeschlossen. Die Lehrperson reagiert darauf, indem sie die Beschreibung zustimmend zur Kenntnis nimmt, sie dann anschließend kommentiert, indem sie darauf verweist, dass es nicht ganz richtig sei.

16b	L	na wenns keiner wEI:ß … benni
17	B	vielleicht ist das ja ne idee
18	SS	((murmeln))
19	L	pscht
20	B	wenn man irgendwas damit sagen will dann
21	L	ja hm dass man sozusagen einfach sagt . em … ja (is so ähnlich)
22	S	((murmeln))
23	L	is so ähnlich .. is so ÄHNlich nich ganz hat nicht ganz was mitm Namen zu tun aber

In 16b greift sie noch einmal auf die Frage zurück und ruft dann den Schüler Benni auf. Dieser eröffnet seinen Beitrag mit einem Hinweis darauf, dass er eine Idee hat (17). Währenddessen murmeln jedoch andere Schüler, sodass die Lehrperson sich gezwungen sieht, diese zu disziplinieren (19). Benni artikuliert im Anschluss eine Vermutung, was man denn damit zum Ausdruck bringen möchte. Die Lehrperson nimmt diese Interpretation auf, indem sie den Inhalt zunächst wiederholt und im Anschluss entsprechend diese Äußerung kommentiert. Allerdings verweist sie auch darauf, dass es auch mit dem Namen zu tun habe, aber nicht unbedingt richtig und angemessen ist (23). Mit der nächsten Schüleräußerung wird ein anderes Thema etabliert, nämlich die Frage, wie die Schüler mit den Ergebnissen umgehen sollen.

24 S   sollen wir alle SPRÜche aufschreiben
25 L   neIN . ihr kriegt von mir ... seid maln bisschen leiser bitte ... ihr krIEgt von mir gleich EInen eh LÖsungszettel wo diese . kÄstchen drauf sind ...

Der Schüler fragt danach, wie er jetzt mit den Ergebnissen umgehen soll, ob er beispielsweise die Sprüche aufschreiben soll oder nicht. Die Lehrperson reagiert darauf, indem sie ankündigt, dass sie gleich einen Lösungszettel verteilen werde, der die entsprechenden Kästchen enthalte, unterbrochen von einer Zurechtweisung der Schüler, dass sie etwas leiser sein sollen. Mit dieser Äußerung wird die nächste Sequenz eingeleitet, in der organisatorische Fragen im Mittelpunkt stehen. Erst am Abschluss dieser Sequenz wird das nächste Sprichwort in den Fokus der Aufmerksamkeit gerückt, nämlich »Da liegt der Hase im Pfeffer«.

Für eine exemplarische Analyse reicht der bisherige Ausschnitt. Zusammenfassend sollen nun die Grundlagen der Interaktion beschrieben werden. Zunächst zeigt sich sehr deutlich, dass die Schüler über kaum eine Idee verfügen, welche Bedeutung denn das Sprichwort »Mein Name ist Hase ... « hat. Sie scheinen außerdem nicht besonders interessiert zu sein, denn ihnen fällt nichts ein. Die Lehrperson geht damit um, sie ist außerdem auch etwas irritiert, dass den Schülern zu dem ersten von ihr ausgewählten Sprichwort nichts einfällt. Allerdings zerdehnt sie ein wenig die Zeit, wenn sie sich mit der Einrichtung des Overheadprojektors beschäftigt. Erst dann thematisiert sie noch einmal dieses Problem, und dann folgende drei Lösungsvorschläge, die jedoch ebenso reduziert sind wie der von der Lehrperson eingebrachte Vorschlag, der auf dem Overheadprojektor liegt, nämlich: »Man weiß von nichts, hat von etwas keine Ahnung, oder will damit nichts zu tun haben«. Damit gelingt es der Lehrperson nicht, die faktische Bedeutung der Redewendung genau zu präzisieren.

Als Nächstes ist zu fragen, wie die Interaktion durch die Lehrperson kontrolliert wird. Es handelt sich um einen lehrerzentrierten Unterricht, das Interesse der Schüler am Thema ist relativ begrenzt, was sich an den wenigen Beiträgen zur Bedeutungsbeschreibung festmachen lässt. Ansonsten geht es der Lehrperson vor allem darum, den Schülern Interesse an dem von ihr ausgewählten Gegenstand zu vermitteln, was aber nicht so recht gelingt – jedenfalls in der ausgewählten Szene. Die

Zusammenfassung

Szene lässt sich als »klassischer Unterricht« beschreiben, denn die Lehrperson organisiert die Verteilung des Rederechts, sie fasst die Beiträge zusammen und greift auch gegen sich ohne Rederechterteilung unterhaltende Schüler ein. Die Schüler haben keine Idee, wie dieses Sprichwort hätte beschrieben werden können. Lediglich drei von ihnen äußern sich dazu, aber weder ihre Vorschläge noch die Bedeutungsbeschreibung der Lehrperson entsprechen der faktischen Bedeutung des Sprichworts.

Nun folgt die Fokussierung auf die interaktiven Bearbeitungsverfahren. Der Lehrperson gelingt es erst im vierten Versuch, die erste Schülermeldung zu registrieren. Zuvor haben die Schüler nicht auf ihre Aufforderungen reagiert, sondern sie haben immer wieder durch Spontanäußerungen – im Transkript als *murmeln* markiert – ihre Distanz zum ausgewählten Thema zum Ausdruck gebracht. Die Lehrperson ruft also die sich meldende Schülerin auf. Was jetzt folgt, ist eine Sequenz, in der auch durch das Murmeln der Mitschüler oder durch einen witzig gemeinten Kommentar die Lehrperson sich gezwungen sieht, die Schüler zur Ordnung zu rufen. Im Anschluss folgt der nächste Vorschlag, der von der Lehrperson ebenfalls kommentiert wird, allerdings ohne auf die jeweiligen Hintergründe einzugehen. Und schließlich folgt noch der Versuch einer weiteren Bedeutungsbeschreibung, die auch nicht mit dem fundierten Inhalt übereinstimmt. Die entsprechende Sequenz wird durch einen Beitrag der Lehrperson abgeschlossen, in dem sie noch einmal die entsprechende Schüleräußerung einschätzt und sie dann in Hinblick auf seine Tragfähigkeit bewertet.

Zusammenfassend lässt sich feststellen, dass die Lehrperson Probleme hat, das Interesse der Schüler für die ausgewählte Fragestellung zu wecken. Die Lösungen, die eingebracht werden, zeigen, dass die Schüler das ausgewählte Sprichwort noch nicht kennen, ihre Vermutungen gehen in unterschiedliche Richtungen – aber von einer angemessenen Bedeutungsbeschreibung sind die Lösungsvorschläge noch sehr weit entfernt. Und auch die Lehrperson hat nicht das komplette Sprichwort aufgeführt, sodass hier auch deutliche inhaltliche Defizite vorliegen.

Kommen wir abschließend zu den Chancen und Risiken des ausgewählten Ausschnitts. Offenbar ist es der Lehrperson nicht gelungen, die Schüler für das ausgewählte Thema zu interessieren, denn ihr Engagement ist – nicht nur in der ausgewählten Szene – reduziert. Besser wäre es vermutlich gewesen, wenn auch andere Formen der Unterrichtsorganisation gewählt worden wären, wie zum Beispiel die Gruppenarbeit. Dann hätte man auf einer fundierteren Grundlage das Thema entwickeln und unterrichtlich auswerten können. Das wäre eine Möglichkeit, die man hätte in Betracht ziehen können. Aber so gelingt es der Lehrperson nur mit Mühe, die Schüler für das von ihr ausgewählte Thema

zu interessieren. Das hat möglicherweise auch etwas mit der Jahrgangsstufe 7 zu tun, denn die Schüler interessieren sich in dem Alter durchaus
für andere Themen und deren besondere Aspekte, und nicht unbedingt
für eine Bedeutungsbeschreibung von Sprichwörtern und Redensarten.
Das hätte die Lehrperson bei der Konzeption ihres Unterrichts berücksichtigen müssen. Die einzelnen Defizite könnten auch noch präziser
beschrieben werden und mögliche alternative Handlungen diskutiert
werden, aber für den Einblick in das Inventar der interaktionistischen
Gesprächsforschung ist der ausgewählte Skopus hinreichend.

Kommen wir abschließend zu den Leistungen des interaktionistischen Ansatzes sowie zu den möglicherweise existierenden Problemen.

Die Besonderheit des interaktionistischen Ansatzes liegt darin, dass
ein sehr genauer Blick auf einzelne Szenen ermöglicht wird. So sind die
Analysen von Unterrichtssequenzen sehr auf das Detail fokussiert.
Beispielsweise wird ein Experiment im Physikunterricht (Dauer:
ca. 3 ½ Minuten) ebenfalls sehr ausführlich analysiert, nämlich auf
40 Seiten. Der Grund dafür liegt in einem konzeptionellen Rahmen, der
eine sehr detaillierte Analyse der ausgewählten Sequenzen nahelegt.
Man kann darüber streiten, ob dies sinnvoll ist, aber es wird insgesamt
eine relativ differenzierte Analyse der einzelnen ausgewählten Sequenzen ermöglicht. Im Vergleich zu anderen Ansätzen steht in diesem Rahmen vor allem die detaillierte Analyse kurzer Unterrichtssequenzen im
Zentrum. Andererseits lässt sich kritisch anmerken, dass die Rahmenbedingungen zwar konzeptionell berücksichtigt werden, aber in der Analyse keine entscheidende Rolle spielen, da es vor allem um die Fokussierung der interaktiven Prozesse geht. Dass aber im Unterricht andere
Aspekte eine wichtige Rolle spielen, wird nicht berücksichtigt. So gehört
die Beachtung auch der Stundenplanung oder die jeweilige Sitzordnung
zu den zentralen Punkten, die bei der Analyse berücksichtigt werden
müssten. Und auch die institutionellen Rahmenbedingungen dürfen
nicht vernachlässigt werden, denn nur so kann das inhaltliche und methodische Prozedere des interaktiven Unterrichtsprozesses genauer bestimmt werden.

Kritische Einschätzung des Ansatzes

3.7 Entwicklung eines eigenen Konzepts zur Analyse von Unterrichtsdaten

Schwerpunkt der Untersuchung sind die Aktivitäten von Schülern und
Lehrern im Zusammenhang der unterrichtlichen Vermittlung von fachlichen Inhalten. Vor diesem Hintergrund soll nun ein Analysekonzept
vorgestellt werden, das auf die spezifischen Umstände unterrichtlichen

Handelns ausgerichtet ist.[4] Es besteht aus insgesamt vier Elementen, nämlich Rahmung, Kontext, Transkriptanalyse und Resümee, die im Folgenden weiter ausgeführt bzw. präzisiert werden sollen.

3.7.1 Die Rahmung der Interaktion

Die Besonderheit von unterrichtlicher Interaktion ist ihre institutionelle Rahmung. Sie findet statt in der Institution Schule, in einem entsprechenden Klassenzimmer, mit entsprechenden Aufgaben für die Beteiligten. Der Lehrer ist als Agent der Institution tätig, ihm obliegt es, die spezifischen Funktionen in seiner Tätigkeit umzusetzen. Die Schülerinnen und Schüler sind auf dieser Ebene als Klientinnen bzw. Klienten zu charakterisieren. Diese Konstellation hat Auswirkungen auf die Interaktion: Zum einen steht der einzelne Lehrer im Klassenzimmer einer relativ großen Zahl von Schülern gegenüber; diese sind deutlich jünger und in der Regel altershomogen. Um eine Interaktion zu gewährleisten, die funktional für die Aufgaben der Institution ist, muss beispielsweise sichergestellt sein, dass das Handeln des Lehrers von allen anwesenden Schülern wahrgenommen werden kann. Entsprechend sind die Arbeitsplätze im Klassenzimmer gut organisiert, jeder Schüler hat einen festen Platz, weil er so seine Arbeitsmaterialien (Hefte, Schulbücher etc.) jederzeit präsent hat. Diese Anordnung bezeichne ich im Folgenden in Anlehnung an Foucault (1975) als Tableau. Entsprechend gibt es Handlungsräume des Lehrers und solche der Schüler, die sich teilweise überschneiden. Das spezifische Tableau in einem Unterrichtsraum hat deutliche erkennbare Auswirkungen auf die Handlungsweise der beteiligten Subjekte.

3.7.2 Der unterrichtliche Kontext

Der konkrete Unterricht in einer Unterrichtsstunde ist in der Regel eingebettet in einen größeren Zusammenhang, nämlich der Unterrichtseinheit. Für die Gestaltung einer Stunde ergeben sich spezifische inhaltliche Anforderungen, die sich aus dem Thema ableiten lassen. Deshalb ist es notwendig, den gesamten thematischen Rahmen einer Stunde zu

---

4 Damit unterscheidet es sich von Konzeptionen, die ohne eine spezielle Rahmung auskommen und insofern sehr allgemein bleiben. Ein Beispiel dafür ist das von Deppermann 1999 entwickelte Analysekonzept mit insgesamt sieben Schritten. Hier werden die räumlichen und organisatorischen Aspekte eher am Rande thematisiert.

bestimmen. Es geht um die konkrete unterrichtliche Umsetzung, die in der Regel für in verschiedenen Unterrichtsphasen mit spezifischen Realisierungsformen das inhaltliche Konzept methodisch arrangiert. Dabei kommen auch spezifische Besonderheiten in der Realisierung in den Blick.

3.7.3 Analyse eines Unterrichtsausschnitts auf der Basis eines Transkripts

Die Untersuchung des jeweils gewählten Ausschnitts besteht aus insgesamt fünf Arbeitsschritten. Zunächst wird der interaktive Prozess anhand eines Transkripts rekonstruiert (a), indem die sprachlichen Äußerungen paraphrasiert werden. Zudem erfolgt eine Beschreibung der sprachlichen und nicht sprachlichen Handlungen. Dieser Schritt ist insofern notwendig, da es sich bei der Analyse um die Rekonstruktion von konkreter Interaktion im institutionellen Rahmen Schule handelt. Zudem ist zu berücksichtigen, dass ein Transkript von Kommunikationsprozessen im Unterricht eine eigene »Realität« erzeugt, insofern vor allem die sprachlichen Handlungen im Mittelpunkt stehen. In einem zweiten Schritt werden für die ausgewählten Abschnitte die dabei realisierten sprachlichen Handlungsmuster im Sinne des funktional-pragmatischen Ansatzes herausgearbeitet (b). Dies erscheint deswegen als notwendig, weil so eine Kategorisierung der Beobachtung möglich wird. Es ist aber auch denkbar, dass andere Ansätze dabei genutzt werden, wie z. B der der interaktionistische oder der diskursanalytische. Das in dieser Rekonstruktion herausgearbeitete Potenzial wird in einem nächsten Schritt einer Interpretation unterzogen (c). Genauer: Die herausgearbeiteten Besonderheiten sollten gewichtet werden und entsprechend zusammenfassend kommentiert werden. Wichtig erscheint auch der nächste Schritt, nämlich die Prüfung von alternativen Handlungsmöglichkeiten (d), weil es so möglich wird, die spezifischen Bedingungen der unterrichtlichen Interaktion noch genauer zu bestimmen. Schließlich folgt eine zusammenfassende Würdigung (e), in der auf der Grundlage der Analysen in den Teilen (a) bis (d) die Grenzen und Potenziale der unterrichtlichen Aktivitäten aufgezeigt werden.

Eigenes Konzept zur Analyse von Unterricht

3.7.4 Resümee

Abschließend werden die in den drei Arbeitsschritten erarbeiteten Ergebnisse aufeinander bezogen. Daraufhin lassen sich Vorschläge zur Verbesserung des konkret beobachteten Unterrichts entwickeln.

4. Unterricht in verschiedenen Fächern

Besonderheiten der Fächer In diesem Kapitel wird es darum gehen, die Besonderheiten von Unterricht in den verschiedenen Fächern aufzuweisen. Dazu wird jeweils eine Unterrichtsstunde in sechs ausgewählten Fächern detailliert untersucht, um auf diese Weise die didaktischen Besonderheiten und Potenziale herauszuarbeiten. Denn der Unterricht im Fach Englisch ist anders als im Fach Deutsch oder Biologie. Zentrale Idee bei dieser Schwerpunktsetzung ist die Idee, dass die fachspezifisch bedingte Vielfältigkeit von Unterricht herausgearbeitet werden muss, und zwar anhand von videographisch dokumentierten Unterrichtsstunden. Dass dabei nur ein kleiner Teil der fachlichen Besonderheiten herauspräpariert werden kann, ist klar, allerdings muss auch deutlich gemacht werden, dass die Unterrichtsstrategien in den verschiedenen Fächern auch stark abhängig sind von den jeweils realisierten Inhalten. Um dies in der gebotenen Kürze abzuhandeln, werden die einzelnen Unterrichtsstunden nach einem bestimmten Konzept behandelt: In Teil 1 geht es um die jeweiligen fachlichen Grundlagen und die Art und Weise, wie die Inhalte jeweils unterrichtet werden. Dabei werden sowohl theoretische Grundlagen formuliert als auch Beispiele aus der jeweiligen fachdidaktischen Literatur herangezogen. Allerdings fehlt vielen fachdidaktischen Büchern der thematische Bezug zu einer konkret realisierten Unterrichtsstunde – dies wird dann im folgenden Teil behandelt. In Teil 2 wird dann exemplarisch eine Stunde genauer analysiert und in Hinblick auf die jeweiligen fachlichen und didaktischen Potenziale geprüft. Im dritten Teil folgt dann ein Resümee unter der Überschrift »Potenziale und Risiken«, um die Stärken und Schwächen des jeweils dokumentierten Unterrichts aufzuzeigen. Dabei werden insgesamt sechs Fächer untersucht, nämlich die Fächer Biologie (4.1), Deutsch (4.2), Englisch (4.3), Geschichte (4.4), Physik (4.5) und Sport (4.6). In einem abschließenden Teil werden dann die Ergebnisse zusammengefasst und die fachlichen Besonderheiten reflektiert (4.7).

4.1 Eine Biologiestunde in der Sekundarstufe II: Das Bioproteinsystem

4.1.1 *Fachliche Grundlagen*

Anders als in anderen Unterrichtsfächern steht im Biologieunterricht die deduktiv-nomologische Erklärung im Zentrum, denn es geht um die Zusammenhänge, die für die pflanzlichen und tierischen Zusammenhänge auf der Erde zentral sind, also um relevante Aspekte der biologischen Existenz zu rekonstruieren. Bevor jedoch die Details des Bioproteinsystems in der Stunde erarbeitet werden, sollen die Grundlagen des fachspezifischen Erklärungskonzepts in aller Kürze dargestellt werden. Es handelt sich dabei um die deduktiv-nomologischen Erklärung. Dies kann an einem einfachen Beispiel deutlich gemacht werden. Die Frage lautet: Warum ist der Himmel blau? Die Voraussetzungen für eine Erläuterung sind die folgenden: Die Sonne scheint, und es ist nicht bewölkt. Dies sind die Ausgangsbedingungen. Danach greifen einige Grundlagenbedingungen, nämlich erstens, dass die Streuung des Lichts von seiner Wellenlänge abhängt, und zweitens, dass das blaue Licht – eine von mehreren Elementen des Sonnenlichts – am stärksten gestreut wird. Aus dieser Zusammenstellung der sog. Explanansbedingungen folgt dann der abschließende Explanandumsatz: Der Himmel ist blau. Mithilfe dieser Konstruktion lassen sich vor allem naturwissenschaftliche Erklärungen entwickeln.

Konzepte dieser Art lassen sich auf einer theoretischen Ebene mithilfe verschiedener Kategorien auf der Grundlage der Arbeit von Hempel (1977, S. 5–54) angemessen rekonstruieren. Die erste Grundlage besteht darin, dass vor allem im wissenschaftlichen Erklären das Explanandum sich logisch aus dem Explanans ergibt. Grund dafür ist, dass die Bezugnahme auf allgemeine Gesetze zentral ist und die Art und Weise der Erklärung bestimmt. Dies lässt sich auch an der sprachlichen Gestaltung aufzeigen, insofern die jeweiligen Konjunktionen der Satzkomponenten wahr sind. Solche Aussagen werden bestätigt, wenn sich eine entsprechende Evidenzmenge an entsprechenden Aussagen finden lassen. Zudem muss darauf verwiesen werden, dass es gesetzartige und nicht gesetzartige Aussagen gibt. Dazu zwei Beispiele: Die Behauptung, dass alle Schüler des Hamburger Johanneums – ein Gymnasium – im Jahr 2013 blond seien, trifft ganz sicher nicht zu, während dagegen die Feststellung, dass alle Birnen in einem Korb süß seien, zutreffen – es sei denn, es befindet sich noch eine verschimmelte Birne darin. Zudem ist die Frage wichtig, wie viele Einzelfälle für ein Gesetz gebraucht werden. Diese These wird in der Formulierung »Alle F sind G« zum Ausdruck gebracht, operationalisiert in der Formulierung »Alle Einhörner ernäh-

Biologieunterricht

ren sich von Klee«. Entsprechend sollten solche Gesetzesaussagen so konstruiert sein, dass die genaue Angabe ihrer Bedeutung keine Bezugnahme auf einen speziellen Gegenstand bzw. Raum-Zeit-Punkt erfordert.

Für naturwissenschaftliche Zusammenhänge ist es nunmehr wichtig, vor allem das Prinzip der kausalen Erklärung zu skizzieren. Eine deduktiv-nomologische Erklärung ist für diesen Zusammenhang von besonderer Bedeutung. Hempel bezeichnet dies als G* und kennzeichnet es als das minimale umfassende Gesetz einer deduktiv-nomologischen Erklärung: »Ein Eisbrocken schwimmt in einem großen Becher Wasser, das Zimmertemperatur besitzt. Der Wasserspiegel bleibt beim Schmelzen des Eises unverändert.« Dies ist für ihn ein Beispiel für eine kausale Erklärung, mit deren Hilfe Ursache und Wirkung beschrieben werden können. Die Systematik für diese Form der Erklärung ist die allgemeine Kausalaussage, die vor allem die singuläre Kausalaussage bestimmt und auf diese Weise für eine statistische Evidenz sorgt. Als Beispiele werden dafür physikalische Prozesse genannt, weshalb dieser Aspekt an dieser Stelle übersprungen werden sollte. Abschließend ist darauf zu verweisen, dass Erklärungen potenzielle Vorhersagen sind. Zwar unterscheiden sich beide Elemente in pragmatischer Perspektive, sie sind aber strukturell äquivalent. Dazu zwei Beispiele: In dem Satz »Syphilis ist die einzige Ursache der Parese« wird mit der Aussage gleichzeitig eine Vorhersage getroffen, während in dem Satz »Wenn der Patient i zum Zeitpunkt t Kopliksche Flecken hat, wird i zu einem späteren Zeitpunkt Spätsymptome der Masern zeigen« eine Vorhersage getroffen wird, die auch als Erklärung für die weitere gesundheitliche Entwicklung gelesen werden kann.

Mit dieser Darstellung soll das Konzept der kausalen Erklärung abgeschlossen werden. Bevor die Analyse einer Biologiestunde erfolgt, wird nunmehr noch ein kurzer Blick in fachdidaktische Werke getan. Im Zentrum stehen zwei Fachbücher für Biologie-Didaktik. Die eine Ausgabe von Wilhelm Killermann und anderen mit dem Titel »Biologieunterricht heute. Eine moderne Fachdidaktik« – erstmals erschienen 1974, zuletzt 2008 in der 12. Auflage – thematisiert unter anderem die möglichen Lernorte des Biologieunterrichts, in der Schule oder außerhalb. Zudem werden die fachspezifischen Arbeitsweisen berücksichtigt, nämlich Beobachten und Betrachten, Untersuchen, Experimentieren sowie Halten und Pflegen. Sehr ausführlich werden mögliche Originale und Medien thematisiert, während die Unterrichts- und Sozialformen eher knapp ausfallen. Abschließend werden noch Arbeits- und Sozialformen sowie mögliche fachliche Inhalte beschrieben. Die Ausführungen sind weitreichend, jedoch bleibt der Aspekt der Biologiestunde, empirisch dokumentiert, außen vor. Ein anderer Band zur »Biologie-Didaktik.

Praxishandbuch für die Sekundarstufe I und II«, herausgegeben von Spörhase-Eichmann und Ruppert (2004) eröffnet durchaus andere Perspektiven auf den Biologieunterricht, weil ein Hauptaugenmerk auf den Prinzipien des Biologieunterrichts unter Berücksichtigung von sechs verschiedenen Schwerpunkten liegt. Im Anschluss werden fachgemäße Arbeitsweisen skizziert, und auch die zu nutzenden Medien spielen eine bestimmte Rolle. Thematisiert werden zusätzlich die Lernorte, fächerübergreifende Perspektiven und die Planung des Biologieunterrichts. Abschließend stehen die Kriterien zur Beurteilung des Unterrichtserfolgs im Mittelpunkt. Allerdings bleibt auch in diesem Buch der Bezug zu konkret durchgeführtem Unterricht relativ oberflächlich, da im Wesentlichen nur Empfehlungen gegeben werden, wie man denn dieses Unterrichtsfach gründlich und fachlich kompetent durchführen kann. Es fehlen auch hier Bezüge zu konkretem Biologieunterricht, dokumentiert in entsprechenden Transkripten. Dann könnte man sehr wohl einen fundierteren Zusammenhang zwischen didaktischen Konzepten und empirischer Praxis herstellen.

4.1.2 Analyse einer Stunde: Das Bioproteinsystem

Das ausgewählte Beispiel stammt aus einer 11. Klasse des Gymnasiums. Thema ist das Bioproteinsystem. Dies wird entsprechend auch inhaltlich aufgearbeitet, sodass am Ende der Stunde ein gutes Resultat der inhaltlichen Beschäftigung mit dem Thema steht. Dies wird im Folgenden noch zu rekonstruieren sein. Vor der Entwicklung des Zusammenhangs muss noch festgehalten werden, wie die Schüler im Raum sitzen, und das ist lehrerzentriert.

Thematischer Schwerpunkt der Unterrichtsstunde ist also das Bioproteinsystem. Es geht zunächst darum, wie eine DNA (Desoxyribonukeinsäure) aufgebaut ist – dies soll in aller Kürze beschrieben werden: Zellen verfügen über eine Zellmembran, die sie nach außen hin schützt. Im Inneren befindet sich eine spezifische Flüssigkeit, nämlich das Zellplasma. In der Mitte liegt der Zellkern, auch Nukleus genannt. Der DNA-Faden selbst ist wie eine Strickleiter aufgebaut: Das Rückgrat besteht aus einem Zucker, der Desoxyribose, verbunden im Wechsel mit Phosphat. Die einzelnen Sprossen dieser Leiter werden von vier organischen Basen gebildet, nämlich Adenin und Thymin sowie Cytosin und Guanin, die sich miteinander binden. So entsteht eine sog. Doppelhelix, die für die DNA charakteristisch ist, und zwar in einer Größe von zwei Nanometern (= zwei Billionstel Meter).

In diesem Rahmen ist dann auch eine Proteinbiosynthese möglich, nämlich die Überführung der DNA zur RNA (Ribose). Mithilfe einer

Translation wird die RNA ins Zytoplasma ausgeschleust und im Anschluss in eine Aminosäure transformiert: Der Vorgang wird als Translation bezeichnet. Soweit zu den fachlichen Voraussetzungen der Stunde.

Strukturierung des Biologieunterrichts

Die einzelnen Abschnitte der Unterrichtsstunde werden im Folgenden skizziert.

00:00–05:45 Fachliche Einführung: DNA
05:45–09:30 Schwerpunkterarbeitung
09:30–11:45 Einführung in die Gruppenarbeitsphase
11:45–25:30 Gruppenarbeitsphase
25:30–38:35 Auswertung der Ergebnisse der Gruppenarbeitsphase
38:35–43:47 Abschlussphase: Entwicklung einer differenzierten Perspektive

Eröffnung der Stunde

Der erste ausgewählte Ausschnitt betrifft den Prozess der Aufgabenstellung. Der Lehrer entwickelt diesen Aspekt in einem interaktiven Prozess mit den Schülern, indem er sie auf die zu lösenden fachlichen Fragestellungen fixiert, also wie sozusagen das Problem der Beschreibung einer DNA interaktiv ausgehandelt werden kann. Gleichzeitig hat diese Sequenz die Aufgabe, die geplante Gruppenarbeit einzuleiten – dies geschieht aber erst am Ende dieses Ausschnitts, und zwar unter Berücksichtigung der jeweils notwendigen Organisationsformen.

Betrachten wir zunächst die erste Lehreräußerung – sie ist relativ lang und schafft eine erste Orientierung auf die in der Stunde zu erwartenden inhaltlichen Schwerpunkte.

01 L   dAnn (..) kuckns=sich=mal (.) dieses gebIlde an (.) *OHP in der richtigen   Position* aus der letztn StUnde. hab=ich ein bIsschen VOrbereitet damit=wir=n gUten EIndruck machen können, hab das so ein bIsschen vorbereitet, da war so=ne geschIchte *L. zieht Folie auf OHP an richtige   Position.* modErne kUn[st. =das lIebe ich ja.=das kEnn sie ja <<p> von mir,> *L. geht zum Pult* dAhin <<p> das ham=wir= hier= so=ein> bIsschen   vOrbereitet Ich mache den schrEIbknecht* wie sonst Auch? (..) und (.) sie=sagn mir (.) was dahIn soll.

Der Lehrer ist gerade dabei, eine Folie auf den Overheadprojektor zu legen. Um diesen Prozess zu begleiten, spricht er dabei. Gleichzeitig richtet er den Overheadprojektor ein, sodass alle Schüler das auf diese Weise präparierte Symbol auch tatsächlich erkennen können. Insofern haben seine sprachlichen Ausführungen eine wichtige Rolle. Er verweist die Schülerinnen und Schüler mit dem ersten Satz seines Beitrags bereits auf das, was im Anschluss daran die ganze Stunde thematisch dominiert, indem er sie auf das von ihm ausgewählte Bild orientiert – von ihm als *Gebilde* bezeichnet –, das bereits in der vorangegangenen Stunde eine gewisse Rolle gespielt hat. Mit dem Hinweis auf das von ihm ausgewählte Bild – von ihm als *moderne Kunst* eingeschätzt – weist er die Schülerinnen und Schüler auf die zu erwartenden Bezüge hin. Zudem stellt er einen persönlichen Bezug her, indem er sie auf den Aspekt der *modernen Kunst* orientiert, offenbar ein Bezug, der den Schülern bekannt sein dürfte, zumal er darauf noch einmal hinweist. Im letzten Teil seiner Äußerung bewegt er sich zurück zum Pult und fordert die Schüler nunmehr auf, ihre Sichtweise auf das Thema DNA einzubringen; er selbst stellt sich als *Schreibknecht* zur Verfügung. Es haben sich mehrere Schüler gemeldet, sodass er die Möglichkeit hat, eine von ihnen aufzurufen.

01 L   karIna bItte.

02 Ka   ja. die=nummer eIns=is der=nUcleus

03 L   ((1,0/ schreibt die Antwort auf die Folie)) nUcleus*. IM vergleich zum ribosOm. (1,0) was kÖnnte man denn (0,8) *wEiterausfülln. <<pp> (rot.) mirjam>

04 M   ähm zwei (zu) de=en=A=strang? *L. schreibt die Antwort auf die Folie* (2,5)

05 L   <<pp> strang. schwÄchelt, die farbe,>* gut? (1,0) rOnja?

06 Ro   ähm=drEi vielleicht=die: nucleotIdsequenz?

07 L   das ist die (.) nu (.) kleo; (.) tId, (..) se:quenz *L. hat zuende geschrieben und verschließt Stift* hEllauf begEistert? <<all> un=jetzt könn wir das auf der Andern seite auch mal ebm schnell machn=das geht relativ gUt jetz.> hanna?

08 Ha   ähm sechs sind die <<pp> (proteine?)> (1,0) (…)> (.) hhheh (2,0)

09 L   (wischen/is schon) weg? (.) UNd sIna.

10 Si   ähm der träger de:r funktion oder enzymfunktion?

11 L   mhm, (0,8) träger (1,0) der funktion sO *L. verschließt den Stift* (1,0) *L. hebt den rechten Arm, um auf den OHP zu weisen* und dann sind sie ja als wir dIeses bild hattn, (0,2) nochmal auf dieses frAgezeichn zusprechn gekomm. *lehnt sich auf OHP und markiert die Stelle auf der Folie zwischen Kern und Ribosomen* dieses frAgezeichn(.) was da (.) *Obm stEht. (1,2) und wElche frage ham wir uns dA gestellt. (0,8)

12 S1   wie de en a die aminosäure-sequenz steuert, *L. steht auf und wendet sich zur Tafel*

13 L   mhm, wie (0,8) stEuert, (0,8) die (0,4) de=en (0,2) A:, (0,8) die (0,4) bIldung, (1,0) der, (.) a' es. (1,0) se (0,2) quEnz (1,0) *L. bewegt sich mit Blick zum OHP bis zur Mitte des Pultes.* (0,5) sO.

Einleitung der Stunde

Zunächst erteilt der Lehrer der Schülerin Karina das Wort, die antwortet, dass die Nummer eins als *nucleus* zu bezeichnen wäre. Der Lehrer nimmt dies zustimmend zur Kenntnis, gleichzeitig schreibt er die Antwort auf die von ihm vorbereitete Folie. Er weist allerdings auch auf die Tatsache hin, dass man auch noch das *ribosom* hätte berücksichtigen können. Er fragt nun, was man vielleicht noch würde ausfüllen können und ruft Mirjam auf. Diese ordnet den DNA-Strang zu. Der Lehrer schreibt dies auf die OHP-Folie, gleichzeitig spricht er darüber, was er gerade macht, denn die Farbe *schwächelt* ein wenig. Als Nächstes ruft er die Schülerin Ronja auf. Diese spekuliert, dass die drei möglicherweise die *Nucleotidsequenz* sein könnte – dies wird im Anschluss vom Lehrer bestätigt, indem er, während er schreibt, diese Bezeichnung langsam wiederholt. Dann verweist er die Schüler darauf, dass auf der anderen Seite noch entsprechende Abschnitte zu ergänzen sind, in der Hoffnung, dass die Schüler dies schnell bearbeiten. Er ruft Hanna auf, die die sechs den Proteinen zuordnet. Der Lehrer ist einverstanden, er ruft im Anschluss Sina auf. Diese ist sich nicht so sicher, ob es sich um den Träger der Funktion oder Enzymfunktion handelt. Daraufhin bestätigt der Lehrer, dass es sich um die Funktion handelt. Im Anschluss daran fixiert er die Schüler auf das Problem des Umgangs mit dem Fragezeichen auf dem ausgewählten Bild, indem er sie daran erinnert, welche Frage denn gestellt wurde. Ein Schüler meint, dass die DNA die Aminosäure steuert. Der Lehrer nimmt dies zur Kenntnis, indem er den Inhalt der Äußerung wiederholt und gleichzeitig auf die Folie schreibt. Mit dieser Aktion ist die Erarbeitungsphase der leitenden Fragestellung abgeschlossen, und es folgt im Anschluss die Formulierung der Aufgabenstellung für die geplante Gruppenarbeit.

13 L   *L. sieht auf Projektionsfläche. hebt rechten Arm und zeigt mit zwei kleinen Bewegungen in Richtung Projektionsfläche, sieht anschließend in die Klasse und lässt den Arm dabei wieder sinken* (2,6) das kÖnn sie nich wIssn. (.) und sie lassn auch Ihre lIebm (.) <<all> lIeblingsbücher> zU. (0,8) wEil ich nämlich jEtzt, mit ihnen was AUsprobiern möchte, von dem ich dEnke, (.) dass es gut funktioniert. sie kÖnn das nich wissn (1,0) aber (0,2) man hat ja nen kOpf. (1,0) und sie bekomm von mir, w:ertvolles papier, (0,8) z:wei,verschiedenfarbige stifte, (1,0) <<p> zwei verschiedenfarbige Stifte und soll, in vIerergruppn (0,8) eine *idEE (.) entwickeln, *rhythmischer Schlag mit Zeigefinger* wie *sIE sich das vorstelln, dass die de en a (0,6) (die a') bIldung der aminosäuresequenz (0,4) *stEuert. ICH kÖnnte mir=das sO vOrstelln. ob das so Is (.) is gAnz was anderes. aber sIE solln aus IHrer   vorstellung ne

idee entwickeln, (0,8) <<flüssiger> das dahin, vielleicht dann da das,> (0,4) sO könnt=das sein. (1,0) das machn wir zu v:iert, (0,5) und (.) eine fünfergruppe. (.) (wo') müssn wir ham=aber heute fEhlt jemand dann sind wir ideal vIerergruppen. (0,2) also- (.) <<f> gr:Eifn sie mal zU, *Nebengespräche beginnen und werden lauter* sie kriegn zwei stifte,> (0,4) <<ff> zEhn minutn zeit, (0,5) oder zwÖlf minutn, (0,5) und=dann (.) t:Uschn un maln sie, (1,0) so gut sie das hinkriegn.> Und die Bilder schö:n groß, weil wir die natürlich nachher AUfhängn wolln …

Dieser letzte Abschnitt bezieht sich auf die bevorstehende Gruppenarbeit, indem der Lehrer das von ihm entwickelte Konzept der Aufgabenstellung kurz skizziert. Zunächst fordert er die Schülerinnen und Schüler auf, ihre Bücher nicht zu öffnen. Stattdessen kündigt er ihnen an, dass er etwas ausprobieren möchte: Die Schüler bekommen Papier und zwei verschiedenfarbige Stifte, sie arbeiten in Vierergruppen zusammen. Die Aufgabe besteht darin, dass sie eine Idee entwickeln sollen, wie die DNA die Bildung von Aminosäuren steuert. Er relativiert die Aufgabenstellung, indem er die Möglichkeit miteinbezieht, dass die jeweiligen Hypothesen nicht unbedingt dem tatsächlichen Zusammenhang entsprechen. Die Idee sollte so entwickelt werden, dass man eine Hypothese über den jeweiligen Verlauf entwickeln könnte. Dann konzentriert er die Aufmerksamkeit auf die Bildung der Gruppen, nachdem er festgestellt hat, dass nur insgesamt sechzehn Schülerinnen und Schüler anwesend sind, mithin die Möglichkeit besteht, das Prinzip der Vierergruppe konsequent durchzuführen. Dann fordert er die Schüler auf, auf die Stifte zuzugreifen, und macht ihnen klar, dass sie insgesamt zehn bis zwölf Minuten Zeit haben, um dies im Beispiel umzusetzen. Schließlich weist er sie an, die jeweiligen Bilder möglichst groß zu malen, um sie im Anschluss daran auch in der Klasse präsentieren zu können.

Insgesamt zeigt sich an dieser Sequenz sehr anschaulich, wie es dem Lehrer gelingt, die Schüler auf den von ihm ausgewählten Schwerpunkt zu konzentrieren. Er formuliert präzise die Aufgabenstellung, spielt dabei noch mit einigen Anspielungen, die jedoch mit den fachlichen Inhalten des Biologieunterrichts nicht so viel zu tun haben. In der zweiten Phase, in der die Schüler die von ihm gestellten Fragen beantworten, bemüht er sich darum, die von den Schülerinnen eingebrachten Aspekte zu notieren und sie entsprechend auf der Folie zu notieren, die auf dem Overheadprojektor liegt. Dabei werden alle relevanten Aspekte berücksichtigt, die seine konzeptionelle Orientierung geprägt hat. Die Schüler haben bei der Bearbeitung der Gruppenarbeit viel Freiraum – ein gutes Beispiel für einen angemessenen Unterricht auch im Fach Biologie, und

Zusammenfassung der Beobachtungen

zwar deshalb, weil er durch sein Arrangement die Kreativität der Schüler für die Bearbeitung der jeweiligen Aufgaben fördert. Man könnte dies auch in Relation zum Aufgabe-stellen-Aufgabe-lösen-Muster der Funktionalen Pragmatik setzen, denn hier wird deutlich, welche Potenziale eine eigenständige Bearbeitung einer Aufgabe durch Schülerinnen und Schüler haben kann. Es wird auf jeden Fall deutlich, dass die Schüler die ihnen eröffneten Freiräume nutzen sollen, um auf diese Weise zu einer eigenständigen Bearbeitung des Problems finden zu können.

Präsentation einer Gruppe   Um diesen Aspekt genauer zu untersuchen, wird im Folgenden die Präsentation einer Gruppe untersucht – nach Abschluss der Gruppenarbeitsphase. Sie zerfällt in zwei Teile, nämlich einer Präsentation der Ergebnisse sowie einer interaktiven Aushandlung der Inhalte. Hervorzuheben ist, dass sich der Lehrer in dieser Sequenz sich zurückhält, was zur Folge hat, dass die Schüler selbst zentral im Mittelpunkt des Geschehens stehen.

01 L   <<pp> dann macht die ZWEIte gruppe.> (3,0)
02 Ka   jja.(0,4)a:lso.(0,6) (hou.)(0,5) ähm- w:Ir ham uns überlEgt, =.hhh da:ss ä:hm die de en A, <<all> is halt hier> im kern,.hh un= dann ähm (.) schwimmt die=äh em er=en=A? (.) is mit=im kErn, .hh und ähm kuckt sich halt hier so einen Teil an? wie=das=ähm (0,2) <<all> also wie das Aufgeba' also was für ne informatiOn da auf der de=en=A liegt? (0,5) dAnn? (0,2) gibt sie ihre information weiter: an die:=aso=dann hat sie das rausgefunden, u(h)nd dann gi(h)bt si(h)e i(h)hre informatio(h)n weiter an die tE er=en=a? (0,2) dAnn, schwImmt die durch die ZElle? (0,2) und ähm (.) s:ucht sich eben alle bAusteine die sie für das produkt brAucht, was sie (0,2) bAuen solln? (0,2) zusAmmen? .hh und dA:n? (0,2) ähm (0,5) findet=sie=die er' (0,3) äh: er=en=A? .h und gIbt diese information wEiter? und dIe bAut dann das fErtige prodUkt zusAmmen (1,2)

Mit der initialen Äußerung (01) fordert der Lehrer die zweite Gruppe auf, ihre Ergebnisse vorzustellen. Die Schülerin Katie übernimmt diese Aufgabe. Ihr Beitrag ist lang, er beinhaltet alle für den Prozess der DNA-Bearbeitung relevanten Schritte. Die Gruppe hat sich überlegt, dass die DNA im im Kern *schwimmt*, wobei sie dort auch auf die RNA stoßen könnte. Dabei hat die DNA die Aufgabe, herauszufinden, an wen sie ihre Informationen weitergeben könnte, zum Beispiel an die RNA, und wenn sie Kontakt zur RNA hat, kann sie ihre Informationen an diese Zellen weitergeben. Die wiederum wird dann durch die Zelle schwimmen und sich die *Bausteine,* die sie für ihre Produkte braucht, zusammen suchen. Im Anschluss findet sie die RNA und gibt an diese Zelle die jeweils nötigen Informationen weiter, was es der RNA ermöglicht, das fertige Produkt zusammenzu bauen. Das ist wahrscheinlich die Zusammenfassung der in der Gruppenarbeitsphase erarbeiteten Inhalte, die allerdings noch von einem eher dialogischen Konzept ergänzt werden. Dies wird im Folgenden dokumentiert.

03 He das: den ri das ribosOm. [den r[ibosom
04 Ka   [<<all>genau.> (2,0)
05 He dingsens
06 Ka * K. lächelt, nickt* <<pp>jah>
07 Ta <<pp>d(h)ingsens. Hehe>
08 He <<p> das ribosom (…?)>
09 L   <<pp> m=hm?>
10 Si <<pp> ja> (0,5)
11 L   wO is das ribosOm bei ihnen?
12 Ka dAraus entstEht das.
13 Si das bAut das.=[(noch?/mh?)
14 Ka [=das e' is grade im Aufbau.(1,2)
15 L   Achso. j[a hab=ich (0,2) [hAb=ich begriffn
16 S? [haha (hah
17 Ka <<p> okee.> 0,5) <<pp> (gibts noch frAgn?)> m[m [nnee
    [nnee.
18 ((Gemurmel, leises Lachen; Kati stellt den Zeigestock beiseite, die nächste Schülerin - Ronja - kommt nach vorne))
19 Ro <<p> ich glaub ich verzIchte auf den stock.>

Heike fokussiert auf die Tatsache, dass es sich um eine Ribosom handelt, dies bestätigt ihre Mitschülerin Katie. Dann geht es um den Begriff *dingsens,* den Heike ins Spiel bringt. Katie bestätigt diese Sichtweise ebenso wie Tanja. Heike rückt im Anschluss das Ribosom in den Mittelpunkt, woraufhin der Lehrer kurz nachfragt, allerdings ohne Wörter zu benutzen, indem er nur *m=hm?* sagt. Silke antwortet darauf mit einem *ja,* woraufhin der Lehrer nunmehr die Frage nach der Funktion des Ribosoms stellt. Diese Frage beantworten Katie und und Silke jeweils positiv, und schließlich ergänzt Katie dies noch mit dem Hinweis, es befinde sich noch im Aufbau. Der Lehrer bestätigt, dass er die Deutung der Gruppe verstanden habe, einige Schüler lachen, und dann stellt Katie die Frage *gibt's noch frAgn?* (17) Dies ist nicht der Fall weshalb im Anschluss die nächste Gruppe aufgerufen werden kann.

In dieser Sequenz zeigt sich sehr gut, wie die Schülerinnen und Schüler die Aufgabe des Lehrers bearbeitet haben. Sie haben die Möglichkeit, ihre Arbeitsergebnisse stringent einzubringen, sie berichten differenziert von ihrer Gruppenarbeit und entwickeln so eine angemessene

Sichtweise der von ihnen eingebrachten Ergebnisse der Gruppenarbeit. Die Schülerinnen haben sich intensiv mit dem Thema beschäftigt, das fällt auch bei den anderen Gruppen positiv auf, sie können auch ihre Ergebnisse gut einbringen, und der Lehrer unterstützt sie vor allem dadurch, dass er sich zurück hält, andererseits aber auch die Ergebnisse der Gruppenarbeit mit kurzen Kommentaren würdigt.

Stundenabschluss   Abschließend folgt noch ein kurzer Blick auf den Stundenabschluss.

01 L   ich fInde dass sie das gut geMACHT ha[ben. sie haben schÖne FRAgen gestellt, (-) und gute iDEEN gehabt.(-) und wenn wir dAs jetzt mal als EIne idee NEHM.=und da sitzt in den ANdern- (.) sozusagn- (.) GLEIche ideen drin. (1.0) <<p> wO sind denn *(-) übereinstimmuende Abschnitte. (.) <<p>in Allen vIer Abbildungen.> <<dim>da sind (.) überEINstimmungen drin.> (1.2) ich=würde jetz=SAgen- (.) * *Lehrer zeigt auf einen Teil eines Plakats mit einem Symbol für t-RNA* * <<cresc>* have a look at THIS.> ((Es läutet zum ersten Mal - Vorankündigung: Stundenende))

Der Lehrer fasst mit diesem resümierenden Beitrag die Ergebnisse der Stunde zusammen; zudem orientiert er die Schüler jedoch abschließend noch auf einen letzten Abschnitt, indem die Ergebnisse der inhaltlichen Auseinandersetzung noch einmal zusammenfassend erarbeitet werden sollen. Er bestätigt den Schülern, dass sie gute Ideen gehabt hätten und diese auch – vor allem in der Gruppenarbeitsphase – relativ gut bearbeitet hätten. Dann lenkt er die Aufmerksamkeit Schüler noch einmal auf die Abbildungen im Buch. Anschließend eröffnet er eine abschließende Sequenz der Stunde, indem noch einmal die Ergebnisse gesammelt werden. Diese Sequenz ist nicht uninteressant, weil die Schülerinnen und Schüler engagiert ihre Ideen einbringen, allerdings sieht sich der Lehrer dann doch am Ende genötigt, die Stunde zu einem Abschluss zu bringen.

Zusammenfassend lässt sich sagen, dass die inhaltliche Fragestellung angemessen erarbeitet worden ist: Den Schülerinnen und Schülern ist ein differenziertes Bild der DNA-Bestimmung vermittelt worden, und sie haben sich entsprechend engagiert an der Bearbeitung der Fragestellung beteiligt.

4.1.3 Chancen und Risiken

Ergebnisse der   In der Stunde wird das Thema der DNA-Bestimmung relativ differen-
Untersuchung   ziert erarbeitet. Aufgrund des thematischen Schwerpunktes zeigt sich, dass die Schüler sich intensiv mit dem Gegenstand beschäftigt haben. Es

ist ihnen – wie gezeigt – auch gelungen, den thematischen Schwerpunkt der Stunde angemessen zu bearbeiten. Vor allem ist das Interesse am Thema groß, die Schüler sind engagiert beteiligt – sofern dies der vorliegenden Transkription zu entnehmen ist. Insgesamt lässt sich das von dem Biologie-Lehrer gewählte Unterrichtsmanagement als angemessen beschreiben, denn es gelingt ihm, die Schüler für die DNA-Bestimmung zu motivieren. Risiken könnten sich ergeben, wenn es nicht gelingt, das Interesse der Schülerinnen und Schüler für diesen einen Bereich zu wecken. Dann würden sie vermutlich eher zurückhaltend agieren und sich nur dann am Unterrichtsgespräch beteiligen, wenn sie sich melden und dann vom Lehrer aufgefordert werden, Beiträge in einem lehrerzentrierten Unterricht einzubringen. Insgesamt aber lässt sich festhalten, dass es dem Lehrer gelungen ist, die Schüler für das Thema zu interessieren – und das hat positive Konsequenzen für den Unterricht, wie die Analyse der einzelnen Ausschnitte gezeigt hat.

4.2 Im Fach Deutsch: Diskutieren

4.2.1 Fachdidaktische Grundlagen

Für die Aufgabenstellung, im Unterricht eine thematisch orientierte Diskussion zu führen, lassen sich verschiedene Arrangements vorstellen: Diese reichen von einer Diskussion in einer Kleingruppe bis hin zu Formen, die ein spezifisches Setting erforderlich machen. Genauer: In diesem Abschnitt werden – auf der Grundlage von empirischen Daten – bestimmte methodische Arrangements beschrieben und ihr didaktisches Potenzial bestimmt. Dabei wird es zunächst um die Diskussion in Gruppen gehen, im Anschluss daran werden die Klassendiskussion, das Innenkreis-Außenkreis-Arrangement, die Pro- und Kontra-Diskussion sowie eine Podiumsdiskussion behandelt. Bei der Darstellung der jeweils herangezogenen Formen wird das folgende Konzept genutzt.

Einführung in den Deutschunterricht

Zunächst wird eine kurze Einführung gegeben, bei der auch die dazu vorfindlichen didaktisch-methodischen Konzepte berücksichtigt werden. Im Anschluss wird das jeweils ausgewählte empirische Material kurz vorgestellt und anschließend dokumentiert. Dieser Abschnitt schließt mit einer zusammenfassenden Einschätzung der im Transkript rekonstruierbaren Handlungen. Bei kürzeren Gesprächen, die insgesamt dokumentiert sind, wird eine quantitative Untersuchung vorgenommen unter Berücksichtigung verschiedener Dimensionen, nämlich der kontextuellen, der elokutionellen, der kognitiven und der sozialen Dimension. Im nächsten Schritt folgt eine qualitative Analyse eines Transkriptauszugs auf der Basis des gesprächsanalytischen Ansatzes.

Abschließend werden die dem jeweiligen Konzept zugrunde liegenden Konzeptionen kritisch gewürdigt, indem Chancen und Risiken deutlich gemacht werden.

Methodische Arrangements für Diskussionen

Methodische Arrangements

Gruppendiskussionen sind ein zentraler Bestandteil bei der Entwicklung von Gesprächsfähigkeiten im Unterricht. Bei der Untersuchung des didaktischen Potenzials von Kleingruppendiskussionen werde ich eine relativ kurze Gruppendiskussion unter mehreren Aspekten untersuchen. Gruppendiskussionen können auf jeder Jahrgangsstufe durchgeführt werden, sie werden oft genutzt, um plenare Diskussionsformen vorzubereiten. Im Bereich »Diskutieren üben« geht es vor allem darum, gemeinsam mögliche Positionen zu entwickeln. Das Format ermöglicht es, eine differenzierte Beurteilung der einzelnen Schüler zu erreichen, da die Beteiligungsmöglichkeiten ungleich größer sind als in der Großgruppe. Zudem kann aufgrund des Rahmens auch die Frage nach der Rolle der Gruppenzusammensetzung für die Qualität der Diskussion gestellt werden.

Plenumsdiskussionen im Rahmen des Unterrichts in einer Klasse sind ein gutes Mittel, um bestimmte Themen als Großgruppe zu entwickeln. Hier muss eine bestimmte kommunikative Ordnung gewählt werden, um die Organisation der inhaltlichen Auseinandersetzung zu gewährleisten. In der Regel dürfte der Lehrer die Aufgabe der Diskussionsleitung übernehmen, aber auch Schüler könnten dieses tun, vor allem in höheren Klassen. Auch für diese Form gilt, dass das ausgewählte Thema das Interesse der Schülerinnen und Schüler bestimmt.

Diese Form der inhaltlichen thematischen Auseinandersetzung hat eine schon längere Tradition, sie lässt sich auf einen Ansatz zurückführen, der im Rahmen der Reform-Pädagogik (Hylla, Otto, Petersen) entwickelt worden ist und in der damaligen Diskussion unter dem Stichwort »freies Unterrichtsgespräch« etabliert wurde (vgl. dazu Vogt 2002, S. 37 ff.). Diese Tradition ist dann vor allem in den 60er- und 70er-Jahren des 20. Jahrhunderts weiterentwickelt worden (Ulshöfer, Rössner, Grünwaldt). Und auch in der aktuellen Diskussion spielen solche Formen eine wichtige Rolle (vgl. z. B. Wagner 2006).

Ein oft genutztes räumliches Arrangement – *Innenkreis und Außenkreis* – für das Diskutieren ist eine Anordnung, in der Schüler andere Schüler beim Diskutieren beobachten können: Während die aktiven Schüler im Innenkreis diskutieren, werden sie von den anderen Schülern im Außenkreis beobachtet. Diese Form wird auch als »Fishbowl« bezeichnet. Dieses Arrangement hat den Vorteil, dass die jeweiligen Diskussionsprozesse in einer Kleingruppe (5 bis 6 Schüler, wobei die Anzahl der Teilnehmer, die sich im Innenkreis aufhalten, auch höher sein kann) von den anderen Schülern beobachtet werden. Im Anschluss an das Gespräch können dann diese Beobachtungen rückgemeldet werden, um Potenziale und Grenzen von Beiträgen herauszuarbeiten. Dabei gibt es zahlreiche Möglichkeiten, das Arrangement zu variieren: So kann man beispielweise einen leeren Stuhl in den Innenkreis stellen, auf den sich je nach Motivation ein Teilnehmer des Außenkreises hinsetzen kann, um einen eigenen Beitrag in den Diskussionsprozess einzubringen. Anschließend kehrt er dann auf seinen ursprünglichen Platz zurück.

Eine im Unterricht verhältnismäßig oft durchgeführte Form ist die *Pro- und Kontra-Diskussion*, deren wesentliches Kennzeichen es ist, dass zu einer strittigen Frage zwei Gruppen oder Parteien kontrovers Stellung beziehen. In der Regel wird eine solche Diskussion vorbereitet, indem die Schüler in Gruppen gemeinsam zu einer bestimmten Fragestellung jeweils eine der kontroversen Positionen erarbeiten, die dann in der Diskussion diskursiv behandelt wird. In der Regel wird dabei eine Frage thematisiert, die mit *ja* oder *nein* beantwortet werden kann. In einem einschlägigen Lehrwerk (»Texte, Themen und Strukturen«, 1999, S. 73 f.) wird die Pro- und Kontra-Diskussion der Form der Debatte zugeordnet, beispielsweise auch der Bundestagsdebatte. Das Format dient dazu, eine Auflistung von Angriffs- bzw. Verteidigungstechniken vorzustellen, die anhand von konkreten Beispielen aus dem breiten Angebot an öffentlichen Debatten in Funk und Fernsehen gesichtet werden. Anregungen zu einer eigenständigen Durchführung fehlen jedoch. Eine Variante dieses Konzepts stellt die sogenannte »amerikanische Debatte« dar, in der zwei größere Gruppen miteinander diese Konstellation erproben.

Für die Analyse wurde eine *Podiumsdiskussion* ausgewählt – dazu in Teil 4.2.2 mehr.

4.2.2 *Podiumsdiskussion*

Podiumsdiskussionen gehören zu jenen Diskussionsformen, in denen in Gruppen vorbereitete Positionen zu einem Thema gemeinsam erarbeitet werden. Wichtig ist dabei, dass die Vertreter nach unterschiedlichen Gruppen zusammengestellt werden, die aus einer bestimmten Perspektive ein bestimmtes Thema erarbeiten. In der Regel bereiten sich die die Beteiligten in Gruppen auf die Diskussion vor, und ein Mitglied jeder Gruppe nimmt dann an der Podiumsdiskussion teil. Diese bringen dann die in der Vorbereitung erarbeiteten Positionen in die Diskussion ein.

Podiumsdiskussion

Transkription und erste Einschätzung

Das in diesem Abschnitt zu behandelnde Transkript dokumentiert eine Podiumsdiskussion in einer 8. Hauptschulklasse. Sie ist der Abschluss einer Unterrichtseinheit zu dem Thema Handys. Aus diesem Grund sind die Schüler gut informiert über bestimmte Gefahren. Mit der Festlegung unterschiedlicher Rollen (Jugendlicher, Elternvertreter, Vertreter des Kinderschutzbundes und Vertreter einer Handyfirma) ist gewährleistet, dass das Thema kontrovers diskutiert wird. Geleitet wird die Diskussion von einem Diskussionsleiter, der sich ebenfalls in einer Gruppe auf die Diskussion vorbereitet hat. Eine erste Orientierung über das Geschehen verschafft ein Gesprächsinventar.

Übersicht 4.1: Gesprächsinventar Podiumsdiskussion zum Thema
»Handys: ja oder nein?« (Jg. 8, HS)

Flächen	Beteiligte	Inhalte
01.01.16	Dl, F, E, Kb, S	Jugendliche und Handys
16–30	Dl, J, F, E, Kb	Kosten des Handys
30–41	Dl, E, Kb, F	Nutzen des Handys in Gefahrensituationen
41–51	Dl, J,	unterschiedliche Möglichkeiten des Handys
51–56	Dl, Kb, E	Handys sollten ab welchem Alter zugänglich sein?
56–69	E, F, Kb	Gefahren des Handys
69–90	Dl, E, F, J	Kosten der Handynutzung
90–110	Dl, F, E, Kb	Perspektiven der Kosten: Werden sie steigen?
110–120	Dl, J	ungleiche Verteilung der Handynutzung: Reiche gegen Arme
120–130	Dl, E, Kb	Ab welchem Alter sollte man ein Handy haben?
130–141	Dl, Kb, J	Technik des Handys
141–155	Dl, F, J	Kosten für das Handy am Beispiel von Klingeltönen
155–159	Dl, Kb, E	Abschluss

Bei einer ersten Sichtung fällt auf, dass der Diskussionsleiter angemessen vorbereitet ist: Er sorgt immer wieder dafür, dass neue Aspekte eingebracht werden, indem er die einzelnen Vertreter direkt anspricht und so dafür sorgt, dass die Diskussion kontinuierlich verläuft. Die Vertreter der einzelnen Positionen haben Gelegenheit, ihren Standpunkt zu den einzelnen Teilaspekten in den Diskussionsprozess einzubringen. Darüber hinaus nutzen sie auch die Gelegenheit, gegensätzliche Standpunkte zu akzentuieren, z. T. auch unter Nutzung eines jugendsprachlichen Registers. Es werden wichtige Gesichtspunkte eingebracht, die für die Einschätzung eine große Rolle spielen.

In diesem Abschnitt erarbeiten die beteiligten Schüler gemeinsam die folgenden Argumentstrukturen (vgl. Abb. 4.1).

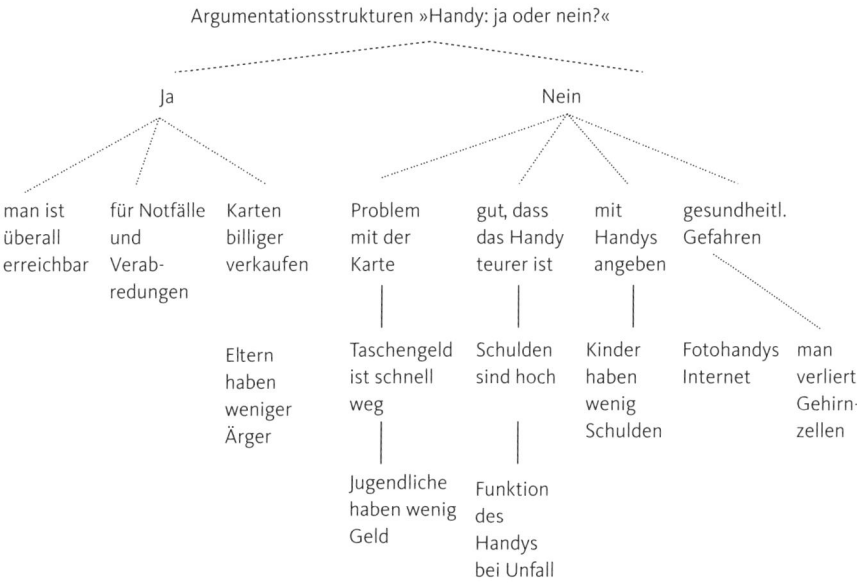

Abb. 4.1: *Argumentationsstrukturen »Handy: ja oder nein?«*

Quantitative Analyse

Um die *kontextuelle* Ebene zu erfassen, wird zunächst die Länge der einzelnen Beiträge der beteiligten Schüler ausgewertet. Die insgesamt 94 Beiträge verteilen sich wie folgt auf die beteiligten Schüler.

In dieser Diskussion lassen sich zwei Typen von Beiträgen klassifizieren: Während die längeren dazu dienen, einen bestimmten Standpunkt ausführlicher darzustellen und durch Begründungen zu stützen, sind die kürzeren Beiträge funktional einem lokalen Gesprächsmanagement zuzuordnen: Die Schüler beziehen sich mit kurzen Äußerungen auf ihre Vorredner, sodass es bisweilen schwierig ist, sie in ihrer Funktionalität zu bestimmen. Besonders aktiv ist in dieser Hinsicht der Vertreter der Handyfirma, der mit kurzen provokativen Beiträgen die an ihn herangetragenen Forderungen kontert. Auffällig ist, dass bis auf den Vertreter der Handyfirma und den Diskussionsleiter alle Repräsentanten von so-

Kontextuelle Ebene

zialen Gruppen mit längeren Beiträgen ihre Positionen den anderen Gesprächsteilnehmern deutlich machen. Das weist auch darauf hin, dass die Schüler inhaltlich angemessen vorbereitet in diese Diskussion gegangen sind – nach einer insgesamt sechsstündigen Unterrichtseinheit ein Beleg für eine gute Vorbereitung.

Auf der *elokutionellen* Ebene wird es wieder um die Parameter Formulierungsleistung, stilistische Vielfalt und Perspektivierungsgrad gehen. Die Formulierungsleistung der Schüler, die längere Beiträge in den Diskussionsprozess einbringen, ist positiv einzuschätzen, denn es zeigt, dass sie in der Lage sind, ihre Position mit gut vorbereiteten Argumenten einzubringen. Zudem bringen sie mit den jeweiligen Beiträgen eine differenzierte Position in Hinblick auf den Gegenstand ein. Bei dem Kriterium der stilistischen Vielfalt lassen sich zwei Ebenen ausmachen, von der regionalen Einfärbung ganz abgesehen: Zum einen stehen im Bereich der kurzen Äußerungen die jugendsprachlich geprägten Formulierungsleistungen im Mittelpunkt, während die längeren Beiträge durchaus standardsprachliches Niveau erreichen. Da es den beteiligten Schülern gelingt, die jeweils vertretene Position auch sprachlich angemessen auszudrücken, lässt sich sagen, dass es im Wesentlichen gelungen ist, die Perspektivierung einer Position zu artikulieren, die nicht unbedingt die eigene ist.

Übersicht 4.2: Formate in der Diskussion

Format	DL	EV	Firma	KB	J	Gesamt
Organisation	25	1	–	–	–	26
Elementar	3	2	9	6	1	21
Standard	1	7	3	1	3	15
Erweitert	–	1	–	2	4	7
Komplex	–	–	–	–	–	–
Abduktion	–	4	6	2	–	12

Kognitive Ebene   Für die *kognitive* Ebene lässt sich sagen, dass es den Schülern gelingt, die von ihnen vertretenen Standpunkte konsequent zu formulieren und so einen produktiven Beitrag für die Prozessierung der Diskussion zu leisten. Dies zeigt der Blick auf die jeweiligen Formate der Beiträge.

Übersicht 4.3: Formate der Beiträge

(STR: Strukturierung, BEI: Beitrag, ÜBL: Überlappung, TÜV: Turnübernahmeversuch, HS: Hörersignal, EW: Einwurf, KO: Kommentar)

	Sprecheraktivitäten				Höreraktivitäten		
	STR	BEI	ÜBL	TÜV	HS	EW	KO
DL	25	2	1	1	1		4
EV		14			1	1	4
Firma		12			1		10
KSB		8			1	1	3
Jugend		7					1

Es zeigt sich, dass der Diskussionsleiter im Wesentlichen damit beschäftigt ist, die Diskussion zu strukturieren, was ihn aber nicht daran hindert, auch gelegentlich thematische Beiträge zu äußern. Der Elternvertreter bringt seine Position meist im Standardformat ein, lediglich einmal nutzt er das erweiterte Format. Darüber hinaus ist die Anzahl der Abduktionen erstaunlich – wobei die Klassifikation an diesem Punkt etwas unscharf ist. Es handelt sich um eher kurze Beiträge, die in Interaktion mit dem Vertreter des Kinderschutzbundes von beiden Schülern in provokativer Absicht eingebracht werden. Dessen Beiträge zeichnen sich vornehmlich durch ihre Kürze und Prägnanz aus, sie besitzen darüber hinaus auch provokatives Potenzial. Der Vertreter des Kinderschutzbundes beteiligt sich ebenfalls daran, darüber hinaus trägt er mit insgesamt neun argumentativen Beiträgen durchaus intensiver zum Gespräch bei, wenngleich seine Argumente meist im Elementarformat eingebracht werden. Quantitativ gesehen beteiligt sich der Jugendliche am wenigsten am Gespräch, er liefert aber die komplexesten Argumentationen. Insgesamt zeigt sich, dass die Schüler durchaus am Thema interessiert sind und dies interessiert und engagiert diskutieren.

Kommen wir abschließend zur Untersuchung der *sozialen* Ebene. Die Untersuchung der interaktiven Funktion von Äußerungen macht deutlich, dass die beteiligten Schüler sich intensiv mit dem Thema beschäftigt haben: Dies zeigt die Übersicht über die Sprecher- und Höreraktivitäten.

Soziale Ebene

Während der Diskussionsleiter vorwiegend strukturierend tätig ist, zeigt es sich, dass im Wesentlichen der Elternvertreter sowie der Vertreter der Handyfirma positiv zum Verlauf der Diskussion beitragen. Dabei ist allerdings darauf zu verweisen, dass sie deutliche kürzere Beiträge einbringen als etwa der Jugendliche. Interessant ist auch die quantitative Verteilung bei den Höreraktivitäten, denn hier zeigt es sich, dass fast alle Beteiligten durch kurze Kommentare sich auf vorangegangene Äußerungen beziehen. Aber auch andere Formen der interaktiven Bearbeitung sind registriert wie etwa Einwürfe und Kommentare. Insgesamt wird deutlich, dass der Diskussionsleiter konsequent strukturiert, indem er dafür sorgt, dass jeder Vertreter einer Position Gelegenheit bekommt, seinen Standpunkt in dem Diskussionsprozess zu artikulieren.

Im Diskussionsprozess: Qualitative Analyse eines Ausschnitts

Qualitative Analyse eines Ausschnitts

Die folgende qualitative Analyse beschäftigt sich mit der Frage, wie die Schüler das Format »Podiumsdiskussion« nutzen, um Argumente zu entwickeln. Ausschlaggebend für die Auswahl war, dass in diesem Abschnitt zwei Vertreter relativ engagiert ihre unterschiedlichen Positionen ausgetragen haben.

»Handys: ja oder nein?« Sicht des Jugendlichen/Gefahren durch Handys

Sprechersiglen: Dl: Diskussionsleiter, Ju: Jugendlicher, Kb: Vertreter Kinderschutzbund, EV: Elternvertreter, F: Vertreter einer Handyfirma, Pb: Publikum

01 Dl /1/ und sie wo sie sind doch der Jugendliche was ham sie noch
        für/ [für Vorschläge oder Probleme
02 Ju [ja   also manche Kinder wolln
        auch nur mit dem Handy auch ähm in irgendwelche Gruppen
        oder so und damit angeben das se son tolles Handy haben zum
        Beispiel Fotohandys oder so die wo dann andere Systeme haben
        wo dann ins Internet kann oder manche wolln nur angeben des
        isch halt auch denne ihre Sache aber ich find Handys sind halt
        auch nur für Notfälle oder <u>für</u> Termine zum Sachen mit
        Freunden ausmachen oder sowas und dann kann man die
        Rechnung auch noch zahlen
03 Dl /2/ und sie was sagen sie ab wann sollten die Jugendlichen
        eigentlich ein Handy haben
04 Kb also ich denk mal erst ab 18
05 Dl Sie was sagen sie (schaut den Elternvertreter an)
06 EV ja mit 18 da hat man dann en Auto da kann man dann schneller
        hin fahrn also (..) ich finds blöd /3/ aber ich hab auch an sie ne
        Frage ((schaut den Vertreter der Firma an)
07 Fi ja

08 EV zum Beispiel mit den Strahlungen stimmt des dass we wenn
　　　 mer des die ganze Zeit an hat auch nachts über das das mer
　　　 dann Gehirnzellen verliert oder sowas

09 F　 da müssten se meine Forschungsabteilung fragen

10 EV [okay

11 Pb [((lachen))

12 Kb des find ich auch des Handy strahlt zu viel

13 Fi　 die Mikrowelle strahlt auch

14 Kb [red mer jetzt von Mikrowelle

15 Fi　 [　　　　　　　　 und der Fernseher und die werden auch nicht
　　　 [abgeschafft　　　　 ((lacht))

16 Kb [　　　　　 es strahlt trotzdem

17 Dl　 aber aber da kann jetzt die Firma nix dafür die baut se ja net

18 Kb ja aber se bietet se an

19 F　 ja ich hab ja net gesagt dass se de Strahlen (…)

20 Dl　 ja ja die Firma will ja au nur ihr Geld verdienen

21 Kb ja . (schmunzelt) dann müssen se sich halt was anders suchen

22 F　 nun hörn sie mal

23 Dl　 /4/ wie sie finanzieren einver äh einverstanden wären wenn ihr
　　　 Sohn nur einmal im Monat ne Karte kaufen würde

Insgesamt lassen sich in diesem Transkript drei Segmente identifizieren. **Einteilung in** Zunächst beantwortet der Jugendliche die Frage des Diskussionsleiters, **drei Segmente** welche Probleme er benennen und welche Vorschläge er einbringen könne (1). Im Anschluss daran geht es um die Frage, ab welchem Alter Jugendliche ein Handy nutzen sollten (2). Und schließlich geht es um den Aspekt der Gesundheitsgefährdung durch Strahlen (3).

Segment (1) wird eingeleitet durch eine relativ offene Frage des Dis-kussionsleiters an den Jugendlichen, die sich auf Probleme und daraus resultierende Vorschläge bezieht (1). Der Schüler, der die Position des Jugendlichen einnimmt, thematisiert den Aspekt des Sozialprestiges von »guten« Handys: Solche Handys würden Jugendliche nur nutzen, um damit *anzugeben*. Er nennt die technischen Potenziale dieser Han-dys, um deutlich zu machen, dass man sie nicht wirklich braucht. Er resümiert seine Ausführungen mit der Einschätzung, dass sei ihre Sache, dass sie damit angeben. Im Anschluss daran benennt er die seiner Mei-nung nach positiven Eigenschaften von Handys, dass sie nämlich er-möglichen, sich in Notfällen zu melden, bzw. sich mit Freunden zu ver-abreden. Wenn die Handys nur dafür genutzt würden, könne man sie auch bezahlen. Die vorgetragene Argumentation ist komplex, sie kann dem erweiterten Beitragsformat zugeordnet werden, da nicht nur die Gründe für eine Handynutzung angegeben, sondern auch andere Nut-zungsmöglichkeiten kritisch beurteilt werden.

Segment (2) beginnt damit, dass der Diskussionsleiter im Anschluss einen anderen Aspekt thematisiert, indem er sich an den Vertreter des Kinderschutzbundes wendet mit der Frage, wie alt Jugendlich denn sein sollten, wenn sie ein Handy benutzen. Dieser beantwortet die Frage, indem er die Altersangabe 18 Jahre nennt. Der Diskussionsleiter fragt im Anschluss den Elternvertreter. Dieser ironisiert in seiner Antwort den vorher gemachten Vorschlag, indem er auf einen anderen Aspekt hinweist, nämlich dass dann der Jugendliche Auto fahren dürfe. Er schließt dieses Segment, indem er seine kontroverse Meinung zum Thema ausdrückt: *ich finds blöd*. Die Frage wird nur eher oberflächlich behandelt und nicht weiter problematisiert.

Dann wendet er sich an den Vertreter der Handyfirma und leitet so Segment (3) ein. Er markiert zunächst seine Intention (*ich hab auch an Sie ne Frage*), um im Anschluss daran die Gesundheitsgefährdung von Handys zu thematisieren. Er fragt, ob es stimme, dass Handys durch Strahlen die Gesundheit gefährden, genauer: ob man denn Gehirnzellen verliere. Der Vertreter der Handyfirma weiß darauf keine Antwort und verweist auf die Forschungsabteilung, der man sinnvollerweise diese Fragen stellen müsste. Nachdem der Elternvertreter dies zur Kenntnis genommen hat, schließt sich der Vertreter des Kinderschutzbundes an, indem er behauptet, das Handy strahle zu viel. Daraufhin kontert der Firmenvertreter, dass ja auch die Mikrowelle strahle. Er wird unterbrochen durch den Einwand des Vertreters des Kinderschutzbundes (im Folgenden abgekürzt: Kb), ob man denn jetzt von der Mikrowelle rede, was ihn aber nicht daran hindert weitere Beispiele von strahlungsintensiven Geräten (Fernseher) zu bringen. Kb bleibt bei seiner Behauptung, dass das Handy trotzdem strahle. Der Diskussionsleiter gibt zu bedenken, dass die Firma nichts dafür kann, denn sie baue sie ja nicht. Kb wendet dagegen ein, dass sie sie durchaus anbiete. Der Vertreter der Handyfirma will auch noch etwas einwenden, wird aber vom Diskussionsleiter unterbrochen, der darauf hinweist, dass die Firma doch bloß Geld verdienen wolle. Kb sagt lächelnd, dass die Firma sich was anderes suchen müsse, woraufhin der Handyvertreter seinen Unmut kundtut (*nun hörn sie mal*). Mit dieser Bemerkung ist die Interaktion innerhalb dieses Segments abgeschlossen, denn der Diskussionsleiter thematisiert einen neuen Aspekt.

Es gibt durchas alternative Arrangements, allerdings bleibt der Fokus bei diesem Arrangement vor allem darauf, dass sich die daran beteiligten Schülerinnen und Schüler in einem gewissen Rahmen kontrovers mit einem Thema auseinandersetzen. Dies setzt voraus, dass sie sich in Gruppen einen spezifischen Standpunkt erarbeitet haben, den im Anschluss ein Mitglied in die Diskussion einbringt, sodass sich alle an der Diskussion Beteiligten damit auseinandersetzen können. Aber auch hier sind Variationen denkbar: So muss beispielsweise das Thema nicht unbedingt als Ja- oder Nein-Frage formuliert werden, es kann auch anders und allgemeiner gestellt werden, z. B. »Integrationsprobleme von Einwanderern« – dazu ließen sich viele thematische Vorschläge machen, die dann in einem entsprechenden Setting bearbeitet werden.

4.2.3 Chancen und Risiken

Diese Form der Diskussion ist ein Beispiel dafür, dass es eine ausgefeilte Vorbereitung auf die Diskussionsprozesse geben muss, insofern sie dazu dienen, unterschiedliche Sichtweisen auf einen Gegenstand zu thematisieren. Grund für diese Perspektivvielfalt sind die Interessen der jeweils agierenden Schüler: So kann in dem o. a. Beispiel davon ausgegangen werden, dass es den Beteiligten schwergefallen ist, sich auf andere Sichtweisen einzulassen, da sie mit 13 oder 14 Jahren nicht so daran gewöhnt sind. Später fällt dies sicher leichter. Von daher eignet sich dieses Arrangement – ebenso wie das »Innenkreis-Außenkreis«-Arrangement – vor allem für den zweiten Teil der Sekundarstufe I und die Sekundarstufe II. Risiken in diesem Arrangement würden dann bestehen, wenn es den beteiligten Schülerinnen und Schülern nicht gelingt sich angemessen für das ausgewählte Thema zu interessieren. Dann wäre auch das Setting einer Podiumsdiskussion nicht unbedingt angemessen, es wäre dann sinnvoller, das Thema im Plenum der Klasse zu thematisieren.

Abschließend lässt sich resümieren, dass die Schülerinnen und Schüler der 8. Realschulklasse nunmehr doch aktiv und interessiert über das vorgegebene Thema diskutieren und sich vor den anderen Schülern für oder gegen gewisse Aspekte aussprechen. Dabei werden sie von allen anderen beobachtet – insofern lässt sich diese Form der Diskussion als eine schülerzentrierte Auseinandersetzung mit bestimmten vorgegebenen Themen bezeichnen.

Ergebnisse der Analyse

4.3 *What's about jobs?* Englischunterricht in einer 9. Realschulklasse

4.3.1 Einige Grundlagen – was ist das Besondere am Englischunterricht?

In diesem einleitenden Abschnitt werden die Spezifika des Englischunterrichts herausgearbeitet. Es wird zunächst um die besonderen Anforderungen dieser Sprache gehen. Im Anschluss werden einige einschlä-

Englischunterricht in verschiedenen Perspektiven

gige fachdidaktische Konzepte vorgestellt, auch unter Berücksichtigung der in den Lehrplänen entwickelten Ziele des Englischunterrichts. Ergänzt wird diese Übersicht durch eine knappe Darstellung der historischen Entwicklung des Schulfachs.

Besonderheiten des Englischen

Das Englische gehört zu den etwas schwierigeren Sprachen der Welt, weil vor allem das Verhältnis von Schreibung und Lautung extrem kompliziert ist. Ursache dafür ist, dass das Englische bereits im 18. Jahrhundert orthographisch normiert wurde, sich jedoch die Aussprache seitdem deutlich verändert hat. So gibt es beispielsweise neun verschiedene Schreibweisen, mit denen das phonologische /i:/ orthographisch realisiert wird: *meet, be, sea, key, quay, ski, deceit, field, people.* Und auch gleiche Grapheme können unterschiedliche Phonementsprechungen haben. Darüber hinaus gibt es auch Unterschiede zwischen dem britischen und amerikanischen Englisch (*connexion – connection, judgement – judgment usw.*). Dennoch ist es aufgrund der dominierenden Stellung der Kolonialmacht England zwischen dem 17. und 20. Jahrhundert gelungen, die in diesem Zeitraum eroberten Kolonien auf diese Sprache festzulegen, sodass Englisch zu den wichtigsten Sprachen der Welt gehört. Das lässt sich auch im Schulunterricht beobachten, denn seit ca. zehn Jahren wird Englisch bereits in der Grundschule unterrichtet. Historisch betrachtet beginnt der Schulunterricht im Fach Englisch in Deutschland schon früher, nämlich im 18. Jahrhundert mit ersten Ansätzen, im 19. Jahrhundert dann mit der Etablierung von Englisch als Schulfach. Als erste Fremdsprache wurde sie interessanterweise 1937/38 von den Nationalsozialisten in Deutschland festgelegt. Nach dem Krieg wurde sie dann – zumindest in der Bundesrepublik – zur wichtigsten ersten Fremdsprache, während in der ehemaligen DDR vor allem Russisch unterrichtet wurde. Seit 1964 ist dann aufgrund des Hamburger Abkommens zur zentralen Sprache an den Haupt- und Realschulen sowie Gymnasien geworden. Soweit in aller Kürze zur Geschichte des Faches.

Englisch unterrichten

Bei der Konzeptualisierung von Unterricht muss berücksichtigt werden, wie die Lehr- und Lernperspektive in theoretischen und in an der Praxis orientierten Beiträgen gestaltet werden. Dabei sind vor allem auch die unterrichtlichen Rahmenbedingungen zu beachten, die sich nachhaltig auf die Tragfähigkeit von didaktischen Konzepten auswirken. Mithilfe solcher Konzepte lassen sich die Ziele des Englischunterrichts relativ allgemein beschreiben, denn es soll im Wesentlichen um den Erwerb von Wissen über Sprache, Sprachgebrauch und Kulturen gehen, sodann dem Einüben von Können in Hinblick auf sprachliche Fähigkeiten und dem Wecken von Einstellungen zu Sprache, zu Menschen verschiedener kultureller Hintergründe usw. Dieses Konzept lässt sich in Hinblick auf weitere Aspekte ausdifferenzieren, nämlich zunächst in die kommunikative Kompetenz. Damit sind Dimensionen der Grammatik, der Soziolinguistik sowie der Diskurskompetenz erfasst. Allerdings dürfte es zudem sinnvoll sein, zwischen handlungs- und situationsbezogenen Fähigkeiten und sprachlichem Wissen bzw. Fertigkeiten zu unterscheiden. Von daher stehen im Englischunterricht die Spezifika der englischen Sprache im Mittelpunkt, und die Art und Weise, wie sie produktiv für das eigene Handeln genutzt werden können. Zudem muss dabei auch berücksichtigt werden, dass es in der Regel länger dauert, bis die Schüler so gut Englisch sprechen, dass sie diese Sprache eigenständig zur Kommunikation nutzen können. Die wesentlichen Unterrichtsziele sind beispielsweise die angemessene Aussprache – was, wie oben gezeigt, nicht so ganz einfach ist –, die Nutzung eines bestimmten Wortschatzes, die Regeln der englischen Grammatik erarbeiten und schließlich im Diskurs, verstanden als Realisierung des konkreten Sprachgebrauchs, bestimmte Aspekte interaktiv verbal zu bearbeiten, etwa in einer Podiumsdiskussion oder einer Debatte. Schließlich geht es auch noch darum, die Sprachbewusstheit zu fördern, also eine reflektierte Beziehung zu den sprachlichen Besonderheiten des Englischen zu entwickeln.

Das alles ließe sich noch weiter ausdifferenzieren, für den aktuellen Bezug auf das Fach und den konkreten Unterricht müssen allerdings noch diejenigen Aspekte in Betracht gezogen werden, mit deren Hilfe das Sprechen des Englischen weiter verbessert werden kann. So werden die folgenden grundlegenden mündlichen Fähigkeiten genannt: Bei der rezeptiven Sprachverarbeitung steht das Hören im Mittelpunkt des Interesses, bei der produktiven das monologische und das interaktive Sprechen, und bei der sprachvermittelnden Verarbeitung das Dolmetschen. Weiter ausdifferenziert wird dieses Konzept, wenn es um das Sprechen geht. Dabei sind vor allem die Aspekte von Bedeutung, in denen es um die sprachangemessene Aussprache geht. Und – wie schon oben erwähnt – in dieser Perspektive wird es schwierig, da die Aussprachekonventionen im Englischen eher als kompliziert einzuschätzen sind. Dieser Aspekt macht es erforderlich, einen wesentlichen Schwerpunkt auf das Erlernen der richtigen Aussprache zu legen, was jedoch auch zur Folge hat, dass die Schülerinnen und Schüler zunächst nur jeweils kurze Beiträge einbringen – das liegt unter anderem daran, dass die Aussprachekonventionen im Deutschen um einiges einfacher sind als im Englischen.

Im Anschluss soll ein fachdidaktisches Konzept vorgestellt werden – in aller Kürze. Das Buch »Englischdidaktik. Praxishandbuch für die Sekundarstufe I und II« von Doff/Klippel (2007) steht im Mittelpunkt des Interesses. Die Darstellung der didaktischen Aspekte des Englischunterrichts ist differenziert, wenngleich auch hier zu beobachten ist, dass

Didaktik des Englischen

keine empirischen Dokumentationen berücksichtigt werden. Für den Aspekt der Vermittlung von Inhalten wird ein ganzes Konzept im Umfang von ca. 120 Seiten entwickelt. Neben den Zielen des Englischunterrichts stehen vor allem die Gegenstandsbereiche mit den jeweils spezifischen Unterrichtsverfahren im Zentrum der Überlegungen. Es werden auch die spezifischen Fertigkeiten wie Verstehen, Sprechen und Schreiben sowie das Dolmetschen eingebracht. Neben dem Bereich des interkulturellen Lernens werden auch die Bereiche Texte und Literatur sowie Materialien und Medien berücksichtigt. Die beiden Teile über die Lehr- sowie die Lernperspektive geben differenziert Aufschluss über die für den Unterricht zentralen Aspekte. Dabei wird auch die Interaktion im Klassenzimmer genauer untersucht – unter Berücksichtigung der Besonderheiten der Interaktion, die öffentlich ist und die Rollen der Beteiligten in der Institution Schule einbezieht (Doff/Klippel 2007, S. 176 f.). Interessant ist auch noch der Verweis auf den *Classroom Discourse*, der in Hinblick auf Lerngelegenheiten sowie ein Zeitmanagement ausdifferenziert wird. Weiterhin steht noch die Lehrersprache im Fokus der Aufmerksamkeit, und zwar unter Berücksichtigung der Aspekte Sprechzeit, Qualität und Quantität sowie der Sprechgeschwindigkeit. Und schließlich werden noch zahlreiche Funktionen der Lehrersprache benannt: Scaffolding, Fragen, Aufgaben formulieren usw. (Doff/Klippel 2007, S. 179–186).

Insgesamt wird in diesem Buch ein sehr differenziertes Konzept zur Durchführung des Englischunterrichts entwickelt, das auch gut geeignet, um dieses Fach erfolgreich zu unterrichten. Allerdings werden auch hier keine spezifischen Unterrichtsdokumentationen genutzt, um zu einer möglicherweise differenzierteren Thematisierung der fachlichen Besonderheiten zu kommen.

4.3.2 Jobs – ein Transkript

In einer 9. Realschulklasse unterrichtet ein Lehrer das Thema »Berufe« oder – auf Englisch – *jobs*. Die Schüler sitzen in einem lehrerzentrierten Tableau, nämlich alle in Orientierung auf die Person, die den Unterricht durchführt. Ein immer noch übliches Setting, auch wenn in anderen Fächern bisweilen ein anderes Tableau gewählt wird.

Der Aufbau der Stunde ergibt sich nach dem Transkript in der folgenden Form:

Verlauf der Stunde	00:00–00:16 Begrüßung
	00:16–05:43 Pantomime
	05:43–10:25 Lehrer operiert mit Tageslichtprojektor und zeigt Bilder

10:25–20:32 Stillarbeitsphase
20:32–22:09 Auswertung im Plenum
22:09–26:05 Nächste Aufgabe
26:05–28:54 Auswertung
28:54–30:06 Aufgabenstellung
30:06–33:06 Stillarbeit
33:06–38:35 Gruppenzirkel mit Erläuterungen
38:35–45:45 Zwei Übungen
45:46–47:23 Abschluss

Für die Analyse wurden drei verschiedene Situationen ausgewählt, nämlich die Einstiegsphase, eine Zwischenphase sowie das Stundenende. Hinzuweisen ist noch auf die Tatsache, dass die Stunde nur in der Zielsprache Englisch durchgeführt wird. Beginnen wir mit der Einstiegsphase.

00:00–00:05	L	Good morning Ladies and Gentlemen.
00:05–00:10	Kl	Good morning Mister A.
00:10–00:16	L	Ah I see, I see. You wake up at the moment, that's fine. A very warm welcome. Good morning.
00:16–00:25	L	Well, I would say we start with a short little game. We start with a pantomime game. Pantomime.
00:25–00:33	L	I guess you did such a game last year with Miss M. and you all know what it is about.
00:33–00:47	L	I give you an example. I have got a job here. A job you can learn. Here. And one person here shows the class but without … talking, O.K.?
00:47–00:54	L	So, I give you one example. Very easy. The word here and now
00:54–00:59	C	(L zeigt auf sich und tut dann so, als ob er an die Tafel schreibt.)
00:59–01:04	L	What is the job here? (lacht)… Hm? Very easy, isn't it?
01:04–01:05	S	Teacher.
01:05–01:07	L	Exactly.

Erster Analyseschritt

Der Lehrer begrüßt zunächst die Schüler, indem er sie als *Ladies and Gentlemen* anspricht. Die Schüler antworten (stehend) so, dass sie auch seinen Namen ansprechen. Danach setzen sie sich wieder. Der Lehrer lobt sie für ihre freundliche Begrüßung, indem er seinen Eindruck artikuliert, dass die Schüler gerade aufgewacht wären – eine ironische Vermutung. Anschließend kündigt er sein Unterrichtsvorgehen an, indem er einen spielerischen Schwerpunkt wählt, nämlich ein Pantomimenspiel (*a pantomime game*). Im Anschluss äußert er seine Interpretation der Situation, dass nämlich die Schülerinnen und Schüler dieses Spiel bereits mit einer anderen Lehrerin (*Miss M.*) durchgeführt haben und über alle Potenziale des Spiels Bescheid wissen. Dann führt er ein Beispiel an: Er habe hier einen *job* bekommen, den man auch gut erlernen könne, und zwar genau auch in diesem Raum. Eine Person würde der Klasse zeigen, wie das Lernen funktioniert, und zwar ohne zu sprechen. Er gibt den Schülern ein Beispiel, das er als *very easy* einstuft. Dann tut er so als, würde er genau dieses Wort an die Tafel schreiben, um anschließend die Schüler zu fragen, um welchen *job* es hier nun gehe. Dabei lacht er, um anschließend noch einmal nachzufragen, indem er herausstellt, dass die Frage *very easy* sei. Ein Schüler antwortet mit der Bezeichnung *teacher*, deren Richtigkeit auch der Lehrer herausstellt.

Im folgenden Teil stellt eine Schülerin eine Person dar. Sie wird von dem Lehrer aufgefordert, eine bestimmte Rolle zu spielen. Zunächst also die Transkription.

01:07–01:15	L	So you know what it is about? Are there volunteers? Who wants to start? I give you a job and you start. Eh … O.K. Christine, could you come?
01:15–01:16	S	Yes.
01:16–01:18	C	(S läuft in Richtung Tafel. L nimmt einen Zettel vom Tisch und läuft damit S entgegen.)
01:18–01:19	L	Here is the job.
01:19–01:27	C	(L gibt S den Zettel.)
01:27–01:29	C	(S zeigt auf den Zettel und flüstert zu L.)
01:29–01:33	L	Yep… How about people working there. Inside this. //
01:33–01:34	S	// Ah O.K. //
01:34–01:35	L	// O.K.?
01:35–01:39	C	(S steht vor der Klasse.)
01:39–01:41	SS	(Kichern)
01:41–01:46	C	(S streckt den Zeigefinger nach oben und legt den Zettel auf den Tisch.)
01:46–01:49	S	Eh. (lacht)
01:49–02:07	C	S macht austeilende Bewegungen mit den Händen. Sie dreht sich einmal hin und her und zeichnet mit ihren Händen ein Viereck in die Luft. Sie macht wieder die austeilenden Handbewegungen und zeichnet das Viereck. Sie reckt den Daumen nach oben.)
02:07–02:08	L	Hm.
02:08–02:15	C	(S zeichnet wieder das Viereck und dann verschiedene Linien in die Luft.)
02:15–02:17	L	Take… Make a guess! Make a guess!
02:17–02:20	C	(S wiederholt die austeilenden Handbewegungen.)

02:20–02:21	L	Yes you can choose a person.
02:21–02:22	S	Eh, Nathalie.
02:22–02:25	S	To work in a band… bank?
02:25–02:26	L	Correct, yes //
02:26–02:27	S	// Yes. //
02:27–02:29	L	// Yes. And the job here is a bank…?
02:29–02:31	S	Clerk.
02:31–02:32	L	Yes, exactly.
02:32–02:33	L	O.K., second one.

Im ersten Schritt fordert der Lehrer die Schüler dazu auf, sich freiwillig zu melden. Zudem macht er ihnen klar, dass er ihnen eine Aufgabe (*job*) gebe, die sie dann erledigen sollen. Nach einer Pause hat sich Christine gemeldet, die nunmehr zur Bearbeitung der Aufgabe nach vorne geht, um sich mit dem Lehrer abzusprechen. Der Lehrer zeigt ihr einen Zettel, auf dem die Aufgabe notiert ist. Sie fragt nach, was sie denn nun machen soll, und der Lehrer vermittelt ihr dies. Dann steht sie vor der Klasse, streckt den Zeigefinger nach oben, um im Anschluss die Hände zu bewegen. Dann dreht sie sich hin und her, um gleichzeitig ein Viereck in die Luft zu zeichnen. Dies wiederholt sie, der Lehrer registriert dies mit einm *hm*. Die Schülerin zeichnet wieder ein Viereck, während der Lehrer sie zweimal auffordert, eine Geste zu machen (*guess*). Die Schülerin wiederholt ihre Handbewegungen. Der Lehrer bittet sie im Anschluss, selbst eine andere Schülerin bzw. einen anderen Schüler aufzufordern. Sie entscheidet sich für Nathalie, die nunmehr die Vermutung äußert, sie arbeite in einer Bank. Der Lehrer sowie die vorne stehende Schülerin bestätigen dies: Sie antworten mit *yes*. Der Lehrer ergänzt seinen Beitrag, indem er noch einmal genauer danach fragt. Die Schülerin antwortet mit der Bezeichnung *clerk* in der Bedeutung von *Angestellter*, die der Lehrer im Anschluss als angemessen bestätigt. Dann kommt die Überleitung zur zweiten Vorstellung.

Mit dieser Sequenz wird eine Stunde eingeleitet, in der es um Berufe unterschiedlicher Art geht. Das zeigt sich dann bei den folgenden Aufgaben. Allerdings ist es dem Lehrer gelungen, mit dem von ihm gewählten Einstieg die Schüler systematisch auf die später zu bearbeitenden Aufgaben vorzubereiten. Es gelingt ihm jedenfalls in der ausgewählten Sequenz, diese Orientierung durch einen motivationsfördernden Einstieg auch faktisch zu realisieren, denn auch die anderen Schüler, die etwas vorspielen sollen, nutzen die Gelegenheit, um eine ansprechende Präsentation zu realisieren. Weitere Ergänzungen folgen – diese werden nicht weiter dokumentiert. Es zeigt sich jedoch an dieser Sequenz, mit welcher Aufmerksamkeit der Lehrer an dieser Stelle agiert. Sein interaktiver Umgang mit den Schülerinnen und Schülern ist insgesamt als kooperativ einzuschätzen: Er bemüht sich sehr darum, die Schüler in den Unterricht miteinzubeziehen, und diese nutzen diese Gelegenheit, um die geforderte Vorstellung eines Berufs angemessen zu bewältigen.

Zweiter Analyseschritt   Die zweite Szene findet zwischen der Minute 20:39 und 21:37 statt, es handelt sich um die Auswertung einer Einzelarbeitsphase, in der die Schüler bestimmte Berufe in der Unterrichtssprache Englisch bestimmen sollen. Dazu haben sie ein Blatt mit insgesamt sechs Bildern bekommen, von denen die jeweils gezeigten Berufe zu bestimmen sind. Es beginnt mit einer Sequenz, in der ein Schüler sich ein wenig täuscht.

20:32–20:39	L	All right, Ladies and Gentlemen. I see most of you finished with the exercise.
20:39–20:44	L	So let us have a look … picture A.
20:44–20:55	L	What is the job? We go directly to … B, what is the job for picture A? What did you find from the text? What is the name here?
20:55–21:02	C	(Einige S heben die Hand.)
21:02–21:04	L	Marian, yes.
21:04–21:05	S	A voloncheer (!).
21:05–21:06	L	Pardon?
21:06–21:08	S	Hm, volonteer.
21:08–21:09	L	A volunteer?
21:09–21:10	S	Yes. (lacht)
21:10–21:12	L	No, is not the job here.
21:12–21:19	L	A volunteer means you can do something and you don't get money for it. You do it because you want to do it.
21:19–21:27	L	Perhaps you work in the afternoon with kids and you don't get money, you are a volunteer. You make it without getting money,
21:27–21:31	L	So this is not a job (lacht), you can't have a volunteer as a job. Doesn't work.
21:31–21:33	L	Hm. What else could it be? Luca.
21:33–21:36	S	Eh, he's a job (?)
21:36–21:37	L	Exactly, yes.

Die Sequenz beginnt mit der Aufforderung, die erarbeiteten Ergebnisse in den Unterricht einzubringen – fast alle Schüler sind mit der Bearbeitung fertig. Die Aufmerksamkeit der Schüler wird auf das Bild A orientiert. Der Lehrer fokussiert in seiner Frage den Aspekt des *jobs*, der dargestellt ist. Weitere Hinweise wie die Orientierung auf das Bild oder die Thematisierung des beigefügten Textes folgen. Mehrere Schüler haben sich gemeldet, und der Lehrer entscheidet sich für Marian. Dieser stellt die Vermutung in den Raum, es handle sich um einen *voluncheer*. Dieser Vorschlag veranlasst den Lehrer, noch einmal nachzufragen (*pardon?*), woraufhin der Schüler angemessen von einem *volunteer* spricht. Der Lehrer fragt nach, der Schüler antwortet mit einer Wiederholung des Ausdrucks, wobei allerdings der Lehrer darauf hinarbeitet, dem Schüler deutlich zu machen, dass er nicht den richtigen Ausdruck gewählt hat. Dies erläutert er im Anschluss, indem er darauf hinweist, dass ein *volunteer* jemand ist, der für seine Arbeit kein Geld bekommt, der aber die Arbeit nur ausführt, da er an dem jeweiligen Beruf interessiert ist. Als Beispiel führt er zudem noch an, dass jemand, der ohne Geld zu verdienen, Kinder betreut, ebenfalls als ein *volunteer* zu kategorisieren ist. Als Schlussfolgerung stellt er dann fest, dass dies kein *job* sei: Dieses Muster würde nicht zutreffen. Dann stellt er die nächste Frage an den Schüler Luca, der nunmehr richtig antwortet, dass es sich bei dem Bild um einen *job* handelt. Diese Interpretation bestätigt der Lehrer mit einem *exactly, yes*. Damit ist diese erste Sequenz abgeschlossen. In der folgenden Sequenz werden die einzelnen Bilder behandelt, die aufgerufenen Schülerinnen und Schüler haben die richtige Lösung parat, nämlich *window dressers, cook, camera man* und *machatronic engeneer*. Und im Abschluss erhalten die Schüler die Aufgabe, eine *mind-map* zu dem Thema zu entwickeln.

Das Interesse der Schülerinnen und Schüler an diesem thematischen Schwerpunkt ist relativ groß, sie sind eher engagiert dabei, viele Schüler melden sich und gewährleisten so einen interessanten Vollzug des Unterrichts. Unter dem Aspekt der Tiefenstruktur der realisierten Formen der Interaktion handelt es sich um das Handlungsmuster Aufgabe stellen/Aufgabe lösen. Der Lehrer hat schon vor der Stillarbeitsphase deutlich gemacht, worum es dabei gehen soll, nämlich um eine angemessene Beschreibung der entsprechenden Bilder. Dies wird nun abgerufen, und es scheint so zu sein, dass die Schüler den Erwartungen des Lehrers zentral nachkommen. Bis auf die erste falsche Bezeichnung sind alle anderen von ihm als richtig eingeschätzt worden. Beim ersten Beitrag nimmt er sich die Zeit, ein angemessenes Konzept der Beschreibung zu erarbeiten, indem er den Aspekt einer Tätigkeit ohne Bezahlung ins Zentrum des Interesses rückt. Damit wird nicht nur dem einen Schüler verdeutlicht, dass ein differenzierter Umgang mit einem thematischen Schwerpunkt wie der Arbeitsplatz durchaus sinnvoll sein könnte.

Kommen wir zum Abschluss auf das Ende der Unterrichtsstunde. Die Schüler haben zuvor in Einzelarbeit eine Aufgabe bearbeitet, in der sie falsch zusammengestellte Redensarten wieder richtig konstruieren sollten. Die Ergebnisse dieser Arbeit werden jetzt geprüft und in Hinblick auf ihre Angemessenheit beurteilt.

Didaktische Einschätzung

Dritter Analyseschritt

45:46–45:57	L	So we … go to … correcting exercise A so far. Who can start and read … the statement and … the correction? Bettina, yes.
45:57–46:03	S	»Caron enjoyed cleaning the tiger cages. … Caron didn't enjoy cleaning the tiger cages.« (r)
46:03–46:06	L	Correct. Antonio.
46:06–46:12	S	»Ally's mum's friend is a window cleaner. … Ally's mum's friend is a window dresser.« (r)
46:12–46:19	L	Correct. … Number three? … Yes, Alessandro.
46:19–46:23	S	»Olivia doesn't want to be a (?). … Olivia wants to be a (?).« (r)
46:23–46:27	L	Exactly. Four. … Katharina.
46:27–46:31	S	»She had to cook without a hat. … She had to cook with a hat.« (r)
46:31–46:33	L	Yes. Thorschden?
46:33–46:40	S	Eh »Five. Mike wants to be a film star. … Mike want« (r) eh »want (!) to be a camera man for music videos.« (r)
46:40–46:44	L	Exactly. He she it S: wants to be. Don't miss it!
46:44–46:46	L	Dominic, yes. Number six.
46:46–46:52	L	»Jordan is really … isn't really interested in robotics. … Jordan is really interested in robotics.« (r)
46:52–46:56	L	Exactly. And the last one, Luca.
46:56–47:03	S	Eh »He can't speak German. … Wrong. He can speak German because his mother is from Germany.« (r)
47:03–47:04	L	That's it.
47:04–47:09	L	O.K., Ladies and Gentlemen. That's it for today.
47:09–47:19	L	I gave you your homework yesterday, so no new homework. And we concentrate on exercise B as soon we're back next lesson. All right?
47:19–47:23	L	Have a nice day and see you after the break.

Zunächst orientiert der Lehrer auf die von ihm gestellte Aufgabe, nämlich die Fehler in den einzelnen Sprichwörtern zu korrigieren. Dies wird von den Schülern in sieben Fällen auch geleistet: sie drehen dies jeweils um und entwickeln so eine angemessene Lesart dieser Redensarten. Wichtig ist dabei vor allem der Aspekt der Negation, der korrigiert werden muss. Und das gelingt auch den Schülern, die aufgerufen werden. Die Schüler lesen jeweils das Statement, um es im Anschluss in richtiger Form wiederzugeben. So zum Beispiel Bettina, die die Behauptung »*Caron enjoyed cleaning the tiger cages. … Caron didn't enjoy cleaning the tiger cages.*« angemessen korrigiert. Und das tun auch die anderen sieben aufgerufenen Schüler, die auf diese Weise zeigen, dass sie die ihnen gestellte Aufgabe angemessen bearbeitet haben. Mit der Äußerung *that's it* macht der Lehrer deutlich, dass die Zeit abgelaufen ist, die Stunde demnächst zu Ende sein dürfte. Er wiederholt dies noch einmal, um anschließend auf die Hausaufgaben hinzuweisen, die er den Schülerinnen und Schülern bereits am Tag vorher gegeben hat. Schließlich orientiert er noch darauf, dass die Aufgabe B in der nächsten Stunde behandelt wird, nämlich nach der angekündigten Pause.

Mit dieser Sequenz bringt der Lehrer die Stunde zum Ende. Die Schüler haben sich in der ganzen intensiv mit dem Thema Jobs beschäftigt, haben auch die Arbeitsaufträge des Lehrers angemessen erledigt. Sie haben sich in den inhaltlichen Schwerpunkt – nämlich die Orientierung auf das Arbeitsleben – intensiv eingelassen, wenn auch die Äußerungen manchmal etwas knapp bleiben. Das hängt wahrscheinlich auch damit zusammen, dass die sprachliche Realisierung des Englischen um einiges schwieriger sein dürfte als im Deutschen – wie schon in der Einführung erwähnt. Dennoch waren die Schüler insgesamt sehr an dem Unterrichtsschwerpunkt *jobs* interessiert, sie haben sich sehr intensiv mit dem vom Lehrer ausgewählten Thema beschäftigt. Der Lehrer hat insgesamt relativ reflektiert bzw. differenziert agiert, er hat die von ihm ausgewählten Schwerpunkte relativ angemessen vermittelt und auf diese Weise das Interesse der Schüler geweckt. Diese haben in ihren Aktivitäten gezeigt, dass sie interessiert an dem ausgewählten Thema waren und haben dies durch ihr Engagement in den einzelnen Phasen des Unterrichts auch deutlich gezeigt. Allerdings könnte auch vermutet werden, dass ihr Interesse vor allem auch dadurch erzeugt wurde, dass die Stunde gefilmt wurde – und in der letzten Reihe saß an einem Einzeltisch ein Lehrer, der den aktiven Lehrer beobachtete. Dies muss bei der Analyse auch noch berücksichtigt werden. Im abschließenden Teil wird es um Potenziale und Risiken dieses Unterrichtskonzepts gehen.

Zusammenfassung und Kommentar

4.3.3 Chancen und Risiken

Mit einem für Schüler des Jahrgangs 9 der Realschule interessanten und relevanten Thema, nämlich der Art und Weise, wie man sich beruflich orientieren kann, gelingt es dem Lehrer, die Schüler für zu motivieren. Sie arbeiten insgesamt interessiert mit, und auch in den Stillarbeitsphasen ist dieses zu beobachten. In den ausgewählten Szenen aus dem Unterricht zeigt sich, dass die Schülerinnen und Schüler sich sehr für das Thema interessieren. Dies hat sicher auch etwas damit zu tun, wie der Lehrer durch die Verteilung von Darstellungsaufgaben am Anfang der

Analyseergebnisse

Stunde die Aufmerksamkeit der Schüler auf bestimmte Aspekte von verschiedenen Berufen gelenkt hat. Vor allem der ersten Schülerin ist es sehr gut gelungen, diese beruflichen Schwerpunkte angemessen darzustellen. In den weiteren daraufolgenden Selbstinszenierungen war dies um einiges einfacher. Mit der Bilddarstellung hat es der Lehrer auch geschafft, die Schülerinnen und Schüler auf den zweiten inhaltlichen Schwerpunkt zu fixieren, der dann in Kleingruppenarbeit bearbeitet wurde. In der anschließend erfolgten Auswertung werden die jeweiligen Berufe adäquat beschrieben – bis auf den ersten, der es versäumt hat, sich mit den Besonderheiten des *volunteers* zu beschäftigen. Es folgt die nächste Aufgabenstellung, die die Schüler dann im Anschluss bearbeiten. Diese wird dann relativ genau ausgewertet, und die letzte Aufgabe, die einzelnen Sätze umzuformieren, wird durch die Schüler relativ genau bearbeitet. Insgesamt ist es dem Lehrer gelungen, die Schüler für den Gegenstand zu motivieren, sodass sie sich intensiv am Unterricht zu beteiligen.

Trotzdem gibt es auch gewisse Risiken, denn man weiß nie genau, ob die Schülerinnen und Schüler sich in jedem Fall engagiert beteiligen werden, denn manche dürften an dem Thema kein oder nur wenig Interesse haben. Dies hat der Lehrer dadurch abgewendet, dass er die Schüler vor allem am Anfang direkt mit in das Stundenkonzept mit einbezogen hat. Damit war auch für die folgenden Sequenzen gewährleistet, dass alle Beteiligten ihre Aufmerksamkeit auf sein unterrichtliches Konzept gelegt hatten. Von daher muss festgestellt werden, dass es eigentlich nur wenige Risiken gab, die in der Unterrichtsdokumentation auch nicht weiter eine Rolle gespielt haben. Die Schüler haben sich sehr konzentriert und intensiv mit dem ausgewählten Schwerpunkt beschäftigt – insofern muss abschließend festgestellt werden, dass der Unterricht gut gelungen ist, weil die Schüler sich für das Thema sehr interessiert haben.

Lenin und Stalin –
ein historisches
Thema

4.4 Lenin und Stalin in der Sowjetunion: Ein interessantes Dokument des Geschichtsunterrichts

4.4.1 *Grundlagen der Unterrichtsinteraktion im Fach Geschichte*

Perspektive von
Wright

Zentrales Element des Geschichtsunterrichts ist die Vermittlung von teleologischen Erklärungen, mit deren Hilfe historische Ereignisse adäquat analysiert werden können, denn sie erlauben es, zielgerichtetes Handeln zu erklären (vgl hierzu von Wright 1974, S. 83–150). Als Beispiel kann man folgenden Satz einführen: *Jenes geschah, damit das eintrete.* Damit wird gezeigt, dass es eine Relation der notwendigen Bedingtheit gibt, insofern hier quasi-teleologische und quasi-kausale

Erklärungen für den Unterricht genutzt werden. Die Ebene des Explanandums sind Handlungen, geistige Akte und Aktivitäten sowie Reflexhandlungen und Unterlassungen. Wichtig ist dabei auch, das Motiv zu rekonstruieren. Wenn jemand beispielsweise an der Wohnungstür klingelt, möchte er erreichen, dass der dort Wohnende die Tür öffnet. Dies kann man mit der folgenden Erklärung verdeutlichen:

> *A* beabsichtigt, *p* herbeizuführen. *A* glaubt, dass er *p* nur dann herbeiführen kann, wenn er *a* tut. Folglich macht sich *A* daran, *a* zu tun (von Wright 1974, S. 93).

Es gibt bei dieser Konstruktion einige Probleme, die in Kürze dargestellt werden. Probleme ergeben sich beispielsweise, wenn die Person A weiß, dass sie a nicht tun kann. Dann muss sie dies lernen. Eine zweite Variation ist die, dass a zwar notwendig ist aber nicht hinreichend. Dann sagt die Person z. B. *ich will eine Wildgans schießen*, aber damit ist noch nicht geklärt, ob sie auf der Jagd tatsächlich eine findet. Schließlich ist auch der Zeitfaktor zu berücksichtigen, etwa, wenn man ankündigt, dass man am Wochenende nach Hamburg fahren wird: *ich fahre am Wochenende nach Hamburg*. Damit kündigt man an, dass man eine bestimmte Aktivität an einem bestimmten Tag durchführen wird, indem deutlich gemacht wird, dass dies der vorgesehene Plan ist. Dies kann aber auch durch andere Dinge gestört werden, etwa dadurch, dass die Person durch andere Dinge gehindert wird oder aber es vergisst. Zur Verdeutlichung dieser Überlegungen führt von Wright die folgende Beschreibung des Umgangs mit der Zeit an:

> Von jetzt an beabsichtigt *A*, *p* zum Zeitpunkt *t* herbeizuführen. Von jetzt an glaubt *A*, dass er *p* zum Zeitpunkt *t* nur dann herbeiführen kann, wenn er *a* nicht später als zum Zeitpunkt *t'* tut. Folglich macht sich *A* nicht später als zu diesem Zeitpunkt daran, *a* zu tun, wo er glaubt, dass der Zeitpunkt *t'* gekommen ist – es sei denn, er vergisst diesen Zeitpunkt, oder er wird gehindert (von Wright 1974, S. 102).

Es gibt auch einige weitergehende Probleme bei dieser Konstruktion. So kann es sein, dass die Verifikation nicht in jedem Fall gelingt, es kann auch sein, dass es sich bei bestimmten Ankündigungen um Täuschungen handelt und schließlich kann auch das Verhalten erklärt werden. Deshalb schlägt von Wright vor, die Dimensionen Interpretation und Erklärung zu unterscheiden, indem unterschiedliche Fragestellungen formuliert werden: Was *ist* dies? – Warum *gibt* es dies? Bezogen auf die Dimensionen der Geschichte wird folgende Kausalerklärung formuliert:

Ein Archäologe gräbt die Ruinen einer antiken Stadt aus. Er kommt zu der Annahme, dass über die Stadt etwa um das Jahr x eine Katastrophe hereingebrochen sein muss und sie praktisch zerstört worden ist.

Historische Erklärung – kausale Erklärung

Dieser Sachverhalt wird mithilfe eines Schaubildes verdeutlicht, indem die historische Erklärung mit der kausalen verglichen wird. Während die kausale Erklärung über die Elemente Explanans und Explanandum (Humesche Ursache und Wirkung) verfügt, orientiert die historische Erklärung auf dieselben Kategorien, die jedoch nicht auf Hume bezogen werden. Dies kann mithilfe eines Schaubildes verdeutlicht werden.

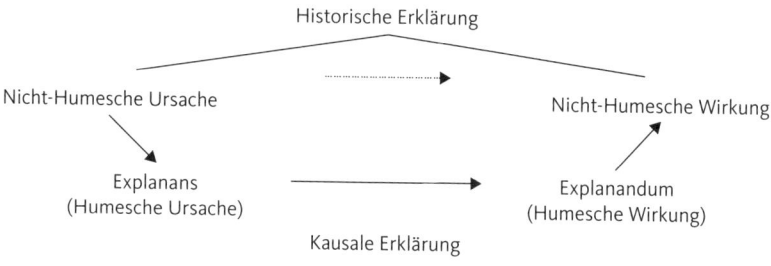

Abb. 4.2: Historische Erklärung und kausale Erklärung

Insofern unterscheidet sich die historische Erklärung von der kausalen, vor allem auch deshalb, weil die jeweiligen Handelnden jeweils von der Zeit, in der sie leben, geprägt sind. Und wenn man dann als Historiker etwa eine Ausgrabung macht, dann kann es sein, dass sich dabei ganz bestimmte Fragen ergeben. Hier ein kurzes Beispiel:

Ein Archäologe gräbt eine Stadt aus und ist beeindruckt von den riesigen Steinen, die er in der Stadtmauer findet. Wie konnten die Bewohner diese Steinblöcke transportieren und an ihre jeweilige Stelle in der Mauer hieven?

Mit dieser Problematik wird verdeutlicht, dass im Fach Geschichte andere Faktoren für die Beurteilung von einzelnen weit zurück liegenden Sachverhalten bzw. Umständen eine Rolle spielen. Abschließend sei noch auf den für das Fach Geschichte wesentlichen Aspekt eingegangen, nämlich die Frage, wie sich bestimmte Ereignisse rekonstruieren lassen. Dabei spielt auch eine Rolle, welche kausalen Relationen es dabei gibt. So lässt sich der Ausbruch des Ersten Weltkriegs damit begründen, dass im Juli 1914 der Thronfolger des österreichisch-ungarischen Kaisers ermordet wurde, und dass im Anschluss Österreich und Deutschland verschiedenen Staaten wie Frankreich, Russland, England und Italien den Krieg erklärten. Dies charakterisiert von Wright als quasi-kausale Erklärung.

So weit eine erste theoretische Orientierung auf das Konzept der teleologischen Erklärung. Die nächste zu behandelnde Frage ist also die, welche didaktischen Konzepte in den aktuellen Büchern über den Geschichtsunterricht vertreten werden. Dabei zeigt sich, wie stark die gegenwärtige fachdidaktische Konzeption durch den Begriff der Kompetenz gesteuert wird. So entwickelt beispielsweise Heil (2010, S. 97–104) ein sehr ausdifferenziertes Modell, das insgesamt sieben Schritte umfasst, nämlich die Bedingungsanalyse, die Beschreibung der Kompetenz und deren Verortung im Kompetenzmodell, eine Sachanalyse sowie eine Fixierung der Stundenziele. Sodann erfolgen die für den Stundenaufbau relevante Planung, eine Verlaufsskizze sowie die erarbeiteten Ergebnisse. Dies wird an einem Beispiel eines Konzepts für eine Stunde über das alte Ägypten auch operationalisiert und in Hinblick auf die zuvor erarbeiteten Kompetenzstufen auch umgesetzt. Allerdings wird hier nur ein gleichsam ideales Modell vorgestellt, ohne dass die einzelnen Unterrichtsschritte im Detail erarbeitet wurden. Und auch diese Stunde ist nicht empirisch dokumentiert.

In einem anderen Band beschäftigt sich der Autor Sauer (2006, S. 121–126) mit den Aspekten Lehrervortrag und Unterrichtsgespräch. Dabei plädiert er für einen gut vorbereiteten Lehrervortrag. Er präferiert nicht das lehrergelenkte, sondern das offene Gespräch, das an die Lehrkraft andere Anforderungen stellt. Zudem resümiert er einige Regeln für solche Gespräche. Aber auch dieser Abschnitt bleibt knapp, und es gelingt nur im Ansatz, ein differenziertes Konzept für einen »guten« Unterricht zu entwickeln. Unter Berücksichtigung dieser Aspekte wäre es natürlich sinnvoll gewesen, dokumentierte empirische Daten auch zu analysieren – das passiert aber in beiden Büchern nicht. Vor dem Hintergrund dieser Voraussetzungen ist es nun interessant, wie nun der Geschichtsunterricht auch tatsächlich verläuft. Dies wird im folgenden Abschnitt behandelt.

Didaktische Konzepte für den Geschichtsunterricht

4.4.2 Analyse eines ausgewählten Beispiels

Thema des Unterrichts in einer 9. Klasse in der Schweiz ist die Zeit nach der Russischen Revolution. Die Schüler sitzen hier in einem lehrerzentrierten Tableau, das heißt, dass ihre Aufmerksamkeit auf die Orientierung am Lehrer ermöglicht wird. Die Strukturierung der Stunde ist relativ klar: Zunächst wird ein Bild vorgeführt, das Lenin im Rollstuhl zeigt. Entsprechend lautet die Frage des Lehrers, wer auf dem Bild erkannt werden könnte. Die Schüler beantworten die Frage.

Zeitverlauf der Stunde

Zeitverlauf der Stunde

00:51–01:26	Begrüßung der Schüler und des Filmteams aus Zürich durch den Lehrer
01:26–04:50	Betrachtung zweier Bilder mit Lenin und Stalin
04:50–08:08	Rekonstruktion der Herkunft Stalins anhand von Texten
08:08–11:21	Vertiefung in Hinblick auf das politische Profil Stalins
11:21–15:30	selbstständige Schülerarbeit: Lesen eines Artikels über die Kolchosen
15:30–16:50	Verständnisfragen; Einleitung der Aufgabe, die Industrialisierung Russlands zu erkunden und die Einrichtung von Kolchosen hinsichtlich möglicher Vorteile zu bestimmen
16:50–23:03	selbstständige Schülerarbeit: Verfassen von Stichworten zum Unterrichtsgegenstand
23:03–24:41	erste Auswertung der Schülertexte
24:41–28:05	Einschätzung der Situation in der Sowjetunion durch die Schüler
28:05–30:53	Erläuterung der Begriffe *Kulake* und *Kollektivierung* in selbstständiger Schülerarbeit
30:53–36:56	Zeigen eines Films zum Thema *Kolchose* mit einem entsprechenden Text
36:56–42:19	Diskussion über den Film

Für die weitere Analyse wurden zwei Sequenzen ausgewählt, nämlich die Einleitungssequenz (01:26 bis 04:50) sowie die Auseinandersetzung um die Einschätzung der Sowjetunion durch die Schüler (24:41 bis 28:05).

Nachdem der Lehrer die Schüler begrüßt hat, stellt er ihnen kurz vor, was er sich für diese Unterrichtsstunde vorgestellt hat. Es soll zentral darum gehen, die Aktivitäten von Stalin im Russland der 20er-Jahre zu rekonstruieren. Um diesen Zusammenhang zu verdeutlichen, soll nun der erste Abschnitt der Stunde analysiert werden.

Beginn des Unterrichts

01:26–01:42	T	Wir haben -eh- in der letzten Lektion drüber gesprochen, was Lenin und die Bolschewiki im Jahr neunzehnhundertsiebzehn durchgesetzt haben. Thema der heutigen Lektion ist einfach die Frage: Was kommt nach Lenin?
01:42–02:05	T	Und dazu habe ich euch ein Bild mitgebracht. Und ihr sollt einfach einmalgucken, ob ihr da was darauf erkennt.

02:05–02:32	T	Wer erkennt was auf dem Bild? ... Wer steht im Mittelpunkt? ... Manuel.
	SN	Ja, es ist Lenin in einem Rollstuhl.
	T	Mhm [ja]. Was ist zu vermuten, wenn er im Rollstuhl sitzt? ... Dominik.
	SN	Ja, er hat eine Krankheit oder einen Unfall oder so.
	T	Ja, das ist richtig.
02:32–02:57	T	Janine. // Also, Lenin ist im Jahr neunzehnhundertdreiundzwanzig schon vom Tod gezeichnet. Er hat also einen zweiten Schlaganfall erlitten. Und dementsprechend ist er dann neunzehnhundertvierundzwanzig wirklich tot. Einfach die Frage, wer soll gegebenenfalls die Nachfolge Lenins antreten? Könnt ihr euch vorstellen, wer kommt? Manuel.
	SN	// Ja.
	SN	Stalin
	T	Stalin. // Mhm [ja].
	S	// Stalin.
02:57–03:17	T	Levin.
	SN	Sie, ich habe noch eine Frage. Sie sagten zweiten Schlaganfall. Wann war denn der Erste?
	T	War irgendwann nach neunzehnhundertachtzehn. Eh, Lenin hatte ein Pistolenattentat erlitten. Und dementsprechend war er schon gesundheitlich anfällig. Das sind offensichtlich die Spätfolgen.
	S	Also, die Revolution trotz Schlaganfall.
	T	Mhm [ja].
	S	( ).
03:17–03:40	T	Als kleine Einstimmung vielleicht in die Stunde noch das hier dazu.
	SS	{Gelächter}
	T	Naja.
03:40–04:06	T	Zweites Bild dazu. Was machen die denn da? Jetzt nicht die hinten, sondern die vorne, die Kleinen. Christian, was glaubst du, was machen die?
	SN	Ja -eh- ich sehe es nicht genau. Eh, es sieht aus als würden sie tanzen oder singen oder so.
04:06–04:29	T	Singen schätze ich. Ja, ja, das ist richtig. Siehst du genau richtig. Zu welchem Anlass singt man in so grösserer Formation? Rade, was meinst du?
	SN	Eine Versammlung, ein //.
	T	// Versammlung? Andere Vorschläge? Warum wird gesungen? Manuel?

	SN	Zu Ehren von Lenins Tod.
	T	Ja, also, ich vermute es ist jetzt gerade ein grosser Geburtstag angesagt.
04:29–04:50	T	Jetzt geht es mir Mal hinten um die Darstellung. Wie stellt sich jetzt Stalin dar? Wer ist denn mit auf dem Bild? Christian.
	SN	Er stellt sich dar als Nachfolger von Lenin.
	T	Ja, er sagt: Ich trete die Nachfolge an, ich bin sozusagen der Erbe von Lenin und ich kümmere mich um die Geschicke Russlands.
04:50–05:17	T	Ruhm dem grossen Stalin, Stalin tritt nach Lenins Tod von neunzehnvierundzwanzig dessen Nachfolge an. Thema Stalin und der Sprung nach vorn. Und ich möchte starten in die Stunde auch zum bisschen warm werden mit der gemeinsamen Lektüre von der Stalinbiografie, in der sollt ihr ein bisschen selbstständig auch weiterarbeiten.

Analyse des Unterrichtsprozesses

Im ersten Schritt der Analyse wird es um die Rekonstruktion des Verlaufs der dokumentierten Sequenz gehen. In dem Unterrichtsausschnitt geht vor allem darum, wie sich der Übergang der Präsidentschaft in der Sowjetunion nach der Oktoberrevolution von 1917 gestaltet hat. Der Lehrer thematisiert die Frage, wie sich die Entwicklung in der Sowjetunion nach dem Tod von Lenin weiter entwickelt hat. Um hier einen adäquaten Bezug herzustellen, legt er ein Bild auf den Overheadprojektor, um anschließend die Frage zu thematisieren, was denn nun nach Lenin kommt. Zunächst aber erkennen die Schüler, dass Lenin in einem Rollstuhl sitzt, zweifellos ein guter Beleg für seine Krankheit (zwei Schlaganfälle im Jahre 1923, die ihn schwer gezeichnet haben). Die Schüler bringen die Vermutung ein, er sei durch eine Krankheit oder durch einen Unfall in diese Situation geraten. Die Lehrperson bestätigt diese Deutung, indem sie darauf hinweist, dass Lenin bereits vom Tod gekennzeichnet ist. Der Lehrer bestätigt auch, dass Lenin im Jahr 1924 stirbt. Das veranlasst ihn, an seine Schüler die Frage zu stellen, wer denn nun der Nachfolger sein könnte. Einer der Schüler vermutet, dass der Nachfolger Stalin gewesen sei – was angesichts der Umstände in der damaligen Sowjetunion klar gewesen sein dürfte. Danach stellt der Schüler Levin noch die Frage, wann denn der erste Schlaganfall gewesen sei. Der Lehrer weist darauf hin, dass er bereits 1918 den ersten Schlaganfall gehabt habe, und zwar aufgrund eines Pistolenattentats. Aus diesem Grund war er – in seiner Perspektive – gesundheitlich anfällig, den zweiten Schlaganfall interpretiert er als Spätfolgen dieses ersten Ereignisses.

Im Anschluss an diese Seitensequenz folgt nun eine Beschäftigung mit dem zweiten Bild. Der Lehrer fragt die Schüler, was denn die »Kleinen« dort machen. Ein Schüler vermutet, dass sie tanzen oder singen. Der Lehrer tippt dagegen auf das Singen, und vertieft diesen Aspekt, indem er auf den sozialen Rahmen verweist, der dahintersteckt. Ein Schüler vermutet, es handle sich um eine Versammlung. Der Lehrer fordert die anderen Schüler auf, den Anlass dieses Treffens zu benennen. Einer antwortet ihm mit der Vermutung »zu Ehren von Lenins Tod«. Das wiederum veranlasst den Lehrer, eine andere Perspektive einzunehmen, nämlich zu vermuten, dass die abgebildeten Menschen auf dem Bild einen großen Geburtstag feiern. Zudem thematisiert er den Aspekt, wie sich denn nun Stalin darstellt. Ein Schüler antwortet, er würde sich als Nachfolger Lenins darstellen. Dies bestätigt der Lehrer, indem er darauf hinweist, dass Stalin nunmehr für die Geschicke Russlands verantwortlich sei. Im letzten Schritt dieses Abschnitts wird den Schülern die Aufgabe gestellt, ein wenig in einer Stalinbiographie zu lesen, um auf diese Weise etwas über die Hintergründe und Motive seines Handelns zu erfahren.

Welche Formen der unterrichtlichen Interaktion lassen sich nun in der dokumentierten Sequenz rekonstruieren? Der Lehrer beginnt mit einer thematischen Fixierung, indem er sich auf die vorangegangene Stunde bezieht, in der es um Lenin ging. Mithilfe des Bildes vom schwerkranken Lenin gelingt es ihm, die Aufmerksamkeit der Schüler auf den von ihm fixierten thematischen Schwerpunkt – nämlich die Tätigkeiten Stalins – zu orientieren. Die Schüler helfen dabei, für diesen Prozess eine angemessene Erklärung zu entwickeln. Dies gelingt ihnen auch teilweise. Allerdings fällt es ihnen beim zweiten Bild schwerer, einen fachlich begründeten Zugang zu finden. Hierbei greift der Lehrer ein und entwickelt ein eigenes Konzept, wie man diesen Aspekt bearbeiten könnte, indem er darauf verweist, dass Stalin nun – auch aufgrund seiner Nähe zu Lenin – den entsprechenden Part übernimmt und ihn über 30 Jahre fortführt. Zum Abschluss initiiert der Lehrer dann den entsprechenden Übergang zu einer Stillarbeitsphase. Zusammenfassend lässt sich feststellen, dass hier dem Lehrer eine sinnvolle Orientierung auf das gewählte Thema der Herstellung der sowjetischen Politik nach dem ersten Weltkrieg gelungen ist, wobei der Schwerpunkt noch zu legen wäre auf den Prozess der Weiterentwicklung der kommunistischen Herrschaft. In Hinblick auf die Organisation von Unterricht lässt beobachten, dass er sich im Wesentlichen auf das sprachliche Handlungsmuster »Aufgabe stellen – Aufgabe lösen« fixiert (vgl. Kap. 3.4) bezieht, das es ihm ermöglicht, die Inhalte der von ihm präsentierten Bilder angemessen vorzustellen und die Schüler zu einer aktiven Mitarbeit zu bewegen. Interessant wäre auch eine Auseinandersetzung mit der Frage, wie sol-

Formen unterrichtlicher Interaktion

che Inhalte in Unterrichtswerken eingebracht werden könnten – doch das wird erst nach der Analyse des zweiten Ausschnitts möglich sein.

Im folgenden Abschnitt geht es um die Einschätzung der Aktivitäten durch die Schüler. Die Frage des Lehrers bezieht sich auf die Planung der Aktivitäten. Die Schüler sollen entscheiden, ob sie gut oder schlecht sind. Das führt zu einer Auseinandersetzung mit dem Thema, die knapp vier Minuten dauert.

Zweite Transkription	24:41–25:06	T	Machen wir an der Stelle mal einen kurzen Schnitt. Wir gehen einmal ein Stück zurück von der ganzen Geschichte. Was haltet ihr davon, von dieser Planung? Ist es gut, vernünftig und durchdacht oder ist es schlecht? Zuerst Manuel, dann Andrew noch einmal.
	25:06–25:35	SN	Also für Stalin ist es sicher gut. Für dä- für die -eh- industrielle Entwicklung. Aber für die Bauern ist es natürlich überhaupt nicht gut, weil die Motivation lässt natürlich tot- total nach, wenn man nicht sein eigenes – sein eigenes Gut mit vielen - also mit Liebe bepflanzen kann. Also ich meine, die Bauern haben ihr altes Gut -eh- sehr gepflegt und das neue -eh- beim neuen arbeiten sie vielleicht nicht mehr so viel.
		T	Mhm [ja].
		S	Und so intensiv.
		SN	Aber sie wurden gezwungen.
	25:35– 26:03	T	Ja, also i- ihr dürft auch anderer Meinung sein. Also, ich versuch die Reihenfolge so in etwa beizubehalten. Manuel, Christian, Florence, Levin jetzt weiss ich nicht.
		SN	Ehm, die Revolution wurde ja gemacht weil – weil man die Bauern und das Volk befreien wollte und ihnen eigentlich -ehm- diese Last, dass sie immer unter den -eh- Grossgrundbesitzern leiden und die Grossgrundbesitzer sie eigentlich ausbeuten, -eh- dass man die befreien kann.
	26:03–26:29	T	Mhm [ja].
		SN	Dass man sie aus dieser Lage befreien kann. Und -ehm- jetzt macht Lenin eigentlich wie -eh- Stalin wieder genau das selbe. // Und eigentlich -eh- ein Widerspruch. Oder.
		T	// Mhm [ja].
		T	Mhm [ja], gut, danke. Christian.

	SN	Also ich finde -eh- Stalin beutet die Bauern überhaupt nicht aus. Sondern es kommt eigentlich auf - wieder auf sie zurück wenn es dem Land gut geht. Und //
	T	// Mhm, ja.
26:29–26:46	SN	Also, ich finde es jetzt nicht negativ, dass sie jetzt zusammen arbeiten müssen, weil -eh- schlussendlich geht es ihnen ja dann doch besser. // Vielleicht kurzfristig stört es sie aber erst später wenn es dem Land wieder gut geht // sind sie sicher auch zufrieden.
	T	// Mhm [ja].
	T	// Ja.
	T	Dankeschön. Florence.
26:46–27:03	SN	Ich finde Stalin geht ein grosses Wagnis ein. Denn so wird ja das Volk wieder unzufriedener und man weiss ja nie ob sie wieder eine Revolution starten.
	T	Da passt er auf, dass das nicht passiert. Also ich will nicht vorgreifen, aber das kann ich sagen. Das – dazu hat niemand mehr Gelegenheit. Manuel.
27:03–27:32	SN	Also, die Bauern haben ja eigentlich die Revolution geführt und die haben für ihre Rechte gekämpft. Was er ja schon gesagt hat und … //
	T	// Levin gerade hierzu.
	SN	Nicht – nicht die Bauern haben die Revolution geführt, sondern Lenin wollte damals an – an die Macht. // Ich meine, es war - damals war schon klar dass die Grund- Grund- Grossgrundbesitzer früher oder später abgelöst werden durch eben diese Übergangsregierung. Die hätten ( ) gemacht. Doch Lenin wollte unbedingt an die Macht.
	T	// Mhm.
27:32–27:55	T	Mhm [ja]
	SN	Und deswegen hat er auch die späteren Wahlen -eh- nicht akzeptiert, die im November // stattgefunden haben. // Und die - das einzige was sie wollten, war einfach Russland zu beherrschen. // Und denen war es mehr oder weniger - ging es einfach nur um ein -eh- grosses, mächtiges Russland // und das Wohl und des -eh- des einzelnen ist ihnen eigentlich relativ egal.
	T	// Mhm [ja]
27:55–28:05	SN	Hauptsache sie können im grossen und ganzen sehr viel Profit machen und Russland so an die Macht bringen, dass es eine der grössten Weltnationen wird.

28:05–28:25 T   Mhm [ja]. Ich glaube an der Stelle können wir jetzt diesen -eh- Schnitt wieder beenden. Gehen wir wieder auf die Ebene zurück, zur Kollektivierung. In der Zeit, wo ich dort den Wagen richte, bitte ich euch zwei Worterläuterungen noch gerade zu notieren. Und -eh- das was hinterher kommt, das sollt ihr nur in Stichwörtern festhalten, wenn ich den Film zeige.

Analyse der Transkription   In dieser Sequenz thematisiert der Lehrer die Frage, wie die Schüler das Vorgehen bzw. die Planung Stalins einschätzen. Der Lehrer eröffnet ihnen mögliche Antwortoptionen, indem er als Klassifikation die Kategorien *gut, vernünftig und durchdacht oder schlecht* angibt. Im Anschluss daran ruft er Manuel auf, weist aber schon einmal darauf hin, dass sich auch der Schüler Andrew gemeldet habe. Manuel bezieht sich in seiner Antwort auf den in der Frage angelegten Gegensatz zwischen gut und schlecht, indem er zunächst die positiven Seiten der Entscheidung bestimmt, um den Bezug zu den Perspektiven der industriellen Entwicklung herzustellen. Im Anschluss markiert er den Gegensatz, indem er die für die Bauern negativen Aspekte benennt: Sie werden tendenziell enteignet, und dies hat Auswirkungen auf die Motivation der Bauern, da sie nun nicht mehr auf ihrem eigenen Grund und Boden tätig sind, was zur Konsequenz hat, dass sie nicht mehr mit dem nötigen Engagement arbeiten. Der Lehrer nimmt dies zustimmend zur Kenntnis. Ein nicht namentlich aufgerufener Schüler thematisiert den Aspekt, wie intensiv die ganze Angelegenheit gestaltet ist. Im Anschluss gibt Manuel zu bedenken, dass die Bauern gezwungen wurden, sich entsprechend den Vorgaben zu verhalten. Der Lehrer eröffnet in seinem nächsten Beitrag die Perspektive darauf, dass die Schüler auch anderer Meinung sein könnten, um anschließend die Reihenfolge der sich meldenden Schüler festzulegen. Zunächst erhält wiederum Manuel das Wort, der den Aspekt in den Mittelpunkt stellt, dass die russische Revolution den Zweck hatte, *die Bauern und das Volk* zu befreien, insofern sie zuvor von den Großgrundbesitzern ausgebeutet worden waren. Der Lehrer bestätigt diese Hypothese mit einem knappen *mhm[ja]*. Im Anschluss ergänzt Manuel noch einmal seinen Beitrag um die Idee, dass es weder Lenin noch Stalin gelungen sei, sie aus dieser erzwungenen Lage zu befreien, indem sie die Bauern wieder zu Abhängigen machen, diesmal von einem kommunistischen Regime. Dies sei ein zentraler Widerspruch. Der Lehrer bestätigt diese Vermutung mit einem gedoppelten *mhm[ja]*, und bedankt sich anschließend. Dann ruft er Christian auf. Dieser Schüler entwickelt nun eine andere Deutung: Er findet, dass Stalin die Bauern nicht ausgebeutet habe und verweist darauf, dass es ihnen jetzt besser gehe als zuvor, da es dem Land insgesamt gutgeht. Nach einer zustimmenden Reaktion des Lehrers vertieft er seinen Beitrag mit der positiven Einschätzung, dass es den Bauern aufgrund der Zusammenarbeit jetzt besser gehe. Zwar räumt er ein, dass die neue Entwicklung nicht so positiv ist, aber später dann – wenn es dem Land besser geht – würde es ihnen auch besser gehen und sie würden zufrieden sein. Der Lehrer nimmt diesen Beitrag ebenso zustimmend auf, anschließend erteilt er Florence das Wort. Florence artikuliert in ihrem Beitrag die Vermutung, Stalin gehe ein großes Wagnis ein, denn das Volk würde immer unzufriedener werden und möglicherweise eine zweite Revolution initiieren. Der Lehrer korrigiert diese Idee, indem er feststellt, dass dieses nicht passieren wird, weil das Volk keine Gelegenheit dazu habe. Im Anschluss erhält der Schüler Manuel das Wort, der darauf hinweist, dass gerade die Bauern die Revolution geführt haben und für ihre Rechte gekämpft hätten. Levin thematisiert im Anschluss den Aspekt, dass 1917 eigentlich Lenin an die Macht wollte, und dass die Großgrundbesitzer *früher oder später* abgelöst worden wären. Abschließend thematisiert er die Tatsache, dass Lenin damals unbedingt an die Macht wollte. Der Lehrer nimmt dies zustimmend zur Kenntnis. Levin entwickelt seine Idee im Anschluss weiter: Lenin habe die im November stattgefundenen Wahlen akzeptiert, weil er Russland beherrschen wollte, während das Wohl des einzelnen ihm *relativ egal* gewesen sei. Ihm sei es vielmehr darum gegangen, möglichst viel Profit zu erzielen, um auf diese Weise Russland zu einem mächtigen Land zu machen. Vor diesem Hintergrund ist auch die Einschätzung angemessen, dass Russland zu einer der größten Nationen aufsteigen werde. An diesem Punkt beendet der Lehrer diese Diskussion, um zu seinem nächsten Schritt überzuleiten, nämlich zu dem Prozess der Kollektivierung. Damit wird die nächste Sequenz – die Präsentation eines Films – eingeleitet.

In einem zweiten Schritt sollen nun die relevanten Eigenschaften dieses Abschnitts herausgearbeitet werden. Dem Lehrer geht es um die Thematisierung von Aspekten, die sich mit Blick auf die politische Konzeption des Umgangs mit dem russischen bzw. sowjetischen Volk ergeben könnten. Dabei wird eine andere Perspektive entwickelt, insofern als die Schüler nunmehr die Gelegenheit haben, eine eigene Position zu den zuvor von ihnen erarbeiteten historischen Fakten zu entwickeln. Interessant ist auch, dass durchaus unterschiedliche Positionen mit jeweils nachvollziehbaren Argumenten eingebracht werden. So entwickelt Manuel zunächst eine positive Einschätzung, die er in einem zweiten Schritt weiter ausdifferenziert und sie insofern nachvollziehbar stützt. Allerdings berücksichtigt er auch mögliche Widersprüche. Sein Mitschüler Christian entwickelt dabei eine entgegengesetzte Position, indem er die Entwicklung insgesamt als gut bzw. als positiv einschätzt.

Herausarbeitung der relevanten Eigenschaften

Florence verweist im Anschluss in einem kurzen Beitrag darauf, dass Stalin ein großes Wagnis eingehe, kann dies aber nicht systematisch begründen. Auch Manuel ergänzt diese Perspektive in einem ebenfalls sehr kurzen Beitrag, in dem er auf die Bauern und deren Einfluss auf den Revolutionsprozess Bezug nimmt. Da erhält er allerdings einen Widerspruch von Levin. Dieser Schüler arbeitet in seinem Beitrag die führende Rolle Lenins heraus, der sich an die Spitze des russischen Reichs bringen wollte – eben auf der Grundlage einer wie auch immer strukturierten kommunistischen Ideologie. Zudem unterstreicht er die Tatsache, dass die Entwicklung der sowjetischen Gesellschaft relativ problematisch war, insofern als es dem kommunistischen Regime vor allem darum ging, Profit zu machen und zu den wichtigsten Weltnationen aufzusteigen. Mit diesem Beitrag geht die kurze Diskussionsphase zu Ende.

In systematischer Perspektive handelt es sich bei dieser Sequenz um einen Teil, in dem Schüler bestimmte konkurrierende Positionen einnehmen und diese auch begründen. Insofern ist es sinnvoll, für diesen Bereich die Systematik der Argumentation heranzuziehen. Dies soll in aller Kürze geschehen. Auf der Grundlage der Argumentationsanalyse von Kopperschmidt (1989) lässt sich folgende Strukturierung von Beiträgen in der sprachlichen Kommunikation beobachten. Es wird eine These aufgestellt, die als Konklusion bezeichnet wird. Dazu wird ein Datum geliefert, das diese These stützt. Ergänzt wird dieses durch eine Schlussregel, die wiederum auf einer anderen Begründung fundiert ist. Zudem finden sich bei der Konklusion noch weitere Einschränkungen, z. B. der Aspekt der Orientierung. Ergänzt wird dieses Prinzip durch eine sogenannte Ausnahmebedingung, das heißt, dass es noch andere Konditionen gibt, die in diesem Zusammenhang eine Rolle spielen.

Wenn diese Strukturierung der Analyse von argumentativen Beiträgen zugrunde gelegt wird, dann zeigt sich folgendes Bild: Zwei der Beiträge – der von Manuel und der von Levin – sind relativ komplex, was die Begründung der eingebrachten These betrifft. Manuel begründet in seinen Beiträgen sehr genau, wie die Sache aus seiner Perspektive aussieht. Es werden auch noch weitere Aspekte berücksichtigt, die geeignet sind, seine Sichtweise auszudifferenzieren. Dies gilt auch für den Beitrag von Levin, der sehr klar deutlich macht, welchen Einfluss die kommunistische Ideologie auf die Aktivitäten von Lenin und Stalin nach der Oktoberrevolution 1917 hatten. Die drei anderen Beiträge sind sehr viel einfacher strukturiert. Hier wird jeweils eine These aufgestellt und mit jeweils ein bis zwei Daten gestützt. Schlussregeln finden sich in diesem Zusammenhang nicht.

Die sich an dieser Diskussion beteiligenden Schüler versuchen also, ihre Sichtweise auf den Gegenstand den interaktiven Bedingungen entsprechend einzubringen – lehrerzentrierter Unterricht – , sie nutzen dabei auch die Potenziale von argumentativen Beiträgen, indem sie verschiedene Aspekte berücksichtigen.

4.4.3 Chancen und Risiken

Die spezifischen Bedingungen des Geschichtsunterrichts konnten herausgearbeitet werden, insofern die einzelnen ausgewählten Ausschnitte einer detaillierten Analyse unterzogen wurden. Diese hat gezeigt, dass sich der Lehrer kooperativ verhalten hat. Auf diese Weise konnte ein Erkenntnisgewinn der Schüler erreicht werden. Die Schüler selbst haben auch interessante Aspekte miteingebracht, und mit ihren Beiträgen die Diskussion angemessen geführt. Dabei sind vor allem Stärken als auch Schwächen des historischen Prozesses in Russland nach dem Ersten Weltkrieg deutlich geworden. Insofern zeigt sich auch, dass die teleologische Erklärung auch jetzt noch eine wichtige Rolle im Geschichtsunterricht spielen sollte, denn nur so lassen sich die jeweiligen Zusammenhänge relativ präzise fassen und im Unterrichtsgespräch bearbeiten. Dass dabei auch deutlich wird, wie »kompetent« die Schülerinnen und Schüler mitarbeiten, darf abschließend noch angemerkt werden.

> **Einschätzung der Interaktion**

Risiken bestehen tendenziell darin, dass es möglicherweise schwerfällt, alle relevanten historischen Dimensionen dabei zu berücksichtigen. Denn das Agieren Stalins in den Jahren 1921 bis 1923 unterscheidet sich sehr deutlich von seinen späteren Praktiken, die eindeutig als autoritär bezeichnet werden können. Vor allem auch die Inhaftierung von Regimegegnern in Lagern und in anderen Einrichtungen verweist auf die Tatsache, wie unterdrückerisch die sowjetische Regierung über Jahrzehnte das Volk behandelt hat. Dies war aber zu Beginn der zwanziger Jahre noch nicht so offensichtlich, wenn auch schon die Novemberrevolution 1917 zu einem Umbruch in der Kultur der Herrschaft geführt hat. Denn auch die vorher regierenden Zaren waren nicht unbedingt offener, was die Einbeziehung des Volkes betrifft.

Zusammenfassend lässt sich festhalten, dass es dem Lehrer in angemessener Weise gelungen ist, die Schüler für das Thema zu interessieren, sie arbeiten konzentriert mit und bringen interessante Beiträge zu den aufgeworfenen Fragen ein. Insofern lässt sich sagen, dass der Unterricht relativ gut gelungen ist hinsichtlich des Ziels, die Verhältnisse in der Sowjetunion zu Beginn der zwanziger Jahre zu rekonstruieren.

4.5 Das Experiment im Physikunterricht: Der waagerechte Wurf

4.5.1 Rolle und Funktion des Experimentierens im Physikunterricht

Experimentieren im Physikunterricht

Im Physikunterricht spielt das Experimentieren eine besondere Rolle – ähnlich wie auch im Chemieunterricht –, insofern hier ganz bestimmte physikalische Vorgänge dargestellt und reflektiert werden können. Zentrale Ziele des Experimentierens sind die Verbindung von Theorie und Praxis, die Herausbildung experimenteller Fähigkeiten sowie die Entwicklung von Methoden des wissenschaftlichen Denkens (vgl. Wenzel et al. 1998, S. 33). Wichtig ist bei diesem Ansatz, dass entsprechende Experimente fachdidaktisch gut umgesetzt und entsprechend realisiert werden. Mithilfe von Experimenten kann es also gelingen, den individuellen Horizont für ganz bestimmte naturwissenschaftliche Zusammenhänge zu erweitern, indem bestimmte Lerninhalte entsprechend der Interessenlage der Schüler und des Lehrers vermittelt werden. Ein zentrales Problem dabei ist, dass solche Unterrichtsinhalte nur adäquat vermittelt werden können, wenn die naturwissenschaftliche Interpretation bereits bekannt ist. Daraus folgt die Erkenntnis, dass »ein effektiver Lernprozess zirkelhaft durch ein mehrfaches Beziehen von Experimenten und naturwissenschaftlicher Konzeption stattfindet« (Tesch/Duit 2004, S. 53). Dies lässt sich in einem Schaubild darstellen:

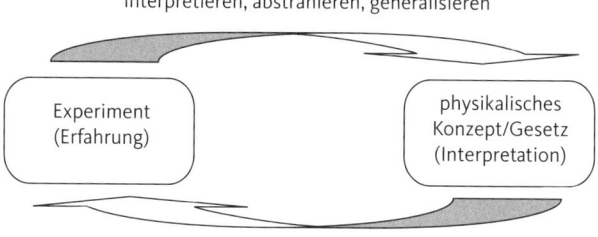

interpretieren, abstrahieren, generalisieren

Experiment (Erfahrung)

physikalisches Konzept/Gesetz (Interpretation)

erfahren, konkretisieren, operationalisieren

Abb. 4.3: Experiment und Konzept

Bei der Umsetzung dieses Modells müssen auch einige Funktionen des Experimentierens beachtet werden, nämlich z. B. dass durch ein Experiment physikalische Konzepte nachvollziehbar veranschaulicht werden können oder aber physikalische Gesetzmäßigkeiten erfahren werden und theoretisch geprüft werden können. Diese Liste ließe sich auf insgesamt 14 Funktionen erweitern (vgl. Kircher et al. 2000, S. 259), dies soll hier jedoch nicht operationalisiert werden.

Für die Unterrichtsplanung nun sind weitere Aspekte zu berücksichtigen. So steht zunächst die Frage im Zentrum des Interesses, wie denn nun die Experimentierphasen organisiert sind (vgl. Tesch/Duit 2004, S. 56–59). Ein Experiment muss vorbereitet, durchgeführt und nachbereitet werden. Für die Vorbereitung und Nachbereitung gilt, dass sie relativ offen gestaltet werden sollten, um so den Schülern die Möglichkeit zu geben, auch eigenständig Ideen und Konzepte zu den jeweils durchgeführten Punkten zu entwickeln. Für das Experimentieren selbst gilt, dass es zwei verschiedene Möglichkeiten der Realisierung gibt: erstens die Demonstration in Form eines Einzelexperiments oder einer Versuchsreihe und zweitens in Form eines Schülerexperiments, das allein oder aber in Gruppen arbeitsteilig oder arbeitsgleich durchgeführt werden sollte, eventuell auch an Stationen.

Bei der Klassifikation von Experimenten spielen die Dimensionen Datenerfassung (qualitativ oder quantitativ), die Sachbegegnung (Alltagsgeräte, physikalische Apparate oder Simulation mit dem Computer) sowie die Unterrichtsphase (Einstieg, Erarbeitung sowie Vertiefung, Wiederholung und Kontrolle) eine zentrale Rolle. Schließlich geht es auch um die Funktionen des Experimentierens, nämlich die Darstellung eines Phänomens, die Veranschaulichung eines Konzepts sowie der Test von Hypothesen. Allerdings konnten einige theoretisch entwickelte Dimensionen in der Auswertung nicht berücksichtigt werden. Bei der Analyse der empirisch erhobenen Daten zeigt sich, dass diese Konstruktion des Experimentierens gut geeignet ist, um ein differenziertes Bild dieser fachspezifischen Unterrichtskonstruktion zu ermöglichen. Zentral dabei sind die auf diese Weise erhobenen statistischen Daten, die vor allem für den Bereich der zeitlichen Organisation zu interessanten Ergebnissen führen, da diese von den zentralen Interessen der Lehrpersonen bestimmt sind. Auch bei den anderen Dimensionen ergeben sich in der Empirie weitere Punkte, die einen wesentlichen Unterschied deutlich machen: So dauert das Experimentieren in der Regel 12 Minuten, mit einem Minimalwert von 3 Minuten und einem Maximalwert von 22 Minuten, wobei bei der Elektrizitätslehre der Durchschnitt bei 17 Minuten liegt und bei der Mechanik bei 6 Minuten. Entsprechende Differenzen gibt es auch bei der Datenerfassung sowie bei der Bestimmung der Funktion und den Unterrichtsphasen. Insgesamt zeigt sich aber, dass ein differenziertes Konzept dieser Untersuchung zugrunde lag, das nun im Folgenden an einem ausgewählten Beispiel demonstriert werden soll.

4.5.2 Der waagerechte Wurf – Schülerexperimente

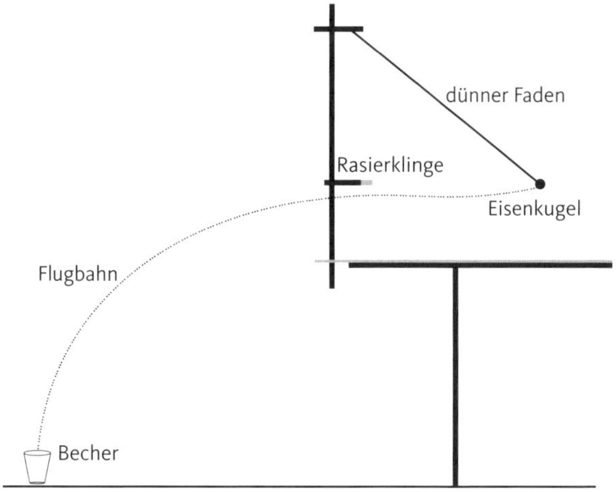

Abb. 4.4: Bewegungslauf einer Eiskugel

Beispiel eines Experiments

Der Videoclip zeigt eine Physikdoppelstunde (95 Minuten inklusive Pause) einer 10. Klasse. Die Stunde fand am Ende der Unterrichtseinheit zum Thema »waagerechter Wurf« statt. Ziel der Stunde ist es, das Experiment aus der Abbildung (4.4) aufzubauen und rechnerisch den Ort zu bestimmen, an dem der Becher aufgestellt werden muss, damit die Kugel darin landet. Am Ende der Stunde sollen die Gruppen ihr Ergebnis präsentieren (vgl. Gabeler 2011).

Die Schülerinnen und Schüler haben zum einen die theoretischen Kenntnisse, um die horizontale und die vertikale Bewegung beim waagerechten Wurf unabhängig voneinander betrachten zu können und Rechnungen dazu durchzuführen. Zum anderen können sie eine Wurfparabel bestimmen und mithilfe ihrer Kenntnisse aus dem Mathematikunterricht mit einer Gradengleichung gleichsetzen. Das strukturierte Schreiben eines Versuchsprotokolls wurde im vorangegangenen Unterricht nicht thematisiert. Ebenso wurde für die Vorgehensweise beim Experimentieren keine Reihenfolge besprochen.

Die Schüler sitzen so im Raum, dass sie die Lehrperson beobachten können. Es handelt sich also um eine lehrerzentrierte Anordnung im Raum, die aber für die Durchführung der Gruppenarbeitsphase aufgelöst wird. Sie wird erst anschließend am Ende der Stunde wiederhergestellt. Der Verlauf der Stunde lässt sich klar darstellen, und zwar auch, weil der Lehrer viel Gruppenarbeit durchführen lässt, um eben auch deutlich zu machen, wie so ein methodisches Arrangement gut zu realisieren ist.

Struktur der Physikstunde

Übersicht 4.4: Szenenübersicht

Szene	Minuten in der Unterrichtsstunde	Inhalt
1	3:09–8:46	Aufgabenstellung und Rahmenbedingungen des Schülerexperiments
2	13:26–41:53	Gruppenarbeitsphase: Erste Schwierigkeiten und Vorgehensweise
3	42:37–72:34	Gruppenarbeitsphase: Hilfestellung vom Lehrer und Versuchsaufbau
4	75:34–92:01	Ergebnispräsentation und Nachbereitung
5	93:12–93:55	Stundenende

Die Aufgabenstellung

Zunächst entwickelt der Lehrer die Aufgabenstellung und die Rahmenbedingungen. Dabei gibt er den Schülern insgesamt 65 Minuten Zeit, um das Experiment auch durchzuführen. Im Verlauf der Stunde ergeben sich einige Schwierigkeiten und Probleme, die dann aber im Anschluss vom Lehrer dazu genutzt werden, um durch eigenes aktives Eingreifen die Schüler zu einem angemessenen Versuchsaufbau zu führen. Es folgt eine Ergebnispräsentation, in der die Schüler ihre Ergebnisse einbringen.

Für die qualitative Analyse wurden drei Szenen ausgewählt, nämlich der Einstieg, ein Ausschnitt aus einer Gruppenarbeitsphase sowie das Ende der Stunde.

Szene 1: »Die Aufgabenstellung«

Drei Schritte der Aufgabenstellung

Die Aufgabenstellung ist kompliziert, insofern als es dem Lehrer obliegt, die jeweiligen Aspekte des ausgewählten Experiments zu erläutern. Insofern ist die Szene mit einer Länge von 4 Minuten und 32 Sekunden relativ ausführlich. Wichtig ist dabei der Aspekt, dass die Anweisungen des Lehrers von den Schülern genutzt werden müssen, um das Experiment in Gruppen sinnvoll durchzuführen. Für diesen Teil der Stunde sind gut 60 Minuten vom Lehrer veranschlagt. In der ersten Szene, der Aufgabenstellung, geht es darum, wie das Experiment durchgeführt werden soll. Zunächst erläutert der Lehrer, wie das Experiment strukturiert sein soll.

Der erste Schritt   1   L   Ja, komm=wa zum heutigen Thema, (2.5) <es geht eigentlich heute um (…) hauptsächlich, (1.0) <hält einen Plastikbecher hoch>> (3.0) um einen Plastikbecher.
((Lehrer zeigt der Klasse den Plastikbecher))
(…) denkt ihr euch jetzt was hat'n das mit Physik zu tun. (.) so, und zwar folgendes, (2.5) ähm, die heutige Aufgabe soll für euch darin bestehen (2.0) ein (.) ja Pendel aufzuhängen, und zwar so, (1.5) ((Lehrer stellt eine Stativstange auf den Tisch)) ich gebe euch lediglich (2.5) das hier vor, das muss natürlich n bisschen höher gebaut werden, auf jeden fall sollt ihr, (.) ähm (2.0) ein (…) na ja eine Kugel an einen Faden aufhängen, (1.5) die auslenken, (…) <meinetwegen so, <lenkt eine imaginäre Kugel aus>> (..) hier unten eine Rasierklinge dran montiern, ((zeigt eine Stelle an der Stativstange an)) (.) und fallen lassen. sO, was passiert? (2.0) die Kugel, <ungefähr so, <zeigt die Kugelgröße mit der Hand an>> eisen; () <lenkt ihr aus, <wiederholt die Auslenkbewegung>> (..) <hier <zeigt an die Stativstange>> ist ne sak' Rasierklinge dran, (.) ihr lasst das los, (.) was passiert. (4.0) so, (1.0) also fliegt die Kugel nach unten, (1.0) jetzt könnt=ihr's euch vorstellen; ne? Ihr sollt AusrEchnen, (..) wo <müsst ihr einen Becher hinstellen, <stellt einen Plastikbecher   auf den Boden>> damit die Kugel genau in diesen Becher fällt. (1.0) sO, das hört sich
erstmal schwierig an. Is es auch. ((Schüler lachen)) so. Ihr kriecht drei Becher. (…) das is die schwierigste Stufe, ((hält einen Becher hoch)) das is (…) mittel, ((hält einen zweiten Becher hoch)) (…) ((hält einen dritten Becher hoch)) naja, das is nicht so, das is Auch schwEr, aber nicht sO schwer, (..) wie der hier. ((hält erneut den ersten Becher hoch)) (..) ihr könnt euch das selber aussuchen wie sicher ihr seid.

Der Lehrer beginnt mit einer Äußerung, die mit dem Begriff thematische Orientierung beschrieben werden kann. Er weist die Schüler zunächst darauf hin, dass ein Plastikbecher im Mittelpunkt des Interesses stehen wird. Allerdings ist noch nicht klar, welche Form des Experiments an dieser Stelle ausgeführt werden soll. Diesen Bezug stellt er mit der anschließenden Äußerung her, indem er einleitend den Bezug zur Physikstunde thematisiert: Er beschreibt den Versuchsaufbau und stellt eine Stativstange auf einen Tisch. Es folgt die Fokussierung auf den Versuchsaufbau, dass nämlich eine Kugel an einem Faden aufgehängt wird, und dass zusätzlich eine Rasierklinge montiert wird, die die Funktion hat, das Seil zu »zerstören«, mit dem Effekt, dass die Kugel in den Plastikbecher fällt. Es folgt die Beschreibung der Aufgabe: Die die Schüler sollen berechnen, wo sie den Becher hinstellen müssen, damit das Prinzip des »waagerechten Wurfs« auch angemessen umgesetzt wird. Im Anschluss daran zeigt er den Schülern, die dieses Experiment in Kleingruppen durchführen sollen, wie sie es machen sollen. Jede Gruppe bekommt drei Becher, die dann im Anschluss genutzt werden können, um das beschriebene Experiment durchführen zu können. Durch das Hochhalten der Becher macht der Lehrer deutlich, wie groß bzw. klein die drei Becher sind. Gleichzeitig weist er die Schüler darauf hin, dass sie sich selbst aussuchen können, wie diese zur Durchführung des Experiments genutzt werden können. Allerdings ist damit die Instruktionsphase noch nicht abgeschlossen, denn er muss den Schülern noch deutlich machen, wie sie zu den in Aussicht genommenen Beobachtungsergebnissen kommen. Dies erfolgt im zweiten Schritt.

2   L   (2.5) im Prinzip könnt ihr das ganze Experiment (.) berechnen. **Der zweite Schritt**
außer eine Geschichte; und zwar, (1.5) welche <Geschwindigkeit <zeigt mit der Kugel die Pendelbewegung>> (.) hat die Kugel wenn sie, (2.5) von dem Faden geschnitten wird durch die Rasierklinge. und das zeige ich euch (gleich) (…) ((beginnt eine Skizze des Experimentaufbaus))
Also hier habt ihr eure Stange, (…) hier habt ihr' da is die Kugel aufgehängt. Ihr lenkt sie aus. Genau in diesem Moment, befindet sich die Kugel hier (3.0) und hat die Geschwindigkeit vx. (4.0) die Geschwindigkeit der Kugel kriegt ihr raus, (..) wenn ihr (…) die HÖhe misst. (1.5) und zwar von hier ((zeigt auf die Kugel bei maximaler Auslenkung)) (…) wie hoch ihr sie Über den Tischboden ausgelenkt habt; (…) und dann Folgendes ausrechnet; <(2.0) Wurzel aus (..) zwei mal g mal h. <schreibt die Formel zur Berechnung an die Tafel>> (so, (.) dazu braucht ihr (…) die Kästen dort hinten, einmal einen roten einmal einen grünen, ihr braucht eine Schiene, damit das hier einigermaßen locker sitzt, ich hab das hier eigentlich (..) müsste das so hoch ungefähr sein, ((hält die Stange einige Zentimeter über die Schiene)) ne, also da fehlt noch ne Stange, (…) bevor ihr die Kästen rausholt, ihr bef befindet euch jetzt schon in euren Arbeitsgruppen, (..) ä:hm (…) guckt nach ob auch alles da is.

Der zweite Teil der Aufgabenstellung dient dazu, die Perspektive auf das Experiment auszudifferenzieren. Zunächst weist er die Schülerinnen und Schüler darauf hin, wie sie das Experiment insgesamt berechnen können, allerdings mit einer Einschränkung, nämlich der Beantwortung der Frage, welche Geschwindigkeit die Kugel hat, nachdem sie durch die Rasierklinge abgeschnitten wurde. Um diesen Zusammenhang zu demonstrieren, entwickelt er an der Tafel eine Skizze des Experimentaufbaus. Er beginnt damit, dass er die Stange an die Tafel zeichnet, an der die Kugel aufgehängt ist. Um die Geschwindigkeit der Kugel zu erfassen, nämlich v_x, ist es notwendig, die Höhe zu messen: Bei maximaler »Auslenkung« soll die Höhe in Relation zum Tischboden berechnet werden. Dazu schlägt er als Formel vor, zwei mal g mal h zu messen: g meint das Gewicht, h die Höhe. Die Formel schreibt er an die Tafel. Das schließt er ab, indem er eine weitere Anweisung einbringt. Für eine angemessene Durchführung des Experiments brauchen die Schüler einen roten und einen grünen Kasten, die hinten im Raum stehen, sowie eine Schiene, mit deren Hilfe das Experiment gelingen kann. Allerdings muss er einräumen, dass auch ihm noch eine Schiene fehlt, die dafür sorgt, dass alles recht locker sitzt. Schließlich folgt die Aufforderung, zu prüfen, ob alles für die Durchführung des Experiments vorhanden ist. Damit ist die zweite Instruktionsphase abgeschlossen. Es folgt abschließend noch eine Organisationsphase.

Der dritte Schritt

3 L ja, rennt natürlich jetzt nicht alle auf einmal zu den Schränken, sondern schickt nur einen los. ok? (.) und, ihr habt, unglaublich aber wahr, (.) Zeit (.) bis zur zweiten Stunde, und da möcht=ich gerne, zwanzig Minuten, Viertelstunde vor Ende der zweiten Stunde, je nachdem wie weit ihr seid; zu einer ergeb' kurze äh einer Ergebnisanalyse kommen, ich werde in der Zeit mal gucken wie weit ihr seid und Folien rumgeben, und damit ihr eure Ergebnisse aufschreiben könnt; (…) mhm damit wir auch, sag ich mal, auf'n gleichen Nenner kommen, wer macht das eigentlich wie. (..) ja, (1.0) habt ihr dazu noch Fragen? Ach ja, genau. Das is auch wichtig. Ihr habt natürlich nich ewich viele Versuche, dass ihr jetzt sa' whawhawhawha rechne jetzt erst gar nicht, sondern probier das solange aus bis die Kugel drin landet, (…) ne, ihr habt (.) zwEI (.) Versuche. (..) Einen zum Beispiel der, sag ich mal, oh ich hab die Kugel falsch ausgelenkt, (blablabla) (…) und beim zweiten muss es spätestens klappen. (3.0) alles klar? nur zwei Versuche=ja sonst wärs ja albern, sonst kann ich, brauchen=wa ja nich rechnen, brauch ich euch ja auch keine Formel geben., ok? (…) Ja, los geht's.

Zunächst erfolgt eine Anweisung hinsichtlich der Nutzung der Schränke, indem der Lehrer darauf hinweist, dass jede Gruppe nur einen Schüler dorthin schicken soll. Danach erläutert er den Schülerinnen und Schülern, wie die Doppelstunde verlaufen soll, nämlich dass die Schüler bis 20 bzw. 15 Minuten vor Abschluss der Stunde Zeit haben, ihre Experimente durchzuführen, um abschließend eine Ergebnisanalyse durchzuführen. Dann kündigt er noch an, wie er in dieser Phase agieren wird, indem er deutlich macht, dass er sich um das Gelingen des Experimente kümmern werde, und zur Ergebnissicherung Folien verteilen wird, auf die die Schülerinnen und Schüler ihre Ergebnisse aufschreiben sollen. Ziel ist es also, ein gemeinsames Ergebnis zu entwickeln und im Unterricht zu fixieren. Abschließend fordert er die Schüler auf, Fragen zu stellen. Da aber keine gestellt werden, fixiert er die Schüler auf das Ergebnis, nämlich dass die eigentlich nur zwei Versuche haben mit der Begründung, dass spätestens beim zweiten Versuch das Experiment klappen sollte. Mit der Äußerung *alles klar?* Er kommt zu einem Abschluss, indem er noch einmal begründet, warum zwei Versuche ausreichen sollten, um zu einem Ergebnis zu kommen. Er macht deutlich, dass er es für albern hält, wenn es mehr Versuche geben würde, weil man es sonst nicht rechnen könne. Abschließend lenkt er die Aufmerksamkeit der Schüler mit der Äußerung *ja los geht's* auf die nunmehr anstehende Gruppenarbeit.

Diese Einführungssequenz ist vor allem deshalb als überzeugend zu beurteilen, weil es dem Lehrer gelungen ist, die Schüler auf die jeweiligen relevanten Aspekte der Versuchsanordnung zu orientieren. Dies gelingt ihm vor allem deshalb, da er die verschiedenen Möglichkeiten der Durchführung thematisiert und so ein differenziertes Konzept der Handlungspotenziale der Schülerinnen und Schüler eröffnet.

Die zweite ausgewählte Szene stammt aus der Gruppenarbeitsphase. Drei Schüler sind hier dabei, das Experiment durchzuführen. Zuvor hatten sie schon einige Schwierigkeiten. Diese machen Sie dem Lehrer deutlich, indem sie ihn genau auf dieses Problem ansprechen.

Szene 2 »Gruppenarbeitsphase: Hilfestellung vom Lehrer und Versuchsaufbau«

35 Minuten seit Beginn der Gruppenarbeit

1 L Das habt ihr jetzt hier gemacht oder was?
2 T ä:h ja wir sin waren grad dabei halt zu gucken= ähm wie die (..) Geschwindigkeit is und (13.0)
3 L <<nachdenklich> hm> (9.0)
4 T Wir ham jetzt halt überlegt erstmal so vorzugehen wie jetzt halt bei diesem= Auto, sozusagen, da dieses äm Dreieck hätte also mit vx, vy und dann= dis äh vgesamt zu rechnen.
   (1.5) aber da is (.) kommen wir grad jetzt nicht weiter.

| 5 | L | Wenn das n Flugzeug wäre hier und würde jetzt das Paket fallen lassen könnt ihr's nach der Paketaufgabe rechnen. |
| 6 | T | achso ja |

Interaktion zwischen Lehrer und Schülergruppe

Der Lehrer tritt an den Tisch, an dem die vier Schüler (Tom, Kai, Sam John) arbeiten. Er fragt sie, ob sie den Versuchsaufbau durchgeführt haben. Der Schüler Tom weist darauf hin, dass sie gerade damit beschäftigt sind, die Geschwindigkeit zu bestimmen. Der Lehrer reagiert mit einem nachdenklichen *hm*. Im Anschluss erläutert Tom das Vorgehen, indem er das Problem beschreibt: Sie hätten so gerechnet wie bei einem Auto, um dies dann als Dreieck zu rekonstruieren, nämlich v_x und v_y zu v_{gesamt} zu rechnen. Allerdings muss er anschließend einräumen, dass sie an dieser Stelle gerade nicht weiterkommen. Das nimmt der Lehrer zum Anlass, eine andere Konstruktion einzuführen, nämlich ein Flugzeug, das ein Paket fallen lässt, dann könnte man es nach der Paketaufgabe berechnen. Tom nimmt dies zustimmend zur Kenntnis, allerdings markiert sein *achso* deutlich, dass sie auf diese Variante selbst noch nicht gekommen sind. In der nächsten Szene beschäftigten sie sich genau mit dieser Fragestellung.

7	T	ausgerechnet und ich hab auch noch 'n Tipp bekommen, also er hat gemeint wir könnten das (..) also nich so wie das mit dem Auto sondern wir rechnen das so wie bei dem Flugzeug (.) weil da ham wir, siehst du?
8	S	hm=hm
9	T	Ham wir das sy, also die Höhe von wo das ist und dann hat… können wir halt das sx (..) muss halt aufgehn und das x würde uns dann wieder

Beteiligt sind Sam und Tom. Tom weist Sam darauf hin, dass der Lehrer ihnen noch den Tipp gegeben hat, es nicht wie bei einem Auto zu berechnen, sondern wie in bei einem Flugzeug. Sein Mitschüler nimmt dies mit einem *hm=hm* zur Kenntnis. Im Anschluss daran entwickelt Tom die Idee, dass die Höhe s_y ganz besonders entscheidend ist, um anschließend darauf hinzuweisen, dass das s_x aufgehen muss und das x dann wieder zur Verfügung stehen würde.

Im Anschluss daran setzen sich die beiden Schüler noch einmal detailliert mit dem Versuchsaufbau auseinander.

| 10 | S | Aber hier wir könnten das ja so machen. Wir könnten das hier genauso machen wie sy machen. Das hier ham wir ja schon, das sind eins Komma sieben sieben me eins Komma eins sieben Meter. |

11	T	hundertsiebzehn Zentimeter
12	S	genau, da mach (…) mit Wurzel diese Gleichung, stellen die auf t um und machen mit t und errechnen t.
13	T	genau
14	S	dann machen wir vx ist gleich s durch t (…) haben wir gleich so ((zeigt auf seinen Block))
15	T	genau
16	S	errechnen wir damit die Geschwindigkeit und nehmen das mal (…)
17	T	Ja, allerdings (..) ja doch haben wir ja schon
18	S	und dann rechnen wir das mal die Sekundenanzahl und dann die
19	T	ja
20	S	Ja: super
21	T	[und dann und dann] und dann können wir gucken ob das so wie wir das ob das so übereinstimmt
22	S	genau

Sam thematisiert in seinem Beitrag den Aspekt, dass man es genauso machen könnte, wie man das *sy* berechnet. Er berechnet genau die Entfernung des Experimentteils in Hinblick auf das Ergebnis und kommt zu dem Schluss, es seien 1,17 Meter. Tom korrigiert ihn, indem er die Distanz in Zentimetern angibt, nämlich *einhundertsiebzehn*. Sam bestätigt diese Rechnung: Er regt an, die Gleichung mit der Wurzel zu machen, sie auf t umzustellen und auf diese Weise den Wert von t zu ermitteln. Tom stimmt ihm zu. Sam fährt fort, indem er vx als s durch t interpretiert und die Aufmerksamkeit von Tom auf seinen Block fixiert. Nach der zustimmenden Äußerung von Tom bezieht er sich auf die auf diese Weise errechnete Geschwindigkeit und multipliziert dies. Tom bestätigt ihn ein weiteres Mal, indem er bestätigt, dass sie dies schon geleistet hätten. Sam ergänzt nun, dass es notwendig sei, die Sekundenzahl zu berücksichtigen. Tom bestätigt dies, Sam ist stolz *(Ja; super)*, und Tom weist darauf hin, dass man anschließend die Übereinstimmung prüfen könnte. Sam bestätigt dies.

In dieser Szene wird deutlich, wieviel Einfluss auch der Lehrer auf das Verhalten der Schüler hat, wie er sie auf bestimmte Aspekte fokussieren kann, die ihnen vorher in dieser Form nicht so geläufig waren. Abschließend wird es um die Auswertung der Ergebnisse der Gruppenarbeit gehen. Es ist wieder eine Phase des lehrerzentrierten Unterrichts mit dem Ziel, die Ergebnisse der Gruppenarbeit auszuwerten.

Szene 3 »Ergebnispräsentation und Nachbereitung«

1   L   so:: fangen=wa an ich sehe ähm ihr habt die Becher schon ungefähr (Leck in der Tonspur) der Becher gehört zu: (---) euch (.) okay und euer Becher

2   S   [wir haben markiert]

3   K   wir ham=n Kreuz auf'n Boden gemacht

4   L   ja perfekt also das gehört mit dazu ich mein, das ist'n Boden da kann man ruhig 'n Kreuz   drauf machen (..) so: ja:: wer kommt jetzt als erstes das ist die Frage ne? Uiuiui Spannung und so ne? Wir nehmen natürliche die:: großen Becher, die kommen natürlich als erstes
((allgemeines Gelächter))

5   L   ist ja klar:

Auswertungsphase   Der Lehrer eröffnet diese Sequenz mit einer Aufforderung, anzufangen: Er orientiert die Aufmerksamkeit der Schüler auf einen Becher, der einer Gruppe zugeordnet ist. Ein Schüler stellt dazu fest, dass der Becher markiert worden sei, ein anderer konkretisiert diese Äußerung durch den Hinweis, dass sie ein Kreuz auf den Boden gemacht haben. Der Lehrer bestätigt dies, indem er darauf hinweist, dass man in jedem Fall auf den Boden ein Kreuz machen sollte. Und dann kommt die Frage, wer denn jetzt als Erstes anfangen solle. Ein ironischer Kommentar (*uiuiuiu spannung und so ne?*) folgt, im Anschluss macht er deutlich, dass die großen Becher zuerst kommen sollen. Die Schüler lachen – der Lehrer stellt anschließend fest, dass alles klar sei.

Im Anschluss folgt ein Lehrerbeitrag, indem er eine Hausaufgabe stellt.

6   L   na gut bevor die Mädels hier noch'n bisschen äh rumtüddeln (-) Hausaufgabe ((hustet)) ich seh das schon wie die das hier gelöst haben (.) wie ihr das euch überlegt habt ein ausführliches Protokoll mit Fehleranalyse (.) das möchte ich äh::: denn da kann man am Besten die äh positiven Aspekte eurer Berechnungen und eurer Gedanken, aber auch die die falschen sind am besten herausfinden ne? (---) das braucht ihr auch nicht jetzt äh morgen abgeben oder so was, das wär gemein das reicht nächste Woche (.) habt ne ganze Woche   Zeit (--) nein

Mit dem Hinweis auf die Mädchen, die möglicherweise ein *bisschen rumtüddeln*, stellt er eine Hausaufgabe, nämlich die Anfertigung eines ausführlichen Protokolls mit einer Fehleranalyse. Er begründet dies mit dem Aspekt, dass auf diese Weise nicht nur die positiven Aspekte der Berechnungen herausgearbeitet werden könnten, sondern auch die falschen. Zudem gibt er Anweisungen, wann diese Arbeiten abgegeben werden, nämlich erst in einer Woche.

Schließlich folgt die Auswertung der Gruppenarbeit.

7	L	Bidde einma ihr beiden (.) dann machen wa: ne Jungsgruppe
8	K	wo sind'n die Kreuze jetzt?
9	J	das erste ungefähr hier
10	T	[ich hab die gemacht]
11	K	hier ist doch eins
12	T	nein:
13	J	hier da das das ist das was
14	T	das ist das erste und das ist das zweite
15	K	ja okay dann machen wir das so
16	S	das wird schon (--) das wird schon
17	K	zehn Zentimeter Höhe (unverständlich)
18	J	ich glaub wir ha'm viel zu (unverständlich)
19	K	oh:: nein jetzt verzieht sich die Rasierklinge
20	S	((lacht))
21	K	<Scheiße <lachend>> (unverständliches Gemurmel)
22	K	oh
23	S	okay das war deine Rechnung jetzt sind wir dran
24	L	Das ist jetzt glaube ich keine experimentelle Unsicherheit, sondern ein Rechenfehler gewesen
25	S	dann kommt jetzt unsere Rechnung

Ergebnisse der Jungengruppe

Abschließend wird das Ergebnis der Jungengruppe abgefragt. Sie werden aufgefordert, ihre Ergebnisse in den Unterricht einzubringen. Dann geht es darum, wer wann wo welche Kreuze gemacht hat. Es sind vier Schüler beteiligt, nämlich Tom, Kai, Sam und John. Dieses Prozedur dauert einige Zeit, da die Schüler sich selbst nicht ganz sicher sind, wie sie zu ihren Ergebnissen gekommen sind. Zudem erscheint es als problematisch, ob die Rechnung tatsächlich den Anforderungen genügt, denn die Komponente Höhe spielt natürlich auch eine Rolle – sie wird hier mit zehn Zentimetern angegeben. Nachdem diese Frage geklärt ist, erweist sich das Arrangement als problematisch, denn die Rasierklinge hat sich verzogen. Darauf reagiert der Schüler Kai, indem er lachend *Scheiße* sagt. Danach greift Sam ein, indem er darauf hinweist, dass das die Rechnung von Kai war, und jetzt sei eine andere Lösung gefragt. An dieser Stelle greift der Lehrer ein, indem er die Vermutung äußert, dass es sich um einen Rechenfehler handelt und nicht um eine experimentelle Unsicherheit. Im Anschluss daran kündigt Sam an, dass jetzt die Rechnung von Tom und ihm eingebracht wird.

Im letzten Transkriptausschnitt geht es um das Experiment im Detail.

27 L gut (..) ähm (---)
28 K [ja dann (.) wir sind grad fertig]
29 L ach ihr seid auch grad fertig, dann machen wir euch noch mal
30 K okay wieviel Zentimeter müssen wir jetzt drüber sein
31 T zehn (unverständlich) und nicht so viel Spannung
32 K wieso wackelt das so? (..) kann das mal jemand festhalten? (unverständliches Gemurmel)
33 T unser Teil ist locker
34 K unser Teil ist locker, toll:: (1.0) okay::: wir halten das jetzt mal alles fest
35 S ((lacht))
36 K ungefähr
37 S nichts
38 L oah (.) der wär auch ne? (--) hättste geguckt (--) Kai hättste getroffen ((lacht)) aber du hast den, der ist'n bisschen weiter rechts vorbei gegangen (.) gut

Der Lehrer nimmt zunächst zur Kenntnis, dass die Schüler fertig sind, und zwar direkt nachdem Kai dies verbal zum Ausdruck gebracht hat. Er fordert sie anschließend auf, ihre Ergebnisse vorzustellen. Kai fragt danach, wie viele Zentimeter über dem Seil er sein müsse, und Tom gibt mit zehn Zentimeter die Höhe an, die schon vorher besprochen wurde. Zusätzlich weist er darauf hin, dass nicht so viel Spannung bestehen soll. Ein weiteres Problem tut sich auf: Das Arrangement der beiden wackelt und Kai fragt, ob dies nicht auch festgehalten werden könne. Tom reagiert darauf mit einer Feststellung, die sein Mitschüler Kai bestätigt, um anschließend die Handlungsorientierung auf das Festhalten zu fixieren. Abschließend müssen beide feststellen, dass ihr Experiment nicht gelungen war. Der Lehrer fasst dies dann in einem abschließenden Kommentar zusammen, um die Defizite des Experiments herauszustellen, dass es nämlich nicht den Anforderungen entsprechend durchgeführt worden sei, eben ein bisschen weiter nach rechts sei die Kugel geflogen. Mit einem *gut* schließt diese Äußerung des Lehrers.

Betrachten wir nun abschließend das Stundenende.

Das Stundenende

1 L so und auch (.) es wird gleich so sein, dass das in die Pause geht und damit ihr jetzt einfach nicht unruhig werdet weil das so halbgar läuft werden wir (.) in Ruhe wegpacken und dann gucken wir mal wie spät das ist und das kriegt ihr nachher aus der Pause einfach raus. Okay, dann machen wir, dass ihr später zu Mathe kommt (unverständlich) (2.0) ja 'n bisschen zielen ne? (unverständlich) o::h
((alle klatschen))

2 L ö:h ja ihr habt heute gelernt, Physik ist nicht nur Quatsch, man kann sogar Becher damit kaputt machen. (--) super, also packt bitte weg und wir treffen uns (..) ahm (..) ich geb euch bis ähm wir treffen uns zehn nach im Klassenraum denn wir werden sicherlich fünf Minuten brauchen um die Sachen ordentlich wegzupacken okay?

Der Lehrer instruiert die Schüler über den Stundenabschluss: Er weist sie darauf hin, dass nunmehr eine Pause stattfindet, für die er die Schüler aus dem Klassenzimmer nach draußen schickt. Sie sollten allerdings *nicht unruhig* werden, sondern erst einmal alles in Ruhe wegpacken, um im Anschluss darauf zu orientieren, dass der Unterricht nach der Pause mit eine Stunde im Fach Mathematik fortgesetzt wird. Danach klatschen alle Schüler, was deutlich macht, dass sie mit dieser Stunde sehr zufrieden sind. Im Anschluss resümiert der Lehrer knapp die Ergebnisse der Doppelstunde, und gibt weitere Informationen darüber, wie er denn weiter agieren wird.

Insgesamt lässt sich feststellen, dass die Schüler sehr engagiert mitgearbeitet haben, dass sie den Versuchsaufbau angemessen verstanden und auch entsprechend umgesetzt haben. Immerhin hatten sie auch über eine Stunde Zeit, dies zu realisieren. Dem Lehrer ist es somit gelungen, sie für die von ihm ins Auge gefasste Fragestellung zu motivieren und sie zu einem engagierten Verhalten beim Experimentieren zu bringen. Und auch in der Auswertungsphase hat er es geschafft, die Schüler für die von ihm initiierte Fragestellung zu entsprechenden Antworten bzw. Demonstrationen des ausgewählten Versuchsarrangements zu bringen. Mit diesem Arrangement ist es ihm gelungen, die Schüler für den thematischen Schwerpunkt der Stunde zu motivieren.

Das Stundenende

4.5.3 Chancen und Risiken

Der Unterricht wird von der Lehrperson sehr gut strukturiert. Die Schülerinnen und Schüler haben relativ viel Zeit, um das Experiment durch-

Auswertung der Ergebnisse

zuführen. Dies ist natürlich auch mit Schwierigkeiten verbunden, die am Stundenende auch besprochen werden müssen. So gelingt es manchen Gruppen nicht sofort, dieses Experiment durchzuführen. Dennoch wird es am Ende der Stunde in der Besprechung noch einmal angemessen bearbeitet. Die Lehrperson agiert den Umständen entsprechend mit dem Konzept, sie in einer Doppelstunde etwa 70 Minuten selbstständig arbeiten zu lassen. Und die Schülerinnen und Schüler haben auch den waagerechten Wurf eigenständig entwickelt und weiterentwickelt. Insofern lässt sich diese als »guter Unterricht« bezeichnen, denn es gelingt dem Lehrer, die Schülerinnen und Schüler für die Problematik des waagerechten Wurfs zu interessieren. Und manchen Gruppen ist es auch nicht gelungen, das für eine erfolgreiche Durchführung dieses Experiments erforderliche Arrangement auch tatsächlich umzusetzen.

Risiken könnten dann bestehen, wenn die Schüler nicht besonders interessiert dieses Experiment durchführen, aus welchen Gründen auch immer. Dann würden sie möglicherweise das vorgegebene Setting unterlaufen und den Lehrer mit Desinteresse oder Gleichgültigkeit konfrontieren. Dies kann man aber in der Stunde nicht beobachten, denn alle im Physikraum agierenden Schülerinnen und Schüler entwickeln ein eigenes Konzept zur Realisierung der unterrichtlich bestimmten Aufgaben. Insofern lässt sich auch diese Stunde als erfolgreich charakterisieren.

4.6 Die »Seilkür« in einer 4. Klasse: Ein Beispiel für den Sportunterricht

4.6.1 Einführung: Grundsätzliche Interaktionsformen im Sportunterricht

Besonderheiten des Sportunterrichts

Im Sportunterricht gibt es eine andere Grundlage für die Organisation des Lehr-Lernprozesses, denn sie findet entweder in einer Sporthalle oder auf einem Sportplatz statt. Unter diesen Voraussetzungen findet man dann ein anderes Standard-Arrangement als in anderen Fächern, denn es geht vor allem darum, entsprechende Übungen in Hinblick auf das Stundenthema zu entwickeln. Dabei hat sich ein bestimmtes Verfahren herausgebildet, das vor allem geeignet ist, die Aktivitäten der Schüler zu koordinieren. In der Regel haben die Schülerinnen und Schüler zu Beginn der Unterrichtszeit eine gewisse Phase, in der sie sich aufwärmen. Dann treffen sich die Beteiligten für eine erste Besprechung. Der Sportlehrer gibt den thematischen Schwerpunkt der Stunde bekannt, die Schüler nehmen dies zur Kenntnis. Dann hat der Lehrer die Möglichkeit, ein erstes Arrangement zu schaffen, in dessen Rahmen dann die ersten Übungen stattfinden können, mit denen der thematische Schwerpunkt der Stunde vorbereitet werden kann. Dann haben die Schülerinnen und Schüler wieder die Möglichkeit, sich auf dieser Grundlage auf das Bewegungspotenzial zu konzentrieren. Wenn es beispielsweise um das Geräteturnen geht, werden bestimmte Übungen für das Reck oder andere Geräte durchgeführt. Wenn es um ein Spiel wie beispielsweise Volleyball geht, werden bestimmte Übungen durchgeführt, mit denen man die Spielweise verbessern kann. Und dergleichen mehr. Diese Übungen werden immer wieder durch Pausen unterbrochen, in denen der Lehrer dann die nächsten Schritte bespricht bzw. die Schülerinnen und Schüler darauf orientiert. Auch hier gibt es Unterschiede, die davon abhängig sind, welche der jeweiligen Sportarten im Mittelpunkt stehen. In der Regel wird beispielsweise eine Unterrichtsstunde mit dem Schwerpunkt Volleyball mit einem oder mehreren Spielen abgeschlossen. Und die Stunde endet in der Regel damit, dass die Schülerinnen und Schüler vom Lehrer nach dem Nutzen des Unterrichts gefragt werden.

Nun noch ein kurzer Blick in ein Buch, in dem es um die Methodik und Didaktik des Sportunterrichts geht (Lange/Sinnig 2007). Hier werden in zwei Aufsätzen der Herausgeber die möglichen Umsetzungsformen von Unterricht thematisiert. Während Lange in seinem Beitrag die einzelnen Methoden des Sportunterrichts auflistet (Lange 2007), beschäftigt sich Sinnig mit dem Spiel (Sinnig 2007). In beiden Aufsätzen werden mehrere Unterrichtsformen thematisiert und entsprechend differenziert dargestellt. Vor allem geht es darum, die Vielfalt der unterrichtlichen Methoden herauszustellen. Allerdings fehlt in beiden Artikeln eine differenzierte Auseinandersetzung mit konkret gehaltenem Unterricht. Der Autorin und dem Autor geht es im Wesentlichen um eine relativ allgemeine Bestimmung der unterrichtlichen Praktiken im Sportunterricht. Dies kann aber eigentlich nur angemessen entwickelt werden, wenn die »klassischen« Unterrichtsformen des Sportunterrichts beachtet werden. Und dieser Aspekt fehlt beiden Beiträgen. Insofern lohnt es sich, dann doch einen spezifischen Blick auf den gehaltenen Sportunterricht zu entwickeln, indem eine einzelne Stunde detailliert untersucht wird. Im Folgenden wird ein Unterricht in der 4. Klasse analysiert, in dem es um die Praxis des Seilspringens geht.

Methodik des Sportunterrichts

4.6.2 Seilspringen in einer 4. Klasse

Die Sportlehrerin arbeitet mit einer 4. Klasse, es geht um die Vorbereitung des Jahresabschlusses in einer Grundschule. Für dieses Ereignis hat die Lehrerin mit den Schülern ausgehandelt, dass sie sich mithilfe eines vorbereiteten gemeinsamen Seilspringens bei der Abschiedsfeier einbringen. Dies soll nun in der genannten Stunde geleistet werden. Im

Seilspringen in einer 4. Klasse

Fach Sport gibt es andere Verhältnisse als in den anderen Fächern, da die Schulung der Bewegung im Mittelpunkt steht. Dies ist entweder möglich in der Sporthalle oder aber auf einem Sportplatz. Von daher hat sich in diesem Fach das in Teil 1 entwickelte Stundenmanagement entwickelt, nämlich Instruktionen oder Anweisungen, Übungen und Abschlüsse. Für die Instruktionen werden die Schüler üblicherweise gebeten, sich auf den Boden der Sporthalle zu setzen und auf die Anweisungen der Lehrperson zu achten.

In dem ausgewählten Beispiel geht es darum, wie die Schüler gemeinsam das Seilspringen organisieren: Es soll eine Seilkür entwickelt werden. Die ausgewählte Stunde leitet eine Unterrichtseinheit ein, in der genau diese Seilkür vorbereitet werden soll.

Verlauf der Stunde Der Ablauf der Stunde erfolgt in mehreren Schritten:

1. Einführung (00:19–05:40): In diesem einleitenden Teil werden die Schülerinnen und Schüler zunächst begrüßt. Im Anschluss wird das Stundenthema vereinbart.
2. Erwärmung (05:40–12:25): Beim »Vorturnen« erwärmen sich die Schüler mit dem Handgerät Seil. Dabei rufen sie sich gegenseitig auf und machen verschiedene Übungen vor bzw. nach.
3. Erarbeitung (12:25–20:00): In dieser Phase werden Aufstellungsformen, Sprungarten und das Vorgehen bei der Erarbeitung der Seilkür besprochen.
4. Hauptteil (20:00–48:25): Die Kinder erarbeiten in Gruppen ihre Seilkür und halten diese auf vorbereiteten Arbeitsblättern fest.
5. Präsentation (48:25–58:50): Die Gruppen präsentieren ihre Zwischenergebnisse.
6. Abschlussbesprechung (58:50–62:00): Abschließend werden auftretende Probleme besprochen und die Schüler verabschiedet.

Insgesamt lässt sich bei der Beobachtung des Videos feststellen, dass die Schülerinnen und Schüler motiviert mitmachen, es gibt zwar bisweilen Probleme, aber es zeigt sich, dass die Stunde gut geplant ist und den Lernzielen entsprechend angemessen realisiert wird. Für die weitere Analyse wird vor allem die Abschlussbesprechung genauer berücksichtigt, aber auch der Unterrichtsprozess in den Phasen 2 bis 4, indem die darin ausgeübten Aktivitäten dargestellt und eingeschätzt werden.

Begrüßung Die Begrüßung der Schüler erfolgt durch ein gemeinsam intoniertes Lied (*hey hello how are you today nice to see you*): Der Text wird mehrfach gesungen, zum Teil auch zweistimmig. Dies ist als eine gelungene Form der Begrüßung einzuschätzen, da die übliche Form (Schüler stehen auf, Lehrer begrüßt, Schüler begrüßen und setzen sich wieder) nicht genutzt wird. Stattdessen hat sich die Lehrerin schon früher für eine Begrüßung entschieden, mit der der Unterricht durch eine gemeinsame Aktivität des Singens eingeleitet wird. Die Schüler beteiligen sich engagiert an diesem gemeinsamen Vorgehen. Nach Abschluss des Singens erfolgt die Stundeneröffnung und schließlich die »Erwärmung«.

In der nächsten Phase der Erwärmung sind die Schüler in der Sporthalle unterwegs, indem sie mit einem Seil springen. Allerdings werden diese Übungen noch erweitert durch andere ohne Seil, wie beispielsweise rückwärts durch den Raum laufen, im Stehen sprinten und dergleichen mehr. Diese Sequenz wird abgeschlossen durch eine Übung, in der die Schüler Liegestütze machen sollen. Im Anschluss erfolgt die Besprechung über das weitere Vorgehen in der Stunde. Die Lehrerin gibt einige Instruktionen, die Schüler fragen nach. Es geht dabei um die Formen der Aufstellung, über mögliche Sprungarten und die einzelnen Schritte, wie die Seilkür erarbeitet werden kann. In dieser Phase sind die Schüler interessiert, sie fragen nach und auf diese Weise kommt es zu einer angemessenen Besprechung des geplanten Vorgehens. Im nächsten Schritt – der Erarbeitung der Seilkür – sind die Schüler ebenfalls engagiert dabei und nutzen dabei auch die räumlichen Verhältnisse entsprechend der vorgesehenen Handlungen. Die Lehrerin geht jeweils auch zu den einzelnen Gruppen, um auf diese Weise die Aktivitäten der Schüler mit zu steuern. Dabei sind die Schülerinnen und Schüler auch angehalten, ihre jeweiligen Ergebnisse entsprechend den vereinbarten Zielen festzuhalten. Es folgt in der nächsten Phase die Präsentation der Ergebnisse: Die Gruppen treten an und zeigen, was sie zuvor erarbeitet haben. Dabei zeigt sich, dass sie die selbst formulierten Aufgaben gut umgesetzt haben. Die Lehrerin gibt auch immer wieder positive Kommentare ab, sodass die Schülerinnen und Schüler recht zufrieden sind.

Dann kommt es zur Abschlussbesprechung, die im Folgenden dokumentiert ist.

Beschreibung der weiteren Aktivitäten

Verlauf der Stunde

01 L   also es ist <<presto>andi würdscht bitte vernünftich hinsetzen> <<laut>… gA:::nz   SCHÖ::N SCHWE:R sich zu einigen hast gmerkt aber ich finde ihr habtsWIRKlich . TOLL gemAcht >.. viellEIcht müssn wir jetzt mal noch kurz überlegen … ((zeigt Schilder))

02 S   ich wollt noch wohin aber … binder hat dann immer gesagt er weiß nich   worums geht und warum er es wusste

03 B   ich wusste es nich

04 L   lass ihn mal aussprechen

05 S   hmhm:: .. weil er immer gerne machen wollte was er (...)
wenn wir schon ganz viel machen dann können wir noch n
bisschen mehr dazu machen weil sonst wärs zuviel gewesen

06 L   hmhm

07 S   sandra

08 S   em ... ich hab heute gelernt weil: wir überarbeitet habn

09 L   was heißt steibelenz

10 S   uns dass wir übungen: machen

11 L   hmhm

12 S   hat gemacht haben

Abschluss der Stunde

Die Lehrerin eröffnet das die Sportstunde abschließende Gespräch mit einem längeren Beitrag. Sie beginnt damit, dass sie eine Äußerung initiiert. Allerdings sieht sie sich gezwungen, einen Schüler zu ermahnen, der sich noch nicht hingesetzt hat. Diese Aufforderung wird in einem schnellen Tempo realisiert. Dann greift sie auf ihre Eingangsäußerung zurück, in der sie das Ergebnis der Stunde resümieren möchte, indem sie darauf orientiert, dass es *ganz schön schwer* sei, sich zu einigen. Diesen Teil der Äußerung betont sie in einem Beitrag, indem sie starke Akzente setzt, wie die Längenmarkierung und die Betonungsschreibweise es nahelegt. Im Anschluss macht sie deutlich, dass nach ihrer Einschätzung die Schüler die gestellten Aufgaben sehr gut bearbeitet hätten, wobei auch der Ausdruck *wirklich toll* deutlich macht, wie positiv sie das Verhalten der Schülerinnen und Schüler einstuft. Dann regt sie an, noch einmal über die Erfahrungen zu sprechen, indem sie die Aufmerksamkeit der Schülerinnen und Schüler auf Schilder lenkt, die sie hochzeigt – was darauf jedoch geschrieben steht, ist in der Videodokumentation nicht zu sehen. Ein Schüler hat sich gemeldet und ergreift das Wort. Er weist darauf hin, dass sein Mitschüler Binder etwas gesagt habe, allerdings unter Voraussetzung, dass er offenbar nicht wusste, worum es bei der der ganzen Sache ging. Der Schüler Binder bestätigt dies durch einen zustimmenden Hinweis. Die Lehrerin ermahnt ihn (*lass ihn mal aussprechen*), worauf der andere Schüler den Sachverhalt noch weiter erklärt – es wäre zu viel gewesen. Die Lehrerin nimmt dies zustimmend zur Kenntnis. Dann ruft der Schüler die Mitschülerin Sandra auf. Diese macht deutlich, dass sie durch die intensive Auseinandersetzung viel gelernt habe. Die Lehrerin fragt nun, was denn unter *steibelenz* zu verstehen ist. Die Schülerin stellt fest, dass sie Übungen gemacht hätten. Die Lehrerin registriert dies zustimmend. Dann geht es weiter.

13 L   <<lento>carmen zur auflass okay> zweitens

14 S   un::d weil mir hats ja spaß gemacht über weil wir so viel ausprobiert haben und dann habn mers besser gmacht

15 L hmhm

16 S dschakko

17 D es gab ein proBLEM weil wir in die . EMm a die hat gemeint
    sie wär der chEf und sie uns n unsere sachen aushängen lassen
    und dann hat se erst gesagt jetzt machn wir es SO: dann habn
    wir es wieder SO: dann Soso und es ist halt mir auf die NERven
    gegangen und aus der gruppe rausgegangen . und   dann
    hab ich auch HÄmisch mir (…)

18 L okay . wir müssen für mor:gen . besprechen <<presto>wir
    müssn jetzt schluss machen die zeit ist um>

19 SS ((lärmen))

20 L <<laut> ihr habt vorher noch ne besprechung vor ((dieser))
    der Konferenz   ja>

21 S da kann ich ja nichts hörn

22 L <<laut> hasta la vista>

23 SS <<laut> ole>

Die Lehrerin reagiert auf die letzte Äußerung mit einem direkten Bezug auf die Sprecherin, und orientiert die Schülerinnen und Schüler auf das zweite Schild. Ein Schüler macht deutlich, dass der Unterricht doch recht gelungen war, was die Lehrerin mit einem zustimmendem hmhm zur Kenntnis nimmt. Der Schüler ruft nun *dschakko* auf. Dieser weist auf ein Problem hin, das er mit einer Mitschülerin gehabt hat: Sie würde meinen, sie sei der *chef* mit der Begründung, die anderen hätten ihre Sachen *raushängen* lassen. Zudem hätte sie immer neue Perspektiven auf die zu lösende Aufgabe entwickelt mit dem Ergebnis, dass ihm das auf die Nerven gegangen sei, was ihn dazu veranlasst hätte, aus der Gruppe herauszugehen. Zudem habe er sich etwas hämisch überlegt – was genau, war jedoch richtig zu hören. Die Lehrerin quittiert dies mit dem Ausdruck okay, um anschließend darauf zu verweisen, dass dieses Thema auch am nächsten Tag zu besprechen sei. Dann weist sie darauf hin, dass jetzt Schluss gemacht werden müsse, denn die Zeit sei um. Danach lärmen die Schüler, was die Lehrerin dazu bringt, noch einmal die Schüler daran zu erinnern, dass noch eine Besprechung vor der Konferenz stattfinden soll. Eine Schülerin orientiert noch auf den Aspekt, dass sie unter diesen Umständen nichts hören könne. Mit einem laut gesprochenen spanischen Ausdruck *hasta la vista* beendet sie die Stunde, die Schüler antworten darauf mit einem *ole*. Damit ist die Stunde beendet.

Einschätzung der Stunde

Insgesamt ist die Stunde sehr erfolgreich verlaufen, die Schüler haben an dem thematischen Schwerpunkt der Stunde großes Interesse gehabt, was u. a. dadurch deutlich wird, wie sie sich an den einzelnen Stundenelementen engagiert und interessiert mitgearbeitet haben – eben im Sportunterricht, der keine der üblicherweise erforderlichen Gestaltungsformen hat, sondern ganz spezielle, wie schon eingangs formuliert. Auch die Lehrerin war durchaus erfolgreich mit ihrem Stundenkonzept, sie hat die Schüler für die Seilkür sehr motiviert und sie weiterhin auch angemessen beraten. Diese Stunde erweist sich als ein Beispiel für einen guten Sportunterricht, insofern die Schülerinnen und Schüler sich für die Ziele der Stunde engagiert haben, nämlich die Vorbereitung einer Seilkür für die kurz bevor stehende Abschlussfeier.

4.6.3 Chancen und Risiken

Beurteilung der Stunde

Die Sportstunde ist im Prinzip als erfolgreich zu bezeichnen, denn die Schülerinnen und Schüler der 4. Grundschulklasse sind voller Begeisterung beim Seilspringen und scheinen sich auch zu freuen, dass sie demnächst in der Schule an einer Abschiedsveranstaltung teilnehmen werden. Dieses gelingt dann auch, denn sie werden durch das unterrichtliche Konzept der Lehrerin auf diese Veranstaltung angemessen vorbereitet. Sie agieren auch bei der Durchführung der Stunde relativ engagiert, und somit wird es möglich, eine gute Vorbereitung für die ins Auge genommene Abschiedsveranstaltung zu entwickeln. Risiken sind nicht unbedingt erkennbar, denn der Lehrerin gelingt es, die Schüler für das von ihr ins Auge gefasste Projekt zu interessieren.

4.7 Zusammenfassung

Zusammenfassung und Einschätzung

Die sechs ausgewählten Unterrichtsstunden zeigen, wie verschieden der Unterricht in den einzelnen Fächern gestaltet werden muss, um die fachlichen Schwerpunkte adäquat zu thematisieren. Die jeweiligen Modalitäten des Unterrichts hängen sehr davon ab, wie die einzelnen Inhalte vermittelt werden sollen. Dazu müssen die Lehrpersonen mit den fachspezifischen didaktischen Konzepten vertraut sein, wenn es sich auch gezeigt hat, dass in den entsprechenden Einführungen die Unterrichtsrealität entweder keine oder aber nur eine untergeordnete Rolle spielt. Es stehen eher die fachlichen sowie die didaktischen Grundlagen im Zentrum des Interesses. Für das Resümee erscheint es deshalb besonders sinnvoll, die Besonderheiten der einzelnen Fächer noch einmal zusammenfassend darzustellen und sie in einem abschließenden Vergleich einander gegenüberzustellen. Als besonders wichtig hat sich dabei gezeigt, dass die fachspezifischen Inhalte ganz besonders das unterrichtliche Handeln der Lehrerinnen und Lehrer bestimmen.

Im Fach Biologie stehen fachlich bestimmte Inhalte im Mittelpunkt des Interesses, insofern das System der DNA entwickelt werden soll. Vor dem Hintergrund des dafür notwendigen Typus des deduktiv-nomologischen Erklärens ist der dokumentierte Unterricht angemessen, denn es gelingt dem Lehrer, die Schüler für das Thema zu motivieren, vor allem in einer Gruppenarbeitsphase, in der sich die Schüler sehr intensiv mit der ihnen gestellten Aufgabe auseinandersetzen. Man hätte vielleicht auch Experimente einplanen können, aber dies wäre fachlich nicht unbedingt erforderlich gewesen.

Im Fach Deutsch geht es in dem ausgewählten Transkript um die Art und Weise, wie sich Schüler in einer Podiumsdiskussion verhalten. Dies tun sie sehr konsequent und engagiert, und wenn man dies mit anderen Fächern vergleicht. Sie ist vor allem auch inhaltlich gut vorbereitet, und die beteiligten Schüler argumentieren der inhaltlichen Frage entsprechend angemessen. Dabei ist auch zu berücksichtigen, dass im Deutschunterricht sehr viele unterschiedliche thematische Schwerpunkte behandelt werden müssen, von literarischen Texten über Sachtexte bis hin zu den sprachlichen Besonderheiten, die sich im Grammatikunterricht erarbeiten lassen. Die Podiumsdiskussion ist eine spezifische Form, die vor allem ab der 9. Klasse genutzt wird, um die Schüler an die Potenziale der inhaltlichen Auseinandersetzung heranzuführen. Allerdings bestimmt dabei auch weiterhin das inhaltliche Interesse an bestimmten Fragen die Dimensionen der Auseinandersetzung. Es gibt Themen, die Schüler nicht oder nur wenig interessieren und solche, die für sie interessant sind, weil sie selbst einen Bezug dazu herstellen können. Für die ausgewählte Diskussion gilt die letzte Variante: Die Schüler sind engagiert dabei, die inhaltlichen Fragen zu klären.

Im Fach Englisch steht das Thema Berufswahl im Zentrum des Interesses. Dem Lehrer gelingt es durchaus, die Schüler für genau diesen Schwerpunkt zu interessieren, vor allem auch deshalb, weil er zu Beginn der Stunde einzelne Schüler bittet, bestimmte Berufe pantomimisch darzustellen. In der Folge wird dann das Spektrum ausdifferenziert, die Schüler erarbeiten teilweise in eigener Arbeit die entsprechenden Inhalte, und abschließend »spielt« der Lehrer noch einmal mit bestimmten Formulierungen, die die Schüler dann umformulieren müssen. Die Schüler arbeiten konzentriert mit, ihre Beiträge sind zum Teil auch interessant, aber im Mittelpunkt steht das Interesse des Lehrers, ihnen die englische Sprache zu vermitteln. Dabei zeigt sich, dass die meisten Schüler, die Beiträge einbringen, dies auch schon mehr oder weniger gut können – was bei einem Unterricht in der 5. oder 6. Klasse nicht unbedingt der Fall wäre. Dort sind die meisten Schüleräußerungen meist nur kurz, und die Lehrperson verfügt über viel Zeit, den sprachlich strukturierten Rahmen zu entwickeln und ihn entsprechend zu vermitteln. Dennoch zeigt sich in der ausgewählten Unterrichtsstunde, dass der Lehrer ein Unterrichtskonzept verfolgt, mit dem es ihm gelingt, die

Schüler für das ausgewählte Thema der beruflichen Orientierung zu motivieren.

Im Fach Geschichte geht es um die Problematik der Sowjetunion, also der Übergang von Lenin zu Stalin. Dies wird zunächst erarbeitet, und die entsprechenden Kommentare der Schüler dazu sind relativ fundiert. Vor dem Hintergrund des Konzepts der teleologischen Erklärung erweist sich dieses Stunde als relativ gut strukturiert, die Mitarbeit der Schüler ist als angemessen zu bezeichnen, und deshalb gelingt es dem Lehrer auch, für die ausgewählte Fragestellung zu motivieren. Allerdings zeigt sich im Detail auch, wie differenziert die Schüler ihre Perspektiven einbringen, indem sie sie von anderen Beiträgen abgrenzen. Auf diese Weise gelingt es ihnen, sich differenziert mit dem vorgesehenen Unterricht auseinanderzusetzen und eigene Sichtweisen einzubringen.

Im Fach Physik geht es um das Experiment in einer 10. Klasse eines Gymnasiums. Hier spielt vor allem das Experiment des waagerechten Wurfes eine Rolle. Dies wird nach einer initiierenden Instruktionsphase lange ausprobiert, bis dann am Ende der Doppelstunde die Erfahrungen mit dem Experiment ausgetauscht und besprochen werden. Dies geschieht auf einem relativ hohen theoretischen Niveau, das vom Lehrer eingebracht und von den Schülern akzeptiert wird. Und im Resultat lässt sich die Stunde insgesamt als gelungen bezeichnen. Insgesamt ist die Doppelstunde sehr interessant, vor allem deshalb, weil die Schüler sehr viel Zeit bekommen, um das Experiment durchzuführen. Und die Ergebnisse sind insofern den Anforderungen entsprechend, weil die Schüler die Aufgabe selbst gut verstanden und eine entsprechende Lösung erarbeitet haben.

Abschließend zum Fach Sport. Hier erfolgt eine ganz besondere Form des Unterrichts, insofern die Aktivitäten der Schülerinnen und Schüler in einer Sporthalle ganz andere Anforderungen stellen als der Unterricht in den Fächern, die bisher dargestellt worden sind. Die Aktivitäten der Schüler müssen durch die Lehrperson organisiert werden, und deshalb gibt es dafür auch einen völlig anderen Handlungsrahmen, nämlich Anweisung und Übung. Und dies durchzieht die jeweiligen Sportstunden. In diesem Fall ist der Schwerpunkt das Seilspringen, das die Schüler in der Turnhalle durchführen sollen. Die Lehrerin gibt instruierende Hinweise, um zum geplanten Stundenziel zu gelangen. Und die Schüler arbeiten so gut mit, sodass die vor Abschluss der Stunde stattfindende Präsentation eine angemessene Umsetzung der Stundenziele dokumentiert.

5. Rahmenbedingungen von Unterricht

5.1 Die Struktur von Unterricht

Die Organisation von Unterricht ist eine der zentralen Aufgaben der im sozialen Raum Schule handelnden Personen. Vor allem den Lehrern obliegt die Aufgabe, die jeweiligen Einheiten wie Unterrichtsstunden oder Pausen zu organisieren. Dabei zeigt sich, dass es durchaus unterschiedliche Realisierungsformen gibt. So lässt sich beobachten, dass die Schüler in den Pausen auf dem Schulhof spielen oder sich unterhalten, während die Lehrer sich im Lehrerzimmer aufhalten und sich unterhalten. Einigen wenigen von ihnen obliegt allerdings die Pflicht, auf den Schulhöfen Aufsicht zu führen oder aber dafür zu sorgen, dass die Schüler nicht das Schulgebäude als Ort für Aktivitäten in der Unterrichtspause nutzen. Mit dem lauten Gong wird sowohl der Anfang als auch das Ende dieser Aktivitäten markiert. Wenn dieser ertönt, sind die Schüler verpflichtet, sich in die Unterrichtsräume zurückzubegeben. Und auch die Lehrer packen im Lehrerzimmer ihre Unterlagen zusammen und begeben sich in den Klassenraum, in dem sie für ein ganz bestimmtes Fach verantwortlich sind, in dem sie den Unterricht erteilen. Die jeweilige Länge der Unterrichtsstunde kann in einer Einzelstunde bei 45 Minuten liegen, bei einer Doppelstunde sind es 90 Minuten. In der Regel sind heute Doppelstunden üblich, dies war aber noch vor zehn Jahren ganz anders.

> Organisation von Unterricht

Wenn nun die Schüler sich in den Klassenraum begeben haben, sind sie verpflichtet, die ihnen zugewiesenen Plätze einzunehmen, insofern die Sitzordnung vorgegeben ist. Dies kann aber auch unterschiedlich gehandhabt werden. So findet beispielsweise der Physik- und Chemieunterricht in der Regel in dafür vorbereiteten Räumlichkeiten statt – dies gilt auch für das Fach Kunst, wenngleich es dabei auch sein kann, dass der Unterricht im Klassenzimmer organisiert wird. Eine besondere räumliche Einrichtung stellt auch die Sporthalle dar, in der die Schülerinnen und Schüler im Fach Sport unterrichtet werden: Hier gibt es die Möglichkeit, sich mit Turngeräten oder Ballspielen zu beschäftigen. Ergänzend ist darauf hinzuweisen, dass der Unterricht im Bereich der Leichtathletik oder Fußball auf einem Sportplatz stattfindet. So zeigt es

> Verteilung der Schüler im Raum

sich, dass die Organisation von Unterricht in den einzelnen Fächern durchaus verschieden gehandhabt werden muss – das wurde auch bereits in Teil 4 schon sehr deutlich herausgearbeitet.

Tableauformen   Im Klassenraum ist die Besetzung der einzelnen Plätze vorgegeben, denn es gibt eine Sitzordnung. Das heißt, dass jeder Schüler einen festen Platz hat, den er nutzen muss. Für die Beschreibung der Sitzordnung ist darauf zu verweisen, dass es sich um ein *Tableau* handelt, also die festgelegte Anordnung der Schüler in einem Raum zu (vgl. Foucault 1977, S. 183 ff.). Dabei sind zwei Tableau-Typen zu unterscheiden, nämlich erstens das lehrerzentrierte und zweitens das schülerzentrierte.

Das lehrerzentrierte Tableau orientiert die Aufmerksamkeit der Schüler auf die Aktivitäten des Lehrers, insofern die Aufmerksamkeit der Schüler auf den Lehrerarbeitsplatz *vorne* am Pult gesichert ist. Dabei gibt es zwei Varianten: Zunächst gibt es die orientierende Anordnung des *Blocks*, bei der die Schüler in parallel angeordneten Tischen dem Lehrer gegenübersitzen, und zum Zweiten die *Gruppentische*, bei denen die Schüler in Kleingruppen um entsprechend platzierte Tische sitzen. Beide Anordnungen ermöglichen keinen ständigen Blickkontakt zwischen allen Beteiligten. Im schülerzentrierten Tableau wird dies erreicht durch eine Großgruppen-zentrierte Anordnung des Mobiliars in Gestalt sowohl des *Hufeisens* – rechtwinklig arrangierte Tische – als auch des *Stuhlkreises* – kreisförmig angeordnete Stühle ohne Tische.

Herstellung der Unterrichtsöffentlichkeit   Der Unterricht beginnt, wenn alle Beteiligten ihren Platz im Rahmen des Tableaus eingenommen haben. Dem Lehrer obliegt es nun, die Unterrichtsöffentlichkeit herzustellen. Nun können die fachspezifischen Unterrichtsinhalte thematisiert werden. Dabei ist allerdings darauf zu achten, dass die Inhalte und Methoden des Unterrichts in den einzelnen Fächern sehr unterschiedlich sind. Nun aber obliegt es dem Lehrer, die jeweiligen Themen und Fragestellungen gruppenangemessen und altersadäquat zu thematisieren. Dabei muss auch darauf geachtet werden, dass die jeweiligen fachspezifischen Vorgaben berücksichtigt werden. So ist offensichtlich, dass sich der Unterricht in den fremdsprachlichen Fächern vom Deutschunterricht unterscheidet, dass die naturwissenschaftlichen Fächer wie Biologie, Physik oder Chemie ein eigenes Profil entwickelt haben, und auch der Unterricht im Fach Geschichte oder Sport erfordert andere Unterrichtskonzepte als in den naturwissenschaftlichen Fächern. Für die Umsetzung des Unterrichts ist der jeweilige Fachlehrer zuständig, und zwar insofern, als er in seiner spezifischen Rolle als institutionell Handelnder eine zentrale Aufgabe zu bewältigen hat, nämlich die fachspezifischen Inhalte angemessen zu vermitteln. Dabei orientiert er sich in der Regel an einem fachspezifisch orientierten Unterrichtsplan, seine Antizipation des Stundenverlaufs. Die zur Verfügung stehende Zeit wird vorstrukturiert, und zwar sowohl organisatorisch als auch inhaltlich. Dabei wird sie meist in Abschnitte eingeteilt. Für eine Standard-Unterrichtsstunde lassen sich nach Meyer (1987 II, S. 104 ff.) drei Abschnitte unterscheiden. Es beginnt mit dem »Einstieg«, mit dem auf das fachspezifische Thema Bezug genommen wird. Dabei geht es auch darum, die Aufmerksamkeit der Schülerinnen und Schüler auf das ausgewählte Thema zu richten. Im zweiten »Hauptteil« findet dann eine intensive Auseinandersetzung mit dem ausgewählten Thema statt, d. h. es wird konsequent erarbeitet und die Schüler erhalten entsprechende Aufgaben, mit denen dies gesichert werden kann. In der »Abschlussphase« schließlich werden die Ergebnisse gesichert, was bedeutet, dass sich die Schüler entsprechende Notizen machen und diese in ihren Heften notieren. Grundlage der Umsetzung sind jedoch die Handlungspläne des Lehrers, der konzeptuell eine Unterrichtseinheit über mehrere Stunden entwickelt hat. Dabei ist auch darauf hinzuweisen, dass die jeweilige fachliche Orientierung ganz wesentlich das Handeln der Lehrer bestimmt – die in Kapitel 4 erarbeiteten Unterschiede zwischen den einzelnen Fächern sind dabei zu beachten.

Der Lehrer realisiert seine Handlungspläne in unterschiedlichen Schritten, für deren Abfolge sein Konzept für die zu vermittelnden Inhalte eine gewisse Rolle spielt. Dies ist auch aufgrund der fachlichen Besonderheiten ein ganz wichtiges Kriterium: So verlaufen Sportstunden anders als Physik- oder Deutschstunden – wie schon in Kapitel 4 gezeigt. Bei der Beschreibung von Unterrichtsprozessen ist es vor allem wichtig, zwischen Lehr- und Sozialformen zu unterscheiden. Der Begriff der *Sozialform* bezieht sich auf die kommunikativen Verhältnisse im Unterricht, während der Begriff der *Unterrichtsform* die thematische Bearbeitung von Gegenständen und Inhalten erfasst. Sozialformen sind zu unterscheiden nach der Art und Weise, wie Öffentlichkeit hergestellt wird. Im Plenumsunterricht bezieht sich die Aufmerksamkeit sowohl des Lehrers wie auch der Schüler auf den jeweils im Mittelpunkt stehenden thematischen Schwerpunkt. Im Gruppen- und Partnerunterricht ist diese Öffentlichkeit aufgehoben, insofern die beteiligten Schüler spezifische Aufgaben ohne Mitwirkung des Lehrers bearbeiten. Dabei ist die Intensität der beiden Arbeitsformen auch von der Anzahl der beteiligten Schüler abhängig: Während in der Gruppenarbeit bis zu sechs Schüler zusammenarbeiten können, sind es bei der Partnerarbeit nur zwei. Die Einzelarbeit ist dadurch ausgezeichnet, dass sich die Schüler allein mit einer gegebenen Aufgabe auseinandersetzen. Dagegen sind die Unterrichtsformen voneinander abzugrenzen, insofern die Aktivitäten von Lehrern und Schülern durchaus unterschiedlich realisiert werden können. Während im Lehrervortrag die thematische Entfaltung ausschließlich durch den Lehrer vorgenommen wird, bearbeitet der fra-

Verschiedenheit des Unterrichts

gend-entwickelnde Unterricht als Lehrgespräch sein Thema in einem ständigen Wechsel zwischen Lehrer und Schüler; in der Diskussion bzw. im Schülergespräch sind es hauptsächlich die Schüler, die unter gelegentlicher Teilnahme des Lehrers ein Thema behandeln. Im Schülervortrag präsentieren Schüler selbst erarbeitete Produkte der Klassenöffentlichkeit.

Am Ende der Stunde hat der Lehrer die Aufgabe, die thematische Bearbeitung an die zeitlichen Verhältnisse anzupassen. Mit dem Klingeln endet eine Stunde im Idealfall, sie kann aber auch schon früher oder aber später abgeschlossen werden. Vor allem, wenn das Stundenende überschritten wird, kann es Probleme geben, insbesondere auch dann, wenn die Schüler erwarten, dass sie in eine Pause gehen können. Auf jeden Fall obliegt es dem Lehrer, selbst die Stunde zu einem Zeitpunkt zu beenden, der vielleicht auch mit den offiziellen Markierungen in Übereinstimmung steht. Wenn die thematische Arbeit zu Ende ist, kann der Lehrer die Unterrichtsöffentlichkeit aufheben. Danach können sich andere Verpflichtungen der Beteiligten ergeben, nämlich etwa die, dass der Lehrer für Schülergespräche bereitsteht. Es kann aber auch sein, dass der Lehrer den Raum wechseln muss, um in den nächsten Raum zu kommen. Zudem kann er die Schüler darauf hinweisen, dass sie in die Pause gehen müssen und er den Klassenraum möglicherweise abschließt. Für die Schüler gilt, dass sie ihre Unterlagen ordnen, sich möglicherweise auf ein anderes Fach einstellen oder aber den Klassenraum verlassen, um in der Pause auf den Schulhof zu gehen.

Verlaufsformen   Die nachfolgende Übersicht stellt die genannten Sozial- und Unterrichtsformen noch einmal zusammen.

Übersicht 5.1: Verlaufsformen einer Unterrichtsstunde

Verlaufsformen	Unterrichtsformen	Sozialformen
Tableaubesetzung		
Herstellung von Öffentlichkeit		Plenum
Phasen	Lehrervortrag	Plenumsunterricht
	Lehrgespräch	
	Schülergespräch (Diskussion)	
	Schülervortrag (Präsentation)	
	Gruppenarbeit	Gruppenunterricht
	Einzelarbeit	Einzelunterricht

Verlaufsformen	Unterrichtsformen	Sozialformen
Aufhebung der Öffentlichkeit		Plenum
Tableauauflösung		

5.2 Die Institution Schule als Lehranstalt: Zur Organisation von Unterricht

Für die Analyse von Unterrichtsstunden bietet es sich an, verschiedene Aspekte in den Mittelpunkt zu stellen, angefangen mit einer Beschreibung des Unterrichtsverlaufs über eine detaillierte Auswertung von Transkriptionen bis hin zu entsprechenden didaktischen Kommentaren. Mit einer solchen Strukturierung sollen die einzelnen Stunden in den verschiedenen Fächern genauer analysiert werden. Dabei ist auch zu beachten, dass der Unterricht in den verschiedenen Fächern unterschiedlich verläuft, sodass die Organisation des Unterrichts vor allem auch durch die zu vermittelnden fachlichen Inhalte geprägt wird. Insgesamt lassen sich mehrere verschiedene Bereiche ausmachen, die für eine Stunde von Bedeutung sind. Zunächst stehen die Eröffnungsphase und die Schlussphase im Mittelpunkt.

> **Zur Organisation von Unterricht – fachliche Besonderheiten**

In der Eröffnungsphase geht es darum, zu Beginn der Stunde den thematischen Schwerpunkt festzulegen und die Art und Weise des Umgangs mit dem Thema zu bestimmen. In der Schlussphase steht vor allem die Ergebnissicherung im Vordergrund – etwa als Zusammenfassung der in der Stunde erarbeiteten Ergebnisse und als Auflösung des Tableaus. Für eine Rekonstruktion dieser Phasen werden im Folgenden zunächst der Beginn und das Ende einer Biologiestunde und im Anschluss daran Beginn und Ende einer Deutschstunde dokumentiert.

> **Eröffnungsphasen**

(1a) Biologiestunde – Anfang
01 L: es wär heut die chance gewesn irgendwie
02 S: berühmt zu werdn
03 S?: <<all>berühmt>
04 L: =berühmt zu werdn.ne?
05 SS: ((lachen))
07 L: und dAnn is sabrina krAnk heute <<p> das is natürlich>
08 S4: <<mit vollem Mund> sabrina is ja schon berühmt
09 L: wos' wO war die' (.) brille würd ich auch zeign . hat ja auch mal was aber
         ((Gemurmel, S. reden durcheinander, lachen, L. bereitet Tafel vor, gemeinsamer Scherz über die Aufnahmesituation))

10 L: <<f> SO meine damen und herrn – geht's los?>
((S. reden durcheinander, Gespräche werden leiser, schließlich ist es ganz still))

11 L: ich wÜnsch erst mal ein schön gutn *mOrgn

12 SS: mO:rgen

13 L: wUnderbar . <<pp> dieses begrüßn,> … sie hattn ne klItzekleine hAUsaufgabe auf? Und ich hatte gesagt wir machen heute ein bIsschen in einem schÖn: tAfelbild damit   sie (.) da (.) viel von haben, und das war wie immer … dAs is nich schwer
((L. Schreibt an die Tafel: *DNA, RNA* und stellt im Anschluss den Overheadprojektor zur Seite))

Biologie-unterricht – Eröffnung

Diese Stundeneröffnung im Biologieunterricht der Jahrgangsstufe 11 ist vor allem deshalb interessant, weil vor dem Vollzug der Begrüßung noch andere Dinge geklärt werden müssen, etwa die Feststellung, dass heute die Chance gewesen wäre, berühmt zu werden – wobei nicht klar ist, worauf sich der Lehrer dabei bezieht –, oder aber die Feststellung des Lehrers, dass Sabrina krank sei. Dies bestätigt ein Schüler, indem er *mit vollem Mund* behauptet, dass die Schülerin doch berühmt sei – dies ist allerdings eher als eine ironisch gemeinte Äußerung einzuschätzen. Sodann orientiert der Lehrer auf eine – wo auch immer sich befindende – Brille, die auch gezeigt werde müsse, weil das auch *was habe*. Der Lehrer bereitet im Anschluss die Tafel vor, während die Schüler weiterhin reden, und nachdem alles abgeschlossen ist, begrüßt der Lehrer die anwesenden Schülerinnen mit einer laut eingebrachten Frage, in der er deutlich macht, dass er jetzt seinen Unterricht eröffnen will. Langsam versiegt das Sprechen der Schüler, es tritt die vom Lehrer eingeforderte Ruhe ein, sodass die Unterrichteröffnung in Form einer Begrüßung realisiert werden kann. Die Schülerinnen und Schüler antworten ihm, indem sie ebenfalls *mO:rgen* sagen (12). In der folgenden Äußerung bereitet der Lehrer die Schüler auf die für diese Stunde ins Auge gefasste Schwerpunktsetzung vor, indem er auf die Folie, die auf einem Overheadprojektor liegt, *DNA* und *RNA* notiert, ohne dass dies allerdings in seiner Äußerung thematisiert wird, denn diese bezieht sich auf eine Hausaufgabe der Schüler und das ins Auge gefasste Thema der Unterrichtsstunde, nämlich das Verhältnis von DNA und RNA herauszuarbeiten (siehe dazu auch Kap. 4.1).

Dieses Beispiel zeigt sehr anschaulich, mit welchen Mitteln Lehrer arbeiten müssen, wenn sie den Unterricht eröffnen wollen. Sie müssen zunächst dafür sorgen, dass die Schüler den jeweils ihnen zugewiesenen Platz einnehmen, damit der Unterricht in der entsprechenden Organisationsform eröffnet werden kann. Vorher müssen noch andere Dinge erledigt werden, wie beispielsweise eine Anwesenheitsfeststellung. Und es zeigt sich dann, dass mit entsprechenden angemessenen Ankündigungen des Lehrers durchaus die Aufmerksamkeit der Schüler erreicht werden kann. Denn nach der deutlichen Angabe, dass die unterrichtliche Arbeit gleich losgeht, erreicht der Lehrer, dass die Schülerinnen und Schüler ihre Gespräche einstellen. Im Rahmen des nunmehr erreichten Zustands der Ruhe kann nun der Lehrer die inhaltlichen Bezugspunkte seiner Stunde festlegen – dies erreicht er in diesem Falle dadurch, dass er die zentralen Begriffe auf eine Folie schreibt, die auf dem in der Schule genutzten Overheadprojektor liegt. Damit ist das Thema der Stunde fixiert – nicht unbedingt verbal, sondern nur über die auf dem Projektor liegende Folie. Insgesamt wird deutlich, welche organisatorischen Bedingungen geschaffen werden müssen, damit der Unterricht – entsprechend dem Konzept des Lehrers – auch realisiert werden kann. Und es lässt sich feststellen, dass es dem Lehrer gelingt, die Aufmerksamkeit der Schüler auf das von ihm ausgewählte Thema zu lenken, indem er ihnen deutlich macht, welche Inhalte Schwerpunkte dieser Stunde sein sollen.

Nun zum Ende der Stunde. Der Lehrer fasst die Ergebnisse der Stunde zusammen und schließt sie dann anschließend ab:

(1b) Biologiestunde (Jg. 11): Der Abschluss
01 L: <<p>gut> dAnn is das MEIN fehler dass wir gesagt haben die frage wolln wir klärn wie das riboSOM aufgebildet wird, h EINKlich wolln wir ja erstmal erklärn .h wie ein (–) eine AMINOsäuresequenz entsteht . wie eine aminosäuresesequenz entsteht . Und DAS eh' die beiden punkte die wir nächste stunde etwas näher ankuckn . h einmal die m-rna gebildet wird und einmal wie die m-rna in eine aminosäuresequenz übertragen werden
((Schüler stellen weitere Fragen an den Lehrer, er delegiert die Fragen oder beantwortet sie selbst))
((Lehrer beendet die Stunde und fordert seine Stifte zurück))

Vor der letzten Äußerung des Lehrers hatten einige Schüler die Ergebnisse ihrer inhaltlichen Auseinandersetzung mit der DNA und RNA eingebracht. Er bezieht sich mit seiner Äußerung genau auf diese Beiträge, dabei räumt er auch ein, dass er einen Fehler gemacht habe, denn im Mittelpunkt der Aufmerksamkeit sollte die Beantwortung der Frage stehen, wie denn nun eine Aminosäure entsteht. Das ist offenbar im Laufe der Stunde nicht das Thema gewesen, sodass der Lehrer nunmehr darauf orientiert, dass er dies in der nächsten Stunde noch einmal thematisieren will. Damit ist der nächste thematische Schwerpunkt fixiert, und dies gelingt dem Lehrer in einer durchaus differenzierten und reflektierten Form. Damit ist der Stundenabschluss eigentlich erreicht, was jedoch nicht ausschließt, dass noch weitere Aspekte im Zentrum des Interesses der Schülerinnen und Schüler stehen. Dann beendet der Lehrer die Stunde und fordert seine Stifte zurück. Mit diesem Schritt ist die Stunde beendet, die Schülerinnen und Schüler verlassen den Raum und gehen entweder in die Pause oder aber in einen anderen Raum – dies bleibt jedoch offen. Die Rahmensetzung und deren Realisierung sind relativ klar strukturiert, und deshalb ist das Beispiel insgesamt als positiv einzuschätzen. Ob es in anderen Fächern auch so gut läuft, soll gleich an einem anderen Dokument gezeigt werden.

Fach Deutsch: »Der Bär auf dem Försterball« Um eine andere Variante vorzustellen, wird im Folgenden ein Beispiel aus dem Fach Deutsch untersucht. Hier geht es um die Behandlung eines literarischen Textes, nämlich der Geschichte »Der Bär auf dem Försterball« von Peter Hacks – sie ist entstanden 1967 oder 1968. Im Jahre 1975 ist dann im Rowohlt-Verlag die Geschichte als Bilderbuch veröffentlicht worden. In der ausgewählten Stunde sprechen hessische Schüler einer 6. Klasse über diesen Text.[5] Zunächst ein Blick auf den Gesamtverlauf der Stunde – immerhin haben die beiden in der Klasse agierenden Lehrerinnen insgesamt ca. 65 Minuten mit diesem Text organisiert. Im nachfolgend dokumentierten Protokoll der Stunde wird ihr Verlauf deutlich gemacht.

Übersicht 5.2: Protokoll einer Deutschstunde: Entwicklung eines Textverständnisses von Peter Hacks' Kurzgeschichte »Der Bär auf dem Försterball« (Jg. 6, Förderstufe)[6]

Zeit	Unterrichtsform/ Sozialform	Lehrer- tätigkeiten	Schüler- tätigkeiten
01:10	Eröffnung/*Plenum: Kreis*	L. begrüßt S.	S. begrüßen L.
02:50	Einstimmung	L. nennt Titel und fragt nach Eindrücken	S. äußern Assoziationen
05:30	Textpräsentation	L. liest den Textanfang vor	S. hören zu
		L. fordert S. auf, weiterzulesen	

5 Die Aufnahme wurde im März 1998 gemacht.
6 Der Unterricht wurde von zwei Lehrerinnen durchgeführt.

Zeit	Unterrichtsform/ Sozialform	Lehrer- tätigkeiten	Schüler- tätigkeiten
09:00	Einzelunterricht		S. lesen weiter
12:15	Präsentation/*Plenum*	L. fordert S. auf, mit verteilten Rollen zu lesen	S. lesen mit verteilten Rollen
14:30		L. fordert S. auf, einen Textschluss zu schreiben	
	Einzelunterricht		S. schreiben
21:20	Präsentation/*Plenum*		S. lesen ihre Texte vor
		L. liest den Schluss im Original vor	S. hören zu
27:10	Auswertung/Lehrgespräch	L. fragt nach Beurteilungen	S. beurteilen den Text
		L. fragt nach dem Textverständnis	S. äußern sich
44:50	Abschluss	L. schließt die Stunde	
45:20	Pause		
00:00	Wiedereröffnung/ *Plenum: Kreis*	L. eröffnet die Stunde	
		L. fordert zu Urteilen auf	S. kommentieren den Text
03:30	Unterbrechung	Ein fremder L. kommt in das Klassenzimmer	
04:50	Lehrgespräch	L. thematisiert das Textgenre	S. setzen sich damit auseinander
16:10	Ergebnissicherung	L. fasst zusammen	S. hören zu
21:10	Abschluss	L. schließt die Stunde	S. verlassen den Kreis

Interaktions-analyse Die sprachlichen Handlungen der beiden in dieser Stunde agierenden Lehrpersonen sind unterschiedlich ausgelegt. Vor allem in der Eröffnungs- bzw. Abschlussphase geht es darum, die Schülerinnen und Schüler am Anfang der Stunde zum einen auf den thematischen Schwerpunkt zu orientieren. Sie hat die Aufgabe, den Beginn des öffentlich organisierten kollektiven Instruktionsprozesses zu markieren, indem Unterrichtsöffentlichkeit hergestellt wird. Der auf diese Weise hergestellte Rahmen wird am Ende der Stunde durch eine entsprechende Äußerung wieder aufgehoben. Dem Lehrer als Agent der Institution Schule obliegt also die Aufgabe, beide Schritte angemessen zu realisieren. Dies gilt auch für die Festlegung des thematischen Schwerpunktes und der dann folgenden Umsetzung in Form der unterrichtlichen Interaktion. Auch die einzelnen Unterrichtsphasen, also die spezifischen Kombinationen von Lehr- und Sozialformen, werden durch entsprechende Äußerungen des Lehrers eröffnet und abgeschlossen, indem er deutlich macht, dass ein bestimmter Abschnitt beginnt bzw. beendet wird. Für die Schüler gilt in den einzelnen Phasen, dass die Vorgaben des Lehrers realisiert werden, indem beispielsweise individuell Texte gelesen werden, in Gruppenarbeit ein bestimmtes Thema besprochen wird oder im Plenum Beiträge zu den vom Lehrer formulierten Fragestellungen eingebracht werden. Insofern lässt sich feststellen, dass die Handlungsweisen von Schülerinnen und Schülern von den vom Lehrer vorgegebenen Rahmenbedingungen abhängig sind. Und das Interesse der Schüler hängt auch davon ab, wie die organisatorischen Rahmensetzungen von ihnen wahrgenommen werden. Diese Strukturierung lässt sich angemessen in einer Grafik darstellen, in der die Funktionen der rahmenden Lehreräußerungen bestimmt werden.

Überblick Stundenverlauf *Übersicht 5.3: Funktionen und Formen von rahmenden Lehreräußerungen*

Funktionen	Formen	
	Richtung	
	prospektiv	retrospektiv
Öffentlichkeit	Eröffnung	Abschluss
Thema der Stunde	Thematisierung	Resümee
Kommunikative Ordnung	Phasierung	Phasenabschluss
Thematische Ordnung	Strukturierung	Evaluation

Struktur der Stunde Der öffentliche Handlungsraum Unterricht wird mithilfe von charakteristischen Äußerungen des Lehrers hergestellt und wieder aufgelöst. Zunächst steht die Anfangsphase in der ausgewählten Beispielstunde im Mittelpunkt, um anschließend die sequentiell wichtigen Handlungsmuster zu rekonstruieren: die initiierenden der Eröffnung und der Thematisierung sowie die schließenden des (thematischen) Abschlusses und der Auflösung des Plenums. In der Regel organisieren Lehrer die Eröffnung als Begrüßung:

(2a) »Der Bär auf dem Försterball«: Der Anfang (Jg. 6, Förderstufe, Deutsch)
01 SS   ((Gemurmel))
02 L   ERst mal guten MORgen noch mal für Alle
03 SS   guten MORgen
04 L   <<p> ich bin ganz aufgeregt>

Das Transkript dokumentiert die Tatsache, dass sich die Schülerinnen und Schüler der 6. Klasse zu Beginn des Unterrichts unterhalten (*Gemurmel*). Sie sitzen auf ihren Plätzen im Tableau und unterhalten sich leise über mögliche Themen und andere Schwerpunkte, und auch die beiden anwesenden Lehrpersonen tun dies. Um die Unterrichtsöffentlichkeit ab diesem Zeitpunkt herzustellen, eröffnet eine der beiden anwesenden Lehrerinnen die Stunde mit einer Begrüßung, in der sie den üblichen Gruß artikuliert und die Schülerinnen und Schüler auf den nun gemeinsam zu erteilenden Unterricht orientiert. Diese antworten ebenfalls mit dem Gruß, indem sie ihn wiederholen. Im Anschluss daran sagt die Lehrerin leise, dass sie ganz aufgeregt ist und fixiert auf diese Weise einen thematischen Schwerpunkt, der in der folgenden Minute behandelt wird, denn es geht darum, dass die Stunde mithilfe einer Kamera dokumentiert wird. Diese Sequenz wird von den Beteiligten so realisiert.

(2b) »Der Bär auf dem Försterball«: Der Anfang (Jg. 6, Förderstufe, Deutsch)
05 S1   was ist denn da dran so aufregend
06 L1   ich steh nich jeden tag vor der Kamera
07 S1   versteckte kamera
08 S2   versteckte kamera
09 S3   versteckt is se ja net aber
10 L1   ja
11 S4   kamera ist es trotzdem
12 To   ich bin das gewöhnt
13 L1   thomas hat gefragt?
14 To   ich könnte gleich in hollywood auftreten
15 L2   TobiAS

16 L1 hier eh marian könntest du noch n bisschen so in die runde
        rücken
17 Ma ((rückt den Stuhl in die Runde))
18 L1 so marian geh n stückchen dahin … und die susi hört jetzt bitte
        auf zu streiten und marlen auch ((3 sec)) und …

Thematisierung der
Besonderheiten

Dieses Beispiel dokumentiert eine sogenannte Nebensequenz. Nachdem die Lehrerin deutlich gemacht hat, dass sie etwas aufgeregt ist, fragt ein Schüler nach den Gründen. Die Lehrerin antwortet darauf, indem sie darauf verweist, dass sie nicht jeden Tag vor der Kamera stehe. Dies kommentieren zwei Schüler ironisch als versteckte Kamera. Dem widerspricht ein anderer Schüler, indem er darauf verweist, dass sie durchaus nicht versteckt ist, sondern gut sichtbar im Raum steht. Der Schüler Tobias ironisiert das Ganze, indem er darauf anführt, dass er gleich in Hollywood auftreten könne. Diese Äußerung veranlasst die zweite im Raum sich aufhaltende Lehrerin, ihn zurechtzuweisen. Die beiden letzten Äußerungen der ersten Lehrerin thematisieren organisatorische Aspekte, wie denn die von ihr auch festgelegte räumliche Ordnung einzuhalten ist. So arbeitet sie am für den Unterricht erforderlichen Tableau. Ihre beiden nächsten Beiträge sind Aufforderungen an Schüler, im Augenblick nicht gewünschte Aktivitäten zu unterlassen.

Die beiden letzten Beiträge sind Anweisungen, die die Schüler auf die Beachtung der etablierten kommunikativen Ordnung verpflichten. Ein Schüler hat noch nicht den ihm zugedachten Platz im Tableau gefunden, zwei andere werden zur Unterlassung nicht legitimer Praktiken aufgefordert. Diese Anweisungen werden unmittelbar vollzogen, sie sichern so die kommunikative Ordnung. Schwieriger einzuschätzen ist die selbstreflexive Äußerung *ich bin ganz aufgeregt* (04). Hier bezieht sich die Lehrerin auf die außergewöhnlichen Umstände der Aufnahmesituation. Sie fordert die Schüler auf, sich ebenfalls damit auseinanderzusetzen, durchaus auch informell. Entsprechend entwickelt sich die so etablierte Nebensequenz als nicht erkennbar organisierte Abfolge von spontanen Kommentaren und Witzeleien. Erst dann kommt es zur Festsetzung des ausgewählten thematischen Schwerpunktes der Stunde.

(2c) »Der Bär auf dem Försterball«: Der Anfang (Jg. 6, Förderstufe,
Deutsch)
19 L1 [ja du hast ja gefragt was diskutieren wir denn   wir lesen heute
20 S1 [ja
21 S2 [
        ach

22 L1 wir lesen … wir lesen eine geschichte (…) die von peter HACKS
geschrieben is UND … die heißt . der BÄR auf dem
FÖRSTERBALL … der bär auf dem [försterball
der bär auf dem försterball
23 S1 [wieso
24 S2 [ja der is aufm ball

Die Lehrerin bezieht sich auf eine im Vorfeld der Stunde gestellte Frage eines Schülers, der die Erwartung artikuliert hat, eine Diskussion zu führen. Davon grenzt die Lehrerin ihr Stundenziel ab: *wir lesen heute.* Mit dieser Formulierung spielt sie auf ein Ensemble von Praktiken an, mit denen in dieser Lerngruppe üblicherweise Texte erschlossen werden und die die Schüler kennen. Darauf beziehen sich die spontanen Kommentare, die eine gewisse Enttäuschung zum Ausdruck bringen. Im nächsten Schritt konkretisiert sie ihr Vorhaben, indem sie Autor und Titel des ausgewählten Textes nennt. Die dabei eingesetzten prosodischen Mittel der Tempovariation und der Akzentuierung machen deutlich, dass hier plenar das Thema der Stunde bekannt gemacht wird. Das hier vollzogene sprachliche Handlungsmuster der Thematisierung umfasst neben der Themenangabe, also der Textbezeichnung, auch die Modalitäten seiner Bearbeitung. Was *lesen* heißt, erschließt sich aus dem Protokoll zu dieser Stunde: den Text in mehreren Schritten kennenlernen, ihn inhaltlich erarbeiten und anschließend beurteilen.

Kommunikative Ordnung

Die kommunikative Ordnung des plenaren Unterrichts und seine thematische Ordnung werden hier nicht mithilfe einer Lehreräußerung hergestellt, sondern durch zeitlich deutlich voneinander getrennte Beiträge: Der Unterricht wird zunächst eröffnet, dann erst wird sein Thema festgelegt. Entsprechend unterschiedlich sind die Reichweiten beider Äußerungen: Während die Eröffnung den schulorganisatorisch definierten Raum einer Unterrichtsstunde herstellt, also die Aufmerksamkeit der Beteiligten auf den öffentlich sich vollziehenden Unterrichtsprozess lenkt, dient die Thematisierung der Orientierung auf die zu realisierenden inhaltlichen Schwerpunkte, unabhängig davon, wie lange diese dauert. Im hier dokumentierten Fall erstreckt sich die Textbearbeitung über den Zeitraum einer Stunde hinaus: Wie das Protokoll zeigt, wird das Thema nach einer kurzen Pause wieder aufgegriffen und in einer resümierenden Besprechung zum Abschluss gebracht. Zusammenfassend: Während die Eröffnung die kommunikative Ordnung der zeitlich begrenzten Einheit Unterrichtsstunde herstellt, orientiert die Thematisierung auf die vom Lehrer antizipierte thematische Ordnung und die entsprechenden Aneignungsformen.

Stundenende

Nun zum Abschluss der Stunde. Wie wird dieser Zusammenhang am Ende der Stunde wieder aufgelöst? Man hört in der audio-visuellen

Dokumentation kein taktgebendes Klingeln, unter anderem auch, weil die Lehrerinnen im Klassenzimmer das akustische Signal ausgeschaltet haben. Trotzdem wird es nach ca. 40 Minuten unruhig, auf der Audio-Spur der Aufnahme kann man Pausengeräusche von außerhalb registrieren. An dieser Stelle beenden die beiden Lehrerinnen die Stunde.

(2d) »Der Bär auf dem Försterball«: Das Ende
01 L1 Tobias da würd ich jetzt gern weiter reden ihr sagt dauern das is
       n Märchen das is   unlogisch darüber sollten wir nochmal
       reden was ist denn das Märchenhafte und das Unlogische
       darüber reden wir gleich weiter

Die Lehrerin 1 nimmt inhaltlich Bezug auf die thematische Bearbeitung in der Gruppe, indem sie die Kritik der Schüler an der Geschichte, sie sei unlogisch und märchenhaft, zusammenfassend aufgreift und verbindet mit der Absichtserklärung, genau diese Aspekte wieder aufzugreifen. Wann das geschehen soll, bleibt offen, allerdings sieht der Stundenplan auch für die nächste Stunde das Fach Deutsch vor, und entsprechend wird so der Beginn der nächsten Stunde antizipiert. Diese Äußerung schließt also den Rahmen, der die Thematisierung etabliert hat. Da jedoch wegen der Fortsetzung des Unterrichts in der folgenden Stunde eine verabschiedende Grußsequenz fehlt, hat sie auch die Funktion, die Unterrichtsöffentlichkeit aufzulösen, denn die Schüler verlassen jetzt teilweise ihre Plätze, bewegen sich im Raum oder verlassen ihn; kurz: Sie tun das, was man in einer kurzen Pause zwischen zwei Stunden so macht. So ist auch das Tableau aufgelöst, und alle anfangs etablierten Rahmen sind geschlossen.

5.3 Lehrerzentrierter Unterricht

Lehrerzentrierter Unterricht

In diesem Teil geht es um die Gestaltung des Unterrichts in einzelnen Fächern, und zwar unter der Prämisse, dass die Lehrerinnen oder Lehrer dafür sorgen, dass sie den Unterrichtsprozess ihren Zielen entsprechend realisieren. Dies kann man mit dem Begriff des lehrerzentrierten Unterrichts fassen, was bedeutet, dass die Lehrperson die Ziele der Stunde festlegt, daraufhin eine entsprechenden Planung der Unterrichtsschritte vornimmt und anschließend ein Konzept für den Unterricht entwickelt, welches sie dann in der Stunde umsetzt. Entsprechend dieser Organisationsform wird dann das jeweils ausgearbeitete Konzept der Stunde realisiert.

Das Problem dabei ist allerdings, dass der Redeanteil der Lehrerin bzw. des Lehrers relativ hoch ist: Es sind Anteile zwischen 40 und 80 Prozent möglich. Zentral dabei ist die Frage, wie durch eine kommunikative Ordnung der Sprecherwechsel organisiert werden kann. Dazu gibt es verschiedene Konzepte – wobei die jeweils fachdidaktischen bzw. pädagogisch orientierten Arbeiten in diesem Zusammenhang nicht berücksichtigt werden –, die vor allem durch linguistisch orientierte Arbeiten bestimmt sind. So sind beispielsweise bereits in den 70er-Jahren in der konversationsanalytischen Schule einige Konzepte entwickelt worden, in der die Organisation der Rederechtsverteilung in dem institutionellen Zusammenhang Schule, genauer: Unterricht, untersucht wurden. Die Verteilung des Rederechts erscheint in dieser Perspektive als formal, insofern es sich – angesichts der sozialen Situation mit in der Regel einer Lehrperson und deutlich mehr Schülern (in Deutschland bis zu 33 pro Klasse) – um eine relativ komplexe Situation handelt, die durch die Lehrperson angemessen organisiert werden muss. Der der konversationsanalytischen Schule zuzuordnende Autor McHoul (1978) hat die Organisation des Sprecherwechsels als einen auf die Person des Lehrers bezogenen Prozess beschrieben, insofern nämlich, als der Lehrer die Kontrolle über den Verlauf des Kommunikationsprozesses im Klassenzimmer ausübt. Ihm obliegt es, die jeweils nächsten Sprecher zu benennen, was wiederum davon abhängt, wie der Kommunikationsprozess strukturiert bzw. organisiert ist. Wenn nämlich ein Schüler seinen Gesprächsbeitrag eingebracht hat, geht das Rederecht wieder auf den Lehrer über. Daraus ergeben sich einige Unterschiede zur alltäglichen Kommunikation: Auf diese Weise wird das Potenzial an Pausen und Lücken maximalisiert und gleichzeitig werden mögliche Überlappungen minimalisiert. Diese Form der Bearbeitung ist allerdings charakteristisch für viele dieser Kommunikationsformen, denn es handelt sich um eine Großgruppen-Kommunikation, für die auch eine präzise Festlegung der jeweiligen Rituale bzw. Unterrichtsschritte erforderlich ist. Denn ohne eine klare Orientierung auch auf die Organisation der Kommunikation im Unterricht lässt sich wahrscheinlich nur eingeschränkt Bezug auf die jeweiligen Formen und Ansätze nehmen. Zudem wird auf diese Weise auch eine unterrichtsspezifische Form von Öffentlichkeit konstituiert, und zwar insofern, als die fachspezifischen Inhalte an die jeweilige Form der Umsetzung gebunden sind.

Im Folgenden soll anhand von drei Beispielen verdeutlicht werden, **Lenin und Stalin** wie solche Prozeduren im Detail realisiert werden. Das erste Beispiel stammt aus dem Fach Geschichte. In der Stunde geht es um die Machtübernahme Stalins im Jahre 1923 – vgl. dazu auch Kapitel 4.4.

(3) Geschichtsunterricht: Lenin und Stalin in der Sowjetunion (1923)
01 L Also, das sind sehr einfache Verhältnisse. Dementsprechend
         muss man vielleicht sagen, Lenin hatte vielleicht andere Gründe
         um sich, eh, um die Revolution zu kümmern als Stalin. Lassen

wir das mal offen bis dahin. Jetzt wichtiger ist das blau gedruckte, ihr habt es gelesen, und da möchte ich doch an der Stelle mal kurz nachfragen. Und ich möchte das mündlich besprechen. Es geht mir um folgendes: Worin liegt laut Stalin das grösste Problem Russlands und welche Schlussfolgerung ergibt sich daraus? Guckt da mal rein, in die Quelle. Braucht nichts aufschreiben dazu. Levin

02 Le   Also, Stalin sagt, das System veraltet nicht nur die Industrie und das Militär sondern das ganze Leben ist wie ein ( ). Und er will das innerhalb von zehn Jahren wieder gut machen. // Und ihm ist auch klar, dass wenn sie es nicht schaffen, dass es Russland dann noch schlechter geht als in diesem Jahrhundert.

03 T   sehr gut. Manuel hattest du eine Meldung?

04 Ma   Eh ja etwa das gleiche

05 L   Hat noch jemand was zu ergänzen dazu? Also, Problem Rückständigkeit sowohl im militärischen wie auch im wirtschaftlichen Bereich liegt eng zusammen. Schlussfolgerung um es noch einmal deutlich zu formulieren. Was will Stalin, um jeden Preis sozusagen? Christian, dann Manuel.

06 Ch   Ja, Russland mächtig machen. Er möchte -eh- eine starke Armee und Russland zu einer mächtigen Industrienation machen.

07 L   Mhm [ja]. Manuel.

08 Ma   Ja, vor allem Industrienation, dass es wieder gut geht und dass – dass sie ja in Frieden leben und vor allem mit viel Macht und Geld leben können. // Also in Wohlstand.

09 L   //Mhm ja ja jetzt heisst es einfach, ja, Maschinen zum Beispiel, wenn man keine hat. Ja woher nehmen und nicht stehlen. Wie soll das gehen? Oder wer soll das bezahlen, wer hat so viel Geld? Sagt man so. Könnt ihr euch das vorstellen? Wie das gehen soll? Keine Ideen?

Mit seiner ersten Äußerung orientiert der Lehrer die Schüler auf ein Arbeitsblatt, das er zuvor verteilt hat. Um den in diesem dokumentierten Schwerpunkt aufzugreifen, orientiert er die Schüler auf eine wichtige Frage, die er mit ihnen besprechen möchte, nämlich, die Frage, wie der russische Führer Stalin die damaligen Probleme der Sowjetunion bzw. Russlands eingeschätzt hat. Er macht deutlich, dass ihm an einer mündlich orientierten Aussprache gelegen ist, um die Grundlagen der Problembehandlung aufzugreifen. Das ausgeteilte Arbeitsblatt hatten die Schüler dann auch schon gelesen. Diesen Aspekt fokussiert er mit dem Hinweis, dass er *an der Stelle mal kurz nachfragen* möchte. Dies konkretisiert er im Anschluss durch die Frage, worin denn Stalin das größte Problem Russlands gesehen habe und welche Schlussfolgerung sich daraus ergebe. Mit diesem Beitrag wird der thematische Schwerpunkt festgelegt, auf den sich die Schülerinnen und Schüler in ihren Antworten zu beziehen haben. Zudem orientiert er ihre Aufmerksamkeit noch auf die ihnen zur Verfügung gestellte Quelle und rät ihnen, zu dieser Frage *nichts aufzuschreiben*. Dann erteilt er Levin das Wort. Dieser zitiert aus dem zur Verfügung gestellten Text, indem er den Inhalt kurz zusammenfasst: Stalin habe behauptet, dass das System und das ganze Leben veraltet sei – und genau dies wolle er *in den nächsten zehn Jahren* wieder verändern. Und zudem würde es dann Russland noch schlechter gehen als jetzt. Der Lehrer lobt ihn dafür mit dem Kommentar *sehr gut* und fragt dann Manuel, ob dieser noch etwas sagen wolle. Manuel antwortet, dass er *etwa das gleiche* habe sagen wollen. Dann fragt der Lehrer, ob noch jemand etwas zu ergänzen habe. Da sich keiner meldet, fasst er den Beitrag so zusammen, dass er die Schüler auf das Problem der Rückständigkeit im militärischen wie im wirtschaftlichen Bereich orientiert, um abschließend die Fragestellung einzubringen, was denn Stalin um jeden Preis realisieren will. Zunächst erteilt er Christian das Wort. Dieser antwortet, er wolle Russland mächtig machen, indem er zum einen *eine starke Armee* schaffen möchte und zum anderen Russland zu *einer mächtigen Industrienation* entwickeln will. Der Lehrer reagiert darauf mit einer kurzen Äußerung *mhm ja*, im Anschluss ruft er Manuel auf. Dieser orientiert darauf, dass Russland zu einer Industrienation werden soll, dass es den russischen Bürgern wieder gutgehen wird, wenn es gelingt, in *Frieden* und in *Wohlstand* zu leben, unter anderem auch wegen der Macht und des Geldes, das sich die kommunistischen Herrscher zu eigen machen. Der Lehrer greift diese Idee auf, indem er bestimmte Gesichtspunkte thematisiert. Die abschließende Frage *wie soll das gehen* wird zunächst von den Schülern nicht aufgegriffen – es gibt offenbar niemanden, der sich meldet, was den Lehrer dazu bringt, die Schüler zu fragen, ob sie *keine Ideen* hätten.

Dieser Ausschnitt ist ein gutes Dokument für einen lehrerzentrierten Unterricht im Fach Geschichte. Der Lehrer thematisiert Aspekte, die für die Auseinandersetzung mit den Problemen Russlands relevant sind. Dabei problematisiert er die wichtigen Gesichtspunkte und orientiert die Schüler auf diese Weise auf die zentralen Aspekte der möglichen Entscheidungen des gerade sich etablierenden diktatorischen Regimes. Und auch die Schüler liefern interessante Beiträge. Vor allem überzeugt der Beitrag Levins, der die wichtigsten Aspekte des zuvor gelesenen Textes nennt und sie in einer gut fundierten Einschätzung zusammenfasst.

Im Folgenden wird es um eine relativ kurze Szene aus dem Fach Deutsch gehen. In einer 12. Klasse sprechen die Schülerinnen und Schüler mit dem Lehrer über das Stück »Antigone« von Sophokles. Im Zentrum steht die Frage, welche Funktionen der Chor in einer Tragödie hat.

Abschließende Einschätzung

Unterricht im Fach Deutsch

(4) »Antigone«: Funktionen des Chors (Jg. 12, Gy, Deutsch)
Die Schüler eines Grundkurses Deutsch der 12. Jahrgangsstufe sitzen im
Block. Sie behandeln gerade Sophokles' *Antigone*, genauer: die Funktionen, die der Chor in der Tragödie hat. Die kommunikative Ordnung ist
lehrerzentriert. Gerade hat der Lehrer Stefan das Wort erteilt: Dieser
hatte sich nach dem vorangegangenen Beitrag von Beate gemeldet, fast
gleichzeitig mit der hinter ihm sitzenden Christa.

L: Lehrer, *Cr*: Christa, *Kl*: Klaus, *Si*: Simon, *St*: Stefan.

01	L	hm Stefan ja
02	Cr/Si	((melden))
03	St	von Seite fünfzehn also das würd ich eher nicht sagen ich
		würd eher hier sagn da hat er wieder sone . erzählerische
		Rolle wo er halt so ne Art Überleitung gibt .. wo der wo
		dann halt . Eh der Wächter halt mit der Antigone kämpft
04	L	ja (11 sec) was meinen die anderen hm bitte (10 sec) Klaus
		was meinst du
05	Kl	jetzt in Bezug auf was …

Am Ende des Beitrags von Robert melden sich Stefan und Christa. Der
Lehrer nimmt dessen Abschluss zur Kenntnis, obwohl Robert noch den
Seitenbeleg einbringen möchte und dies auch tut. So entsteht eine Überlappung, als der Lehrer Stefan das Wort erteilt (01). Hier ist also ein Fall
der »nicht-programmierten Selbstwahl« zu beobachten, die der Lehrer
mit der Rederechterteilung erfolgreich abschließt. Unberücksichtigt
bleibt jedoch Christas Beitragsbegehren, die dieses weiterhin durch das
Melden signalisiert (02). Stefans Beitrag, eine Interpretation, löst bei
dem neben Christa sitzenden Simon Verwunderung aus, zum Ausdruck
gebracht durch das Kopfschütteln. So verwundert es nicht, dass er sich
nach Abschluss des Beitrags zu Wort meldet. Nun passiert etwas Merk-
würdiges: Obwohl sich für den vor der Klasse stehenden Lehrer deutlich
zwei Schüler melden, also die bis dahin übliche Technik der »nicht-programmierten Selbstwahl« anwenden, wartet dieser nach dem zur Kenntnis nehmenden *hmhm* (04) 11 Sekunden, bis er die zunächst ungezielte
Aufforderung zum Beitrag an die Gruppe richtet (*was meinen die andern*; 04). Mit dieser Wendung wechselt er die Technik, indem er im
Zuge der »programmierten Selbstwahl« die Möglichkeit für alle schafft,
den nächsten *turn* zu bekommen. Klaus nimmt nun seinen Arm herun-
ter, verzichtet auf die Wortmeldung, während Christa auf der ihren be-
harrt. Eine weitere Pause folgt, in der sich kein weiterer Schüler meldet.
Stattdessen verpflichtet der Lehrer Klaus zum Reden, der sich nicht gemeldet hat (05). Der Lehrer wechselt also noch einmal die *turn*-Zutei-

lungstechnik – er praktiziert nun das Lehrer-initiierte, »ohne Selbstaus-wahl« der Schüler –, indem er einen Schüler zwingt, sich zum Thema zu äußern: Er unterwirft ihn gleichsam einer Redepflicht. Dieses Beispiel zeigt sehr angemessen, welche Auswirkungen ein auf das eigene Auftre-ten fixiertes Lehrerhandeln hat, indem bestimmte Reaktionen der Schü-lerinnen und Schüler nicht angemessen wahrgenommen werden, in-dem versäumt wird, sie tatsächlich in den kommunikativ organisierten Unterrichtsprozess einzubeziehen.

Das dritte Beispiel aus dem Englischunterricht in einer neunten **Unterricht im**
Realschulklasse (vgl. dazu auch Kap. 4, Teil 3). Auch hier sitzen die Schü- **Fach Englisch**
ler im Block und sprechen über das Thema »The perfect job«.

(5) Englischunterricht

01	L	Open your books, please, and go to page forty two forty three. The perfect job.
02	C	((SS schlagen ihre Bücher auf. L zieht den Tageslichtprojektor heran.))
03	L	The perfect job. Ladies and Gentlemen, before you read … have a look. There are five different pictures. And every picture shows a job. So guess! What could the job be? Don't read the text, only look at the picture.
	C	((Kl schaut in ihre Bücher. L bereitet eine Folie für den Projektor vor. S hebt seine Hand und lässt sie nach einigen Sekunden wieder sinken.))
04	L	Let us start with one picture. As I said, don't read the text, just the picture. The first one with the elephant. What do you think? What could be a job … there?
05	C	(Stille))
06	L	Try to describe the picture, what can you see? Lucia, yes.
07	Lu	Eh, the people which work in a zoo
08	L	// Mmh //
09	Lu	// and he works with the elephants, and other works with lions or …
10	L	okay. Ja.
11	Lu	But I don't know the name of this job.
12	L	We find this out. O.K. So, person working in a zoo. Mmh?
13	S	Eh, he wash (!) them and give (!) their food (!), I think … yes.
14	L	Mmh.
15	S	Can I describe the picture two? Also (!) …
16	L	Next one? Yes O.K., you … keep it! Any more for picture one? Ja, Antonio.
17	An	Eh, they clean the cages.

18 L   Mmh… so … we go to the next picture and have a look what this job is later in detail.
Picture number two. Aslan, of course!

In dieser Sequenz wird die Auseinandersetzung der Schülerinnen und Schüler mit insgesamt fünf Bildern dokumentiert. Zunächst fordert der Lehrer die Schüler auf, ihre Bücher zu öffnen und auf den Seiten 42 und 43 sich die Bilder zum Stundenthema »the perfect job« anzusehen. Die Schüler folgen der Aufforderung, indem sie ihre Bücher aufschlagen, während der Lehrer zur Vorbereitung den Tageslichtprojektor ins Zentrum stellt. Sodann fixiert er die Aufmerksamkeit der Schülerinnen und Schüler auf fünf Bilder, die jeweils *a job* zeigen. Er fordert sie mit dem Ausdruck *guess* in der Bedeutung von *raten* auf, die einzelnen dargestellten Jobs zu benennen. Zudem orientiert er sie darauf, nicht die Texte zu lesen, sondern nur die Bilder zu beobachten. Im nächsten Schritt blicken die Schüler in das Buch, das zu diesem Zwecke vor ihnen liegt, während der Lehrer den Overhead-Projektor anwirft, um die erste Folie darauf zu legen. Dann weist er die Schüler darauf hin, dass sie auf dem Bild einen Elefanten sehen. Im Anschluss fragt er sie, wie sie den dort dargestellten Job bezeichnen würden. Zunächst reagiert keiner der Schüler – es herrscht Stille –, dann wiederholt der Lehrer seine Frage. Lucia hat sich gemeldet, und der der Lehrer ruft sie auf. Lucia äußert die Vermutung, dass es sich um *people* handelt, die im Zoo arbeiten – hier mit einem Elefanten, sie könnten aber auch mit *lions* arbeiten. Der Lehrer gibt mit einem *okay ja* ein positives Feedback. Nun ergänzt Lucia, dass sie die Bezeichnung für den *job* nicht kennt. Der Lehrer gibt insofern eine positive Rückmeldung, als er ankündigt, dass dies im weiteren Verlauf der Stunde herausgefunden werden wird, insofern es sich um eine Person handelt, die im Zoo arbeitet. Dann hat sich noch ein anderer Schüler gemeldet, den er jetzt auffordert, seine Einschätzung einzubringen. Der Schüler äußert die Vermutung, dass diese Person die Tiere wäscht und ihnen *food* gibt. Der Lehrer bestätigt im nächsten Schritt diese Vermutung. Dann fragt einen Schüler, ob er das Bild zwei beschreiben könne. Der Lehrer gibt zunächst eine positive Rückmeldung, fragt dann aber noch einmal nach, ob es noch Anmerkungen zu Bild eins gebe. Antonio hat sich gemeldet und ihm wird das Wort erteilt, was er im Anschluss dazu nutzt, darauf hinzuweisen, dass die auf dem Bild dargestellten Leute die *cages* säubern. Schließlich weist der Lehrer darauf hin, dass nach der Beschäftigung mit dem ersten Bild nun das zweite drankommt – dort geht es dann ähnlich weiter.

Abschließende Einschätzung   Dieses Dokument gibt einen interessanten Einblick in das unterrichtliche Handeln eines Englisch-Lehrers, der sich bemüht, die Schüler auf ganz bestimmte Aspekte der Beobachtung von Bildern zu konzenrieren. Von den wenigen Schülern, die sich gemeldet haben, gibt vor allem Lucia eine interessante Deutung des auf dem Bild dargestellten Objekts. Allerdings gelingt es noch nicht, eine genaue Bezeichnung zu finden – dies geschieht etwas später: Es handelt sich um einen Tierpfleger. Dem Lehrer gelingt es in der dokumentierten Sequenz, die Schülerinnen und Schüler auf das von ihm festgelegte Thema der Stunde *jobs* zu konzentrieren, und sie sind – zumindest in der hier dokumentierten Sequenz – interessiert beteiligt. Das geht auch noch so weiter bei den noch folgenden vier Tierbildern, die er ihnen zeigt. Auch dieses Dokument weist sehr deutliche Aspekte eines lehrerzentrierten Unterrichts auf: Der Lehrer orientiert seine Schülerinnen und Schüler auf ganz bestimmte Aspekte des thematischen Schwerpunktes der Stunde, nämlich mögliche Formen von Arbeiten oder *jobs*. Von daher lässt sich auch dieses Dokument als eine angemessene Form des lehrerzentrierten Unterrichts rekonstruieren, einer Form, die in der Regel den Unterricht an den Schulen bestimmt. Die Eigenschaften dieser Unterrichtsform sind auch schon an den beiden zuerst dokumentierten Unterrichtsstunden herauspräpariert worden: Insgesamt bestimmt der Lehrer, welche Inhalte den thematischen Schwerpunkt der Stunde bilden, und er versucht, die Schülerinnen und Schüler darauf zu orientieren. Dies gelingt auch in den ausgewählten Beispielen, denn hier geht es vor allem um die Vermittlung spezifischer Inhalte. Die Entscheidung darüber, welcher Modus der *turn*-Organisation gerade praktiziert wird, trifft der Lehrer. Mithilfe dieser Techniken wird eine kommunikative Ordnung etabliert und aufrechterhalten, die man als lehrerzentriert bezeichnen kann. Hier lassen sich die folgenden Handlungsmaximen formulieren:

Für den Lehrer gilt: **Maximen**
(ML)   Ich erteile Schülern das Rederecht, wenn sie dieses durch Melden beanspruchen; zudem verschaffe ich ihnen Möglichkeiten, ihr Wissen einzubringen, indem ich sie nach Strukturierungen zur Meldung auffordere. Darüber hinaus kann ich auch einzelne Schüler dazu zwingen, einen Beitrag einzubringen.

Für die Schüler gilt:
(MS)   Ich kann mich jederzeit melden, wenn ich inhaltlich etwas beizutragen habe; ich kann mich auch nach einer entsprechenden Lehreraufforderung melden; ich kann auch gegen meinen Willen zur Übernahme des Rederechts gezwungen werden.

Wenn sich Lehrer in ihrer Unterrichtsgestaltung auf die Technik der »programmierten Selbstwahl« beziehen, machen sie sich gleichermaßen ein didaktisches Konzept zunutze, das die oben beschriebene formali-

sierte Form übernimmt, und sei es auch nur als mehr oder weniger reflektierte Übernahme pädagogischen Brauchtums. Diese Entscheidung
ist sicher sinnvoll, wenn Schüler in der Klasse tafelzentriert tätig sind,
der einzelne Schüler sich nicht ständig einen Eindruck darüber ver-
schaffen kann, welcher seiner Mitschüler redebereit ist.

5.4 Schülerzentrierter Unterricht

Schülerzentrierter Unterricht

Ein schülerzentrierter Unterricht zeichnet sich dadurch aus, dass die
Schüler relativ viele Möglichkeiten haben, um ihre Positionen einzubringen. Der Lehrer hält sich dabei eher zurück und achtet vor allem darauf, dass sich die Schülerinnen und Schüler angemessen über die ausgewählten Themenschwerpunkte verständigen können. Dies soll anhand von drei Beispielen deutlich gemacht werden. Um den Bereich etwas auszudifferenzieren, muss zunächst daran erinnert werden, dass
Gesprächsanlässe dieser Art im unterrichtlichen Zusammenhang nicht
so häufig sind. Am Anfang steht die Auseinandersetzung mit einer gemeinsamen Planung eines inhaltlichen Schwerpunktes in einer 4. Klasse.
Im Anschluss daran zeigt die Beschäftigung mit einer Sequenz, die den
Abschnitt einer Klassenratssitzung aus einer 6. Klasse dokumentiert,
welche kommunikativen Probleme in einem solchen Rahmen auftreten
können und wie diese gemeistert werden können. Anschließend geht es
um die kritische Thematisierung von Aktivitäten, die Schüler der
13. Jahrgangsstufe nach dem Besuch einer berufsorientierenden Veranstaltung erörtern durchaus kontrovers.

Planen von Unterricht

In Unterrichtsstunden oder -phasen, in denen Schüler und Lehrer
»gemeinsam planen«, suchen sie angesichts eines Problems nach Möglichkeiten, dieses durch Handlungen zu lösen. Mit der Wahl des Ausdrucks *planen* im Sinne von »ein Konzept für zukünftige Handlungen
entwickeln« befinden wir uns im Bereich der Handlungstheorie, in der
menschliche Handlungen als komplexer Prozess notwendig aufeinan-
derfolgender Schritte erläutert werden. *Planen* erscheint in diesem
Zusammenhang als der einer jeden Handlung vorausgehende Ent-
scheidungsprozess des Subjekts. Die wesentlichen Stadien des Hand-
lungsprozesses seien hier kurz rekapituliert und in Hinblick auf die gegebenen Rahmenbedingungen spezifiziert. Die unterrichtlichen Bedingungen in der Institution Schule bilden den Kontext, innerhalb dessen
der Lehrer professionell mit einer meist altershomogenen Gruppe in
abgegrenzten Inhaltsbereichen Lehr-Lern-Prozesse organisiert. Die in
diesem Zusammenhang vom Lehrer initiierten Handlungen lassen sich
in zeitlicher Perspektive in den Dimensionen lang-, mittel-, kurzfristig
und situativ explizieren, etwa in Form eines Jahrescurriculums, einer

Unterrichtseinheit und -stunde sowie *ad-hoc* zu treffender Entscheidungen im Prozess des Lehrens selbst. Der Lehrer formuliert die Ziele seines Unterrichts, oft in Anlehnung an die Lehr- oder Rahmenpläne, und plant in Hinblick darauf seinen Unterricht durch die Bereitstellung entsprechender Medien, sowie die Wahl geeigneter Aktions- und Sozialformen. Der Unterrichtsprozess selbst stellt die Umsetzung der Planung dar, er hat ein Ergebnis, ein Resultat, sowie gewisse Folgen, die sich aus dem Resultat ergeben. Diese – sehr geraffte – Rekapitulation unterrichtlichen Lehrerhandelns zeigt, dass die Schüler in der Regel nicht in die Planungsprozesse miteinbezogen sind.

Was passiert nun, wenn Schüler nicht bloß als »Objekte« des Lehrerhandelns in Erscheinung treten, sondern an Entscheidungsprozessen unter diesen Bedingungen teilhaben? Eine ganz wichtige Phase im Prozess gemeinsamer Planung besteht in der Festlegung des Handlungsziels, besonders dann, wenn es sich um Unterricht handelt. Kann es da überhaupt gelingen, die Schüler angemessen zu beteiligen? Die folgende Beispielanalyse rekonstruiert das Strukturierungskonzept einer Lehrerin, die das Ziel festlegt und die Sammelphase eröffnet; sie agiert im Rahmen einer lehrerzentrierten kommunikativen Ordnung. Die Lehrerin möchte zum Schuljahresabschluss in ihrer 4. Klasse im produktionsorientierten Unterricht ein Werk gemeinsam erstellen, das die Schüler dann als Erinnerung an die gemeinsame Grundschulzeit »mit nach Hause« nehmen können. Vorher haben einige Schüler informell die Erstellung eines Tierbuchs vorgeschlagen. Sie macht sich diesen Vorschlag zu eigen und unterbreitet ihn der Klasse – etwa vier Wochen vor Schuljahresende.

Festlegung des Handlungsziels

(6) Zielfestlegung (Jg. 4)
Sprecher-Siglen *L*: Lehrerin, *Ch*: Christoph, *S1, S2*: nicht identifizierbare Schüler, *mS*: mehrere Schüler.

01 L heute möcht gern mit euch besprechen das hätte ich aber so oder so getan .. was wir . als letztes Thema in Sachunterricht machen
02 mS oh
03 L und zwar … wir werden auf jeden Fall
04 S1 ach ne
05 Ch sei doch mal ruhig
06 L Chris danke wir werden auf jeden Fall die Masken irgendwie machen da müssen wir aber Kunst nächste Woche mit einbeziehn dass es fertig wird und Sachunterricht n bisschen und die Woche auch . und dann wollt ich aber . euch noch was anderes vorschlagen . und zwar is es auch ne Idee die schon mal von euch kam

07   S1   (Weihnachten)

08   L   wie wärs denn wenn wir nochn Tierbuch machn würden

09   mS   ja

10   L   also eh . eh die Sarah die wird (gleich rausgehn) ja . wer hat
denn ne Idee dazu wie könnt mer das gestalten könnt mers so
machen gibt's

11   S2   kann man da (irgendson Käse)

12   L   Du bist gar net dran Stefan gibts denn eh ne Möglichkeit dass
ihr auch was habt damit jeder was in der Hand hat …

Transkriptanalyse   Die Lehrerin eröffnet den Planungsprozess, indem sie den Schülern vorschlägt, gemeinsam ein Tierbuch herzustellen. Der Aufbau der einlei-
tenden Strukturierung ist deshalb bemerkenswert, weil sie versucht,
einen Spannungsbogen in Form eines Rätsels zu erzeugen, indem sie
den Vorschlag erst einbringt, nachdem eine Reihe von Vorklärungen getroffen sind (01-06). Die initial platzierte Phasierung enthält den obli-
gatorischen Hinweis auf das Vorgehen in der eröffneten Plenumsphase,
die ergänzt wird durch die notwendige Einbeziehung des gerade laufenden Unterrichtsvorhabens im Fach, die Herstellung von Masken. Den
zeitlichen Rahmen des nun anstehenden Planungsprozesses steckt die
Ankündigung ab: *und dann wollt ich aber*. Der temporale Anschluss *und
dann* erweist sich als ambig, weil er sich in kataphorischer Lesart deuten
lässt im Sinne von »im Anschluss an das Masken-Vorhaben«, in ana-
phorischer Lesart aber eine Paraphrase im Sinne von »nachdem ich das
gesagt habe« nahelegt. Die beiden dieses Segment einrahmenden kurzen Pausen stützen die Vermutung, dass hier eine nach beiden Seiten offene Gelenkstelle zwischen den thematischen Schwerpunkten »Organisation des Masken-Vorhabens« und »Planung eines neuen Vorhabens«
vorliegt. Bevor die Lehrerin den Vorschlag, ein »Tierbuch zu machen«
einbringt, legitimiert sie ihn mit dem Hinweis, dass die Idee von Schülern geäußert worden sei. Sie formuliert ihren Vorschlag als Alternativfrage, die im konditionalen Teil ihren propositionalen Gehalt gleichsam
hypothetisch einbringt. Einige Schüler reagieren spontan zustimmend,
insgesamt jedoch lässt sich die Reaktion der Gruppe als eher verhalten
beschreiben. Es zeigt sich schnell, dass der vermeintliche Vorschlag
selbst zunächst das Thema der produktionsorientierten Unterrichtseinheit festlegt, denn in der Fortführung ihrer einleitenden Strukturierung
thematisiert sie mit der Frage nach der Gestaltung das Wie der Bearbeitung. Das Ob bleibt, zumindest in dieser Phase, ungeklärt. Die Prämissen sind zu diesem Zeitpunkt noch nicht deutlich gemacht, erst in ihrer
dritten Äußerung deutet die Lehrerin an, dass sie beabsichtigt, mit den
Schülern zusammen ein Ergebnis zu erarbeiten, das sie an die Zeit in der
Klasse erinnern soll. Dann lenkt sie die Aufmerksamkeit der Schüler

wieder auf die Gestaltung des Tierbuchs, und die erste Schülerin macht den Vorschlag, Tiere zu benennen, zu beschreiben und zu malen. Mit diesem Beitrag beginnt die angestrebte Sammelphase.

Die Analyse der dokumentierten Thematisierungsphase hat – bis in die Formulierungstechniken hinein – die »klassischen« Ambivalenzen des Lehrerhandelns herausgearbeitet: Die Lehrerin hat ihre Planungsvorstellungen nicht als Setzung, sondern verschleiernd als Vorschlag eingebracht. Sie gibt sich schülerorientiert, indem sie legitimatorisch darauf verweist, dass sie einen Vorschlag aus dem Schülerkreis aufgreife. Sie macht die Ziele deutlich, die sie mit ihrem Vorschlag verfolgt, allerdings eher beiläufig und von den Schülern – etwa in einem Beitrag – nicht dokumentierbar wahrgenommen, sodass die Vermutung nahe liegt, dass den Schülern dieser Zusammenhang nicht deutlich geworden ist. Das könnte daran liegen, dass die Entscheidung für das Produkt »Tierbuch« bereits gefallen ist.

An dieser Stelle wären bereits andere Handlungsmöglichkeiten gegeben, denn die Lehrerin hätte mehrere Alternativen gehabt. Sie hätte formulieren können:

(a) Ich möchte gern mit euch in den verbleibenden vier Wochen noch ein Produkt erarbeiten, das ihr mit nach Hause nehmen könnt und das euch später an eure Zeit in dieser Klasse erinnern soll. Was haltet ihr davon?

(b) Wir haben noch vier Wochen Zeit. Wir könnten in dieser Zeit etwas Bleibendes für alle erarbeiten, zum Beispiel ein Tierbuch. Habt ihr andere Vorschläge?

(c) Da will ich etwas anderes vorschlagen, die Idee habe ich von einigen von euch. Wie wärs denn, wenn wir noch ein Tierbuch machen würden? – ja … Wer hat ne Idee dazu? Wie könnte man das gestalten? Könnte man …?

Mit (a) würde die Lehrerin ihre im Hintergrund stehende Absicht zur Diskussion stellen und den Schülern die Möglichkeit eröffnen, den symbolischen Wert einer solchen Unternehmung zu problematisieren. Sie könnten beispielsweise sagen, dass sie keine Lust dazu hätten und dass sie lieber in den verbleibenden Stunden Comics lesen würden. Die Strukturierung (b) rückt ein dem Zweck entsprechendes mögliches Produkt in den Mittelpunkt der Aufmerksamkeit; die Schüler könnten Alternativvorschläge machen, z. B. ein Hörspiel aufnehmen, ein Fotoalbum zusammenstellen oder einen Band von Phantasiegeschichten herausgeben. Die gewählte Form (c) zeigt, dass die Lehrerin die ersten notwendigen Entscheidungen bereits getroffen hat, wenn sie die informell spontan geäußerten *jas* der Schüler bereits als Zustimmung deutet und

Ambivalenzen des Lehrerhandelns

sie im nächsten Zug aufgefordert, Möglichkeiten vorzuschlagen, das Tierbuch zu gestalten. So zeigt sich, dass die Lehrerin den Schülern hier nur scheinbar einen Planungsraum eröffnet.

Das Verhalten der Schüler in der Gesprächseröffnung verdient Beachtung, denn der Transkriptauszug (9) vermittelt den Eindruck eines gespannten Verhältnisses zwischen Lehrerin und Schülern. Die Reaktion der Gruppe auf die einführende Ankündigung, ein sehr lang anhaltendes, von mehreren Schülern im Chor intoniertes offenes *o* zum Ende hin fallend, lässt sich als Manifestation von Enttäuschung lesen, in einer Situation, in der eigentlich Ausdrucksformen beispielsweise von Neugier denkbar gewesen wären. Überhaupt scheint das Interesse an den Strukturierungen der Lehrerin nicht so groß zu sein, denn unbotmäßige Schüleraktivitäten, die die Lehrerstrukturierung begleiten, veranlassen nicht nur die Lehrerin immer wieder zu Disziplinierungen – so bedankt sie sich sogar bei einem Schüler, der ihr diese Aufgabe abgenommen hat. Allerdings gelingt es der Lehrerin nicht, das Problem zu lösen, denn die Bereitschaft einiger Schüler, an dem Buch mitzuarbeiten, ist nicht besonders groß. Das zeigt sich auch in der abschließenden Abstimmung: Lediglich zehn Schüler melden sich als Befürworter, während acht dagegen sind. Unter dem Eindruck einer immer unruhiger werden Klasse bricht die Lehrerin im Anschluss den Planungsprozess ab.

Ambivalente Schülerorientierung Die hier herausgearbeiteten Eigenschaften der Strukturierungstaktik lassen sich unter dem Etikett »ambivalente Schülerorientierung« versammeln, denn vorgeblich nehmen wir an der Vorbereitung eines projektorientierten Unterrichts teil, der den Schülern dann doch die traditionelle Rolle des Objekts zuweist. Aus der Spannung zwischen dem gut gemeinten Anspruch und dessen inkonsequenter Realisierung ergibt sich das bereits am Anfang offenbar gereizte Verhältnis, denn viele Schüler reagieren abwehrend auf die Initiative der Lehrerin – sie wissen offenbar schon, was ihnen bevorsteht.

Im nächsten Teil geht es um einen Gesprächsauszug aus dem Klassenrat. Der Klassenrat stellt eine Form dar, um aktuelle Probleme in einer Klasse gemeinsam zu thematisieren und nach für alle akzeptablen Lösungen zu suchen. In der Regel haben die Schüler die Möglichkeit, ihre Vorschläge für Gesprächsthemen auf einem dafür vorgesehenen Platz an einer seitlich angebrachten Tafel oder – moderner – auf einem weißen Papier zu notieren. Dabei ist das Spektrum der Möglichkeiten relativ groß: Es können Konflikte zwischen Schülern notiert werden, es können aber auch kritische Aspekte aufgeworfen werden, die die Interaktion mit Lehrern betrifft. Zusätzlich geht es auch um die Planung von Aktivitäten oder anderen Dingen. Das Besondere an dieser Form der verbalen Interaktion im Klassenzimmer ist die Tatsache, dass die verhandelten Themen für die jeweils Betroffenen auch persönlich wichtig sind, also nicht nur für die Schüler, sondern auch für die beteiligten Klassenlehrer. Sie ist deshalb gut geeignet, Probleme in der Klasse zu thematisieren und einer Lösung zuzuführen.

Was in einer solchen Stunde »passieren« kann, zeigt der folgende Transkriptauszug. In einer 6. Klasse wird eine Gesprächsblockade bearbeitet. Hintergrund war eine Schülerin (Sonja), die an die Wandzeitung der Klasse geschrieben hat: »Mir gefällt nicht, dass Frau Meier immer die Größte sein will.« Vor der Klassenöffentlichkeit gibt diese Schülerin trotz mehrfacher Nachfragen nicht die Voraussetzungen ihrer Kritik preis. Andere Schüler machen Interpretationsvorschläge, aber so richtig weiß niemand, aufgrund welcher Ereignisse bzw. deren Interpretation die Schülerin zu einer solchen Ansicht gekommen ist. Zudem hatten die in Tischgruppen organisierten Schüler die Aufgabe gehabt, darüber zu sprechen und einen Schüler zu benennen, der zu dieser Einschätzung öffentlich Stellung nehmen sollte, aber bis auf einen Schüler hatte das bis zu diesem Zeitpunkt keiner getan.

Bearbeitung einer Gesprächsblockade

(7) Bearbeitung einer Gesprächsblockade: Der Anfang (Jg. 6)
Sprecher-Siglen *L*: Lehrperson, *Ch*: Christian, *Kl*: Klaus, *Ka*: Karoline, *Ma*: Maria, *Mi*: Martin, *Si*: Silvia, *S1, 2*: nicht namentlich bekannte Schüler, *mS*: mehrere Schüler.

01 L   meldet sich
02 Ka   Frau Meier
03 L   würde es euch leichter fallen . zu reden wenn ich draußen bin
04 mS   jaja (Gemurmel.......
05 L   es hätte den es hätte den Nachteil dass ich dazu nicht Stellung
         nehmen kann
06 Kl   ja dann könn wir Ihnen ja
07 Si   ja die Sonja (könnt ja jetzt rausgehn) weil weil die hats doch
         geschrieben und dann
08 L   ja warum sollte dann die Sonja rausgehn das versteh ich schon
         mal ganz und gar nich
09 Si   ach so ja (und wenn wir …)
10 L   dass ihr vielleicht erst nur . dieses Gespräch habn wir ja
         angesetzt damit ich von euch höre . was euch da manchmal
         betrübt oder was euch nicht gefällt . wenn ich jetzt rausgehe
         dann passiert dasselbe was ihr schon mal gemacht habt das
         Gespräch bleibt unter euch . und es kommt nicht zu mir rüber
11 Ka   Frau Meier   [also
12 Ch   (meldet sich) [huhu   ich will was sagen
13 Ka   ja wenn Sie jetzt mal kurz rausgehn und die die Sonja die kann
         ja noch mal irgendwas . vielleicht hat sie ja doch noch

irgendwelche Gründe oder weil sie hat ja jetzt nich so ganz deutlich geschrieben was sie damit meinte und sie uns das nur mitteilt damit nicht nur drei Leute wissen was die Sonja jetzt direkt damit gemeint hat und dann kommen Sie wieder rein ja

14 Ch ich finds eh irgendwie n bisschen blöd wenn Frau Meier jetzt rausgeht   weil jetzt sind wir schon da drin dann weiss die Frau Meier eh nimmt das   an und irgendwie man muss ja nichts befürchten irgendwie sie hat es ja gesagt genauso wie sie jetzt gesagt hat und es dreht sich ja nur um die Frau   Meier und sie muss ja wissen was hier eigentlich läuft . Artur du brauchst gar nicht mit dem Kopf zu schütteln

15 mS (lachen)

16 Mi ich glaub es is besser wenn sie rausgeht für fünf Minuten dann reden wir und einer sagt was alle gesagt habn viele haben Angst dass sie kriegt Ärger wenn sie was sagt …

Analyse des Transkripts

Es herrscht eine allgemeine Ratlosigkeit, wie es denn weitergehen könnte. An dieser Stelle meldet sich die Lehrperson und schlägt vor, dass sie die Klasse verlassen könne, damit den Schülern die Klärung des Themas leichter falle (03). Das Potenzial, das dieser Vorschlag eröffnet, lässt sich so charakterisieren: Die Schüler hätten die Möglichkeit, untereinander die zentralen Fragen zu besprechen, ohne auf die Lehrperson Rücksicht nehmen zu müssen. Die erste spontane Reaktion auf diesen Vorschlag ist positiv, denn mehrere Schüler äußern ihre Zustimmung (04). Die Lehrperson weist in ihrem folgenden Beitrag darauf hin, dass ein solches Vorgehen auch Nachteile bringen könnte, denn sie könne dann nicht zu den gegen sie vorgebrachten Ideen Stellung beziehen (05). Es folgt eine Sequenz, die als Abduktion (Wegführung) eingeschätzt werden kann: Silvia schlägt vor, dass Sonja – um deren »Aktion« es hier geht und die sich bislang gar nicht zu Wort gemeldet hat – rausgehen könne, weil sie diejenige war, die die Notiz formuliert hat. Die Lehrperson macht in ihrer Reaktion deutlich, dass sie diesen Vorschlag überhaupt nicht nachvollziehen kann (08). Silvia nimmt dies zur Kenntnis. Damit ist die Neben-Sequenz beendet. Die Lehrperson erinnert im Anschluss an die Gründe, weshalb dieses Gespräch im Klassenrat geführt wird. Sie möchte relativ authentisch erfahren, was die Schüler denken, genauer: was ihnen gefällt und was sie *betrübt*. Deshalb macht sie deutlich, dass ein Verlassen des Raumes der Transparenz des Vorgehens nicht unbedingt zuträglich ist. Daraufhin äußert sich Karoline, sie ist die Gesprächsleiterin, und unterstützt den Vorschlag, dass die Lehrperson den Raum verlassen solle, indem sie darauf hinweist, dass es von Vorteil für die Mitschüler wäre, wenn sie von Sonja erführen, was denn mit ihrem Aufschrieb gemeint gewesen sei (13). Dann ergreift Christian das Wort – er hatte sich übrigens schon früher (12) bemerkbar gemacht –, um engagiert gegen den Vorschlag Stellung zu beziehen. Er plädiert dafür, der Lehrerin zu vertrauen und keine Angst vor Sanktionen zu haben. Er stützt das Argument der Lehrerin, dass diese wissen müsse, was in der Klasse läuft. Danach erhält Michael das Wort, der für den Vorschlag plädiert und eine Zusammenfassung des Gesagten für die Lehrerin in Aussicht stellt (14). Die Gesprächsorganisation erweist sich in diesem Beispiel als wichtig für die Entwicklung der kontroversen Sequenz. Hier haben zwei Schülerinnen die Gesprächsleitung inne, auch die Lehrerin muss sich melden, damit ihr das Wort erteilt wird. Sie erteilen das Rederecht nach dem aus öffentlichen Zusammenhängen bekanntem Prinzip: »Jeder, der etwas sagen will und dies durch Aufheben des Arms kenntlich macht, erhält das Rederecht.« Lediglich Christian muss auf seine Redeabsicht hinweisen, weil die Gesprächsleiterin das ihr nach jedem Beitrag zufallende Rederecht genutzt hat, um selbst einen Vorschlag zu machen. Die Gesprächsleitung erscheint als neutrale Instanz, die dazu da ist, die vorhandenen Rederechts-Wünsche zu organisieren. Die Beteiligten behandeln ein organisatorisches Problem. Es fällt den Schülern schwer, ihre Lehrerin in dieser öffentlichen Situation zu kritisieren. Die Lehrerin schlägt als Lösungsmöglichkeit vor, kurz die Klasse zu verlassen, um den Schülern eine ungestörte Problembesprechung zu ermöglichen. Aus diesem Verfahrensvorschlag und seiner Begründung ergeben sich in dem oben dokumentierten Anfangsteil die folgenden Standpunkte, die sich nach Befürwortung bzw. Ablehnung des Vorschlags ordnen lassen (vgl. Vogt 2002, S. 108).

Übersicht 5.4: Argumentstruktur von Transkript 2

Proponenten	Opponenten
Zustimmung *jaja* (Der Vorschlag ist gut, weil die Schüler dann ungestört miteinander sprechen können)	
	Einwand (L): ich kann nicht direkt Stellung beziehen
Vorschlag: Dann könn wir Ihnen ja ...	
	Negative Bewertung/ Begründung (L) *Wenn ich rausgehe, verfehlt das Gespräch seinen Zweck*
Vorschlag: Sonja teilt uns mit, was sie gemeint hat und dann kommen sie wieder herein.	
	Behauptung/Begründung (S): *Jeder kann hier etwas sagen, man braucht keine Angst zu haben*
Vorschlag/Widerspruch *(Das stimmt nicht, denn) viele haben Angst, dass sie Ärger kriegen*	

Die weitere Entwicklung der Diskussion sei kurz zusammengefasst. Als nächste erhält die die Lehrperson das Wort: Sie macht zunächst deutlich, dass sie durchaus bereit wäre, die Klasse zu verlassen, bringt dann aber noch einmal sehr vehement ihren Standpunkt ein. Die Art und Weise, wie sie ihre Position einbringt, zeigt, dass sie von dieser Diskussion betroffen ist. Sie bezieht sich auf die Ängste der Schüler, etwas Negatives im Beisein der Lehrperson zu äußern, und macht anschließend deutlich, dass sie zwar bereit wäre, den Raum zu verlassen, macht aber darüber hinaus deutlich, dass sie eine solche Vorgabe eigentlich nicht bereit wäre zu akzeptieren. Ihre Intervention dürfte aufgrund weiterreichender Ziele erfolgt sein.

Im Anschluss erhält Christian ein zweites Mal das Rederecht, er insistiert auf seiner schon zuvor eingebrachten Position, dass die Lehrperson im Raum bleiben solle: Jeder könne seine Meinung artikulieren, ohne dass er Nachteile befürchten müsse. Karoline bestreitet das. Christian reagiert darauf, indem er das Verhalten negativ bewertet und bekräftigt noch einmal seine Bedenken. Die Gesprächsleiterin weist darauf hin, dass das Gespräch nicht wirklich vorankomme. Dann wirft Silvia – die zweite Diskussionsleiterin – den anderen Schülern vor, nichts zu sagen. Schließlich setzt Doris zu einem Gesprächsbeitrag an, sie wird aber durch einen die Tür öffnenden Lehrer unterbrochen. Als diese Unterbrechung beendet ist, ergreift wieder Doris das Wort – und indem sie sich zu dem thematischen Schwerpunkt äußert, setzt sie eine Diskussion in Gang, die eigentlich schon viel früher hätte beginnen müssen.

Zusammenfassung der Ergebnisse

Dieses Beispiel zeigt deutlich, dass Themen, in denen die Handlungsweisen der Beteiligten zur Diskussion stehen, im Prozess der Bearbeitung ein ungleich größeres Interesse der Beteiligten erzeugen als solche, die ein davon unabhängiges Problem aufgreifen. Im Beispiel sind verschiedene Formen von Engagement deutlich geworden, etwa der unterschwellig eingebrachte moralische Duktus in den langen Beiträgen der Lehrerin. Die Schüler haben dagegen in ihrer Mehrheit gespannt zugehört, man könnte es auch so bezeichnen, dass ihre Anspannung durch ihr Schweigen zum Ausdruck gebracht wurde. Einige wenige Schüler haben sich aktiv beteiligt, sie haben sich engagiert eingebracht, ihre Vorschläge begründet, während auf der Schülerseite die Anspannung durch das Schweigen vieler und der darauf bezogenen Vorwürfe der wenigen Sprecher deutlich wurde; aber auch das Schülerengagement für den Vorschlag und die dafür eingebrachten Begründungen belegen eine gewisse »Kontroversen-Kultur«. Die Übernahme der Interaktionsrolle eines Diskussionsteilnehmers verschafft der Lehrerin jene Distanz zum Prozess, die wiederum den Schülern Handlungsspielräume eröffnet, die sie zur Parteienbildung nutzen und auf diese Weise – eigenständig »diskutierend« – die Situation weiter entwickeln können. Allerdings zeigt das besondere Format der Lehrerbeiträge, dass die Lehrerin ihren Anspruch auf Strukturierung auch in diesem Rahmen deutlich macht.

Eine weitere Möglichkeit, das Mittel der inhaltlichen Auseinandersetzung in der Gruppe mit den eigenen Aktivitäten zu verbinden, besteht darin, entweder gemeinsame Unternehmungen zu planen, also z. B. einen Ausflug oder ein Klassenfest, oder aber bereits durchgeführte solche Unternehmungen gemeinsam zu reflektieren. Auch für diese Gespräche gilt, dass sie in der Regel relativ engagiert geführt werden, zumindest dann, wenn beispielsweise die Planungen direkt in Aktivitäten umgesetzt werden oder aber wenn man mit dem Verhalten von Mitschülern nicht unbedingt einverstanden ist.

Abschließend seien die Maximen formuliert, die den Handlungsweisen der Beteiligten zugrunde liegen. Für die Lehrerin gilt: **Maximen**

(ML) Verzichte auf Tätigkeiten, die sich auf die Organisation des Sprecherwechsels beziehen.
Greife nur dann strukturierend ein, wenn die Schüler selbst keine Beiträge mehr einbringen. Versuche, auf kontrollierende Tätigkeiten zu verzichten.

Aus Schülersicht ergeben sich die folgenden Maximen:

(MS) Du kannst jederzeit, wenn es konversationell möglich ist, das Wort ergreifen. Voraussetzung ist, dass du zum Thema sprichst und dich an seiner Bearbeitung beteiligst. Du kannst auch einen Witz machen.

Diese kommunikative Ordnung kann als schülerzentriert bezeichnet werden; die Schüler haben mehr Rechte für die Gestaltung des Gesprächs, sie tragen aber auch mehr Verantwortung.

5.5 Verfahrensgeregelter Unterricht

In einer 4. Klasse geht es um das Thema Hausaufgaben. Ausgehend von einem als »Gesprächsanlass« fungierenden Text haben sich die Schülerinnen und Schüler mit dem Problem von Hausaufgaben auseinandergesetzt. In einer ersten Runde thematisierten sie eher allgemeine Fragen wie die Praxis der Hausaufgabengestaltung in der eigenen Klasse. Mit der Aufforderung, die Schüler sollten in Gruppen ihre Meinung zum Thema entwickeln, hat die Lehrerin eine Gruppenarbeitsphase eingeleitet. Nach deren Abschluss werden nun die Ergebnisse im Plenum präsentiert; es schließt sich eine Aussprache an. Eine offenbar gut vorberei- **Thema: Hausaufgaben** tete Diskussion über Hausaufgaben also, mit den entsprechenden Arbeitsschritten.

Einzelne Schüler stellen als Gruppenvertreter die Arbeitsergebnisse vor. Andere Gruppenmitglieder haben die Chance, das Vorgetragene durch eigene, noch nicht eingebrachte Ideen zu ergänzen. In dieser Präsentationsphase bringen die Schüler die folgenden Aspekte ein:

(a) Es sollten manchmal weniger Aufgaben gegeben werden, bei gutem Wetter gar keine,

(b) Hausaufgaben sind wichtig, weil man daraus was lernt,

(c) wenn jemand Geburtstag hat, soll er/sie darüber entscheiden ob und wie viel Hausaufgaben an diesem Tag aufgegeben werden,

(d) weniger Hausaufgaben bei gutem Benehmen in der Schule und schließlich

(e) freitags sollten keine Hausaufgaben erteilt werden.

Strittig wird zunächst die letzte Forderung, allerdings an einer unerwarteten Stelle. Die Lehrerin hat gerade versucht, Aspekt (d) durch eine Alternativfrage zu problematisieren, ob der Wegfall von Hausaufgaben eine Belohnung sein könnte. Einige Schüler bestätigen, dass sie das als Belohnung aufnehmen. Sodann bringt eine Schülerin die Position ein, es sei besser, am Wochenende Hausaufgaben zu machen als in der Woche. Diesen Beitrag kommentiert die Lehrerin unter Hinweis auf Absprachen mit den Eltern, die dagegen sind. Und auch zwei Schüler melden sich als Opponenten zu Wort. Mit einem metakommunikativen Beitrag treibt die Lehrerin die Diskussion voran.

(9) Hausaufgaben am Wochenende? Eine Diskussion in einer 4. Klasse

01 L   /1/ hmhm wir sind jetzt wieder in einer allgemeinen Diskussion durch das   was ihr erarbeitet habt und dort waren dort drüben das haben wir nicht   beachtet da waren Wortmeldungen zu euren eh Beiträgen /2/ der Mischa und der Marian hat sich gemeldet (dazu)

02 Mi   also ich würd sagen dass wir am Freitag doch Hausaufgaben aufkriegen weil man für die ja auch das ganze Wochenende Zeit hat man übernachtet ja nicht   immer das ganze Wochenende wenn man Besuch hat

03 S2   [doch wenn man (…)

04 mS   [(Gemurmel)

05 L   /3/ Moment das ist jetzt Rede und Gegenrede eine Gruppe die andere Gruppe und eh fairerweise müsste jetzt Marian sich äußern dürfen der hatte vorher zu eurer Meinung noch Stellung nehmen wollen

06 Ma /4/ ja ich finds auch so wie der Mischa dass man Freitag n bisschen weniger Hausaufgaben kriegt auch zwar Hausaufgaben aber nich so viel

07 L hmhm

08 Fr aber am aber am Wochenende da unternimmt man meistens auch mal was . da kriegt man manchmal Besuch oder man geht man geht zu anderen oder der   [Freund kommt mal und dann ist das schön

09 S1 [ja

10 Fr wenn man keine Hausaufgaben aufhat

11 S2 hm

12 S3 ja

13 L /5/ (is noch was groß gesagt)

14 An der Chris hatte sich als erstes gemeldet und dann ich …

15 Ch /6/ hm ja bei mir wars mal so da wollten wir am letzten Samstag aufn Weihnachtsmarkt in Frankfurt und da durft ich auch nur die wa da eh .. das war em irgendwann nach ganz viel Hausaufgaben am Freitag auf und em da musst ich die Hausaufgaben am ganzen Freitag machen als wir dann am Samstag mit wollten

16 L hm

17 S4 ich meinte das nur em man kann auch das ganze Wochenende weg sein zum Beispiel wenn man bei seiner Oma oder . so Plätzchen backt halt

18 L hm (1 sec)

19 An /7/ ja aber manchmal schlägt man also ich schlag mich dann manchmal noch am Sonntag darum ich hab dann eigentlich gar keine Lust . also ja zu Hausaufgaben machen

20 mS ((lachen))

21 L hahaha … weißt du warum ich jetzt lache

22 An weil ich das war eben n Spruch hm manchmal hab ich Lust manchmal nicht

23 L hmhm

24 An kommt auf die Hausaufgabe drauf an

25 L ↓aha↓ das ist glaub ich etwas was ich mir dann merken muss wenn es auf die   Art   der   Hausaufgaben   ankommt ↓hmhmh↓

26 S /8/ (…)

Eine einvernehmliche Beantwortung der strittigen Frage erreichen die Schüler nicht; abschließend liest die Lehrerin, den Verlauf resümierend, den letzten Satz aus dem zu Beginn der Stunde eingebrachten Artikel vor: »Am Mittwoch nächster Woche treffen sich die Vertreter der Schul-

Auswertung einer kontroversen Diskussion

konferenz, um eine für die ganze Schule gültige Lösung zu finden. Es ist allerdings nicht zu erwarten, dass diese alle Beteiligten zufrieden stellt.« – und eine Schülerin ergänzt: »wir finden auch keine Lösung«.

Insgesamt fällt auf, dass die Schüler durchaus kontrovers diskutieren. Dadurch wird die Lehrerin immer wieder veranlasst, Beiträge auf der gesprächsorganisatorischen Ebene einzubringen. Den Schülern, die für Hausaufgaben am Wochenende eintreten, widersprechen die Schüler, die gegenteiliger Meinung sind, zum Teil auch spontan. Gemeinsam werden in dem dokumentierten Abschnitt Positionen für oder gegen die strittige Frage entwickelt. Die im Transkriptausschnitt entwickelten Argumente lassen sich in der folgenden Argumentstruktur darstellen.

Deutlich wird hier die durch die eigene Erfahrung bestimmte Perspektivierung. Die Schüler artikulieren ihre Positionen unter Berücksichtigung der eigenen Präferenzen, die Gestaltung des Wochenendes betreffend. Bei der folgenden Analyse werden quantitative Aspekte nicht berücksichtigt. Das liegt vor allem daran, dass die Diskussion mit ca. 20 Minuten relativ lang ist und nicht in allen Einzelheiten rekonstruiert werden kann.

Verlauf der Diskussion

Betrachten wir zunächst den Verlauf der Interaktion unter den vorrangigen Aspekten. Die Lehrerin ratifiziert zunächst die deutlich gewordene Polarisierung der Positionen, in dem sie den gerade ablaufenden kommunikativen Prozess als *allgemeine Diskussion* kategorisiert, um anschließend die Reihenfolge der nächsten Beiträge festzulegen (1). Mit diesem metakommunikativen Hinweis differenziert sie das in ihrem vorangegangenen Beitrag eingebrachte Konzept für den Interaktionsprozess weiter aus, indem sie nunmehr explizit eine verfahrensorientierte kommunikative Ordnung praktiziert. Dann erteilt sie Mischa und Marian das Wort und eröffnet so die folgende Sequenz.

Mischa plädiert als Proponent für Hausaufgaben am Wochenende (02), indem er die Geltung der Begründung der Opponenten in Zweifel zieht, denn man habe immer noch etwas Zeit, wenn Besuch da ist. Die anschließenden spontanen Äußerungen der Opponenten (03, 04) markieren das kontroverse Potenzial dieser Position und veranlassen die Lehrerin zu einer die kommunikative Ordnung wiederherstellenden metakommunikativen Intervention, in der sie den gerade ablaufenden Prozess als *Rede und Gegenrede* kategorisiert (3). Nun erhält Marian, das Wort (4). Er reiht sich mit einem direkten Verweis auf den Vorredner ein in die Gruppe der Proponenten. Er schwächt allerdings die Forderung ab, wenn er dafür plädiert, nicht *so viele Hausaufgaben* am Wochenende aufgeben. Die Lehrerin nimmt dies zustimmend zur Kenntnis. Die Gegenposition nimmt nun Fritz ein, der darauf hinweist, dass die Schüler in ihren Familien am Wochenende einiges unternehmen, dass beispielsweise Besuch kommt oder dass man selbst jemanden besucht. Der Beitrag wird mit der Feststellung beendet, dass es schön sei, keine Hausaufgaben am Wochenende aufzuhaben. Zwei Schüler bestätigen die Sichtweise. In der folgenden kurzen Sequenz 5 geht es um die Verteilung des Rederechts. Mit Blick auf die neben ihr sitzende Schülerin Anna erhält diese das Rederecht. Sie ist sich jedoch sicher, dass sie selbst nicht das Wort erhalten solle, sondern ein anderer Schüler (Chris), der dann auch das Wort ergreift und die Sequenz 6 eröffnet. Chris berichtet von einem Besuch auf dem Frankfurter Weihnachtsmarkt am Wochenende, und den daraus resultierenden Problemen angesichts der zahlreichen Hausaufgaben, die zu erledigen waren. Ergänzend verweist er darauf, dass man für bestimmte Unternehmungen (*wenn man bei seiner Oma Plätzchen backt*) ebenfalls Zeit benötigt. Die Lehrerin nimmt dies zur Kenntnis. Anna eröffnet nun eine neue Sequenz (7), indem sie davon berichtet, dass sie am Wochenende gar keine Lust hat, Hausaufgaben zu machen. Nicht nur Schüler fangen an zu lachen, sondern auch die Lehrerin, die dies auch in einem Beitrag markiert. Anna nimmt in ihrer Entgegnung eine Metaebene ein, indem sie ihre Äußerung als *Spruch* bezeichnet und anschließend deutlich macht, dass sie manchmal Lust auf Hausaufgaben hat und manchmal eben nicht; dies sei abhängig von der Art der Aufgaben. Die Lehrerin markiert leicht ironisch den Hinweis, dass sie es sich merken müsse.

Betrachten wir nun den Transkriptausschnitt unter den vier dominierenden Analysegesichtspunkten. Die *kontextuelle* Ebene schlägt sich nieder in der relativ engagierten Auseinandersetzung mit dem behandelten Thema. Die Diskussion ist durch die Gruppenarbeit gut vorbereitet worden, es beteiligen sich relativ viele Schüler mit großem Engagement. Die von der Lehrerin in Gang gesetzte Diskussion wird von den Schülern mit Engagement geführt, das sich auch an der Länge der im Transkriptausschnitt dokumentierten Beiträge ausdrückt. Auf der *elokutionellen* Ebene zeigt es sich, dass die Schüler interessiert bei der Sache sind. Es kommt häufig zu Unterbrechungen, sodass sich die Lehrerin genötigt sieht, strukturierend einzugreifen. Das von den Schülern genutzte Register lässt sich als (noch) kindlich beschreiben, insofern die eigenen Erfahrungen für die eingebrachten Positionen herangezogen werden. Auch der Perspektivierungsgrad ist bei den meisten Beiträgern noch nicht elaboriert, vielleicht mit Ausnahme von Anna, die ihre Position eher differenziert einbringt. Betrachtet man die *kognitive* Dimension, so lässt sich am Beispiel zeigen, dass einige der Schüler durchaus schon in der Lage sind, Beiträge in komplexeren Formaten einzubringen. Meist werden jedoch die Standardformate genutzt. Auch bei der Betrachtung der *sozialen* Dimension fällt auf, dass die Schüler relativ engagiert am Thema sind. Es sind zahlreiche spontane Äußerungen dokumentiert, und bisweilen muss das Rederecht geradezu erstritten wer-

Strukturierung der Diskussion

den. Insgesamt lässt sich diese Plenumsdiskussion als engagiert charakterisieren. Die Schüler bearbeiten die ihnen gestellte Aufgabe mit großem Interesse, sodass immer wieder Schüler auch zur Fortsetzung der Diskussion beitragen.

Die Frage, ob eine Lösung für die Klasse gefunden werden sollte, führt zu der in dieser Szene deutlich werdenden Aneignungstechnik der Schüler. Die Schüler haben in Gruppenarbeiten »Meinungen über Hausaufgaben« aufgeschrieben. Sie haben die Aufgabe so interpretiert, dass sie Vorschläge in Hinblick auf die Praxis in der eigenen Klasse aufgeschrieben haben: Sie planen so eine Praxis, über deren Bedingungen sie nicht verfügen, die die Lehrerin ihnen auch nicht zugänglich gemacht hat. Sie planen, weil sie das thematische Angebot dem kognitiven konkretistischen Zugriff ihrer Altersgruppe entsprechend erlebnishaft auf die eigene Praxis bezogen haben, sich das Thema eigenständig zugänglich gemacht haben. Diese Aneignungstechnik sei als »hypothetisches Planen« bezeichnet. Die Lehrerin lässt sie gewähren, nachdem sie sie gleich zu Beginn auf die Beschlusslage der Klassenkonferenz hingewiesen hat – und auch die Schüler sind keineswegs darüber enttäuscht, dass ihre Vorschläge keinen Niederschlag in konkreten Neuregelungen finden.

Das strukturierende Angebot der Lehrerin richtet sich hauptsächlich auf die Organisation der kommunikativen Ordnung. Diese Typisierung impliziert, dass sie vor allem organisatorische Aufgaben innerhalb ihres Konzepts von »diskutieren« zu erledigen hat. Sie beruft sich mit den folgenden, die kommunikative Ordnung betreffenden Interventionen darauf. Sie etabliert zwei Verfahren zur Regelung der Beitragsabfolge: Zunächst ein formales – nach Meldung – und dann ein inhaltliches – nach dem Verhältnis von Propositionen zueinander. Allerdings ohne erkennbaren Erfolg, denn die Schüler halten sich nicht unbedingt an ihre organisatorischen Instruktionen. Allerdings helfen diese Beiträge, das darin zum Ausdruck kommende gesprächsdidaktische Konzept von Diskussion genauer zu bestimmen. Dies erscheint zunächst angelehnt an die klassische »Pro und Kontra«-Organisationsform, verknüpft mit der Maßgabe der Organisiertheit. Allerdings überzieht sie ihre Schüler nicht mit ihrer Organisationsform, sondern sie markiert mit den metakommunikativen Teilen ihrer Beiträge lediglich ihre Einschätzung der Situation.

Unterrichtliches Arrangement Insgesamt ist das unterrichtliche Arrangement – in einer 4. Klasse im Stuhlkreis – gut gewählt, die Schüler nutzen die ihnen dadurch gegebenen Möglichkeiten relativ gut. Zum Teil wiederholen sich die von ihnen eingebrachten Aspekte, aber das dürfte angesichts ihres Alters auch nachvollziehbar sein, insofern sie dann etwas sagen, wenn es ihnen als wichtig erscheint. Und dabei ist es dann – für den Einzelnen in einer subjektiven Perspektive – relativ unerheblich, ob das, was er einbringt, schon gesagt wurde. Es wäre vielleicht möglich gewesen, die unterschiedlichen Standpunkte oder Einschätzungen klarer zu bündeln, zum Beispiel durch einen Tafelanschrieb, aber das hätte ein anderes Tableau erforderlich gemacht. Als Alternative wäre es auch möglich gewesen, nicht nur zwei Gruppen für die Vorbereitung der Diskussion zu bilden, sondern mehr: Das hätte die Möglichkeit gegeben, noch andere Positionen in die Diskussion einzubringen. Die Frage ist, ob die Viertklässler mit einem solchen Vorgehen nicht überfordert gewesen wären. Schließlich hätte man die Diskussion zuspitzen können auf die Frage, ob in der Klasse Hausaufgaben aufgegeben werden sollten, um dies anschließend umzusetzen. Dann wäre es aber keine Diskussionsübung, sondern eine Diskussion zum Zwecke der Entscheidungsfindung. Dies hätte auch eine andere Art der Vorbereitung erfordert, die in diesem Zusammenhang nicht möglich gewesen wäre.

Für die Durchführung einer solchen Diskussion im Rahmen des Unterrichts lassen sich nur allgemeine Orientierungen formulieren, denn die Wahl der Sitzordnung wirkt sich ebenso auf die Gesprächsführung aus wie das Engagement der Schüler für das Thema. So wird im oben analysierten Transkript deutlich, dass die relativ jungen Grundschüler (10/11 Jahre) schon relativ interessiert sind, sich mit dem vorgegebenen Thema zu beschäftigen, u. a. deshalb, weil sie selbst davon betroffen sind.

Kommen wir abschließend zur Pro- und Kontra-Diskussion. Zu Merkmalen und Hintergründen siehe Kapitel 3. In dem ausgewählten Beispiel diskutieren insgesamt elf Schülerinnen und Schüler der Oberstufe (Jg. 13) die Frage, ob die Todesstrafe in Deutschland wieder eingeführt werden soll (»Todesstrafe – ja oder nein?«). Die Diskussion ist vorbereitet worden durch ein Arbeitsblatt, das die Schüler zu Beginn durchgelesen haben. Im Anschluss daran findet eine Gruppenarbeitsphase statt: Die Gruppen erarbeiten gemeinsam jeweils Argumente für oder gegen die Einführung der Todesstrafe. Sodann werden zwei Diskussionsleiter bestimmt. Das Tableau wird den Aktivitäten angepasst: Die Schüler der Pro-Gruppe sitzen denen der Kontra-Gruppe gegenüber, an der Stirnseite sitzen die beiden Diskussionsleiter. Die Diskussion dauert insgesamt ca. 50 Minuten, d. h. dass die Schüler am Thema interessiert sind und mit Engagement ihre Positionen bearbeiten.

In der einleitenden Phase werdenden die grundsätzlichen Positionen der beiden Gruppen von jeweils einem Schüler eingebracht und begründet. Im Anschluss daran werden verschiedene Aspekte wie Legitimität, Fehlurteilsgefahr oder Schwierigkeiten des Beweisverfahrens angesprochen. Aus diesem Arrangement wird im Folgenden ein Auszug dokumentiert, in der ein Schüler den »Fall Weimar« thematisiert.

Pro- und Kontra-Diskussion

(11) »Todesstrafe: ja oder nein?«: Oberprimaner diskutieren

01 C3 [/1/ also zum Beispiel

02 P4 [also zum Beispiel

03 C3 n Paradebeispiel für mich ist der Fall Weimar als die Mutter wo
so zwei Kinder tot warn die Indizien sprachen eigentlich alle
dafür dass die Mutter die Kinder umgebracht hat sie hatte kein
Alibi das Alibi war lückenhaft ihr Ehemann hat sie belastet sie is
jetzt / die Frau is jetzt nach zwölf Jahren nach zwölf Jahrn is sie
frei gekommen eben weil die Justiz gesagt hat das sind jetzt neue
Erkenntnisse neue Beweise neue Indizien die die Frau eindeutig
freisprechen

04 P1 also die Beweise (sind zweifelhaft)

05 P2 das zweifelhafte Alibi hatten die ja auch schon hat die Frau ja
auch schon vorm Jahr im Endeffekt und das wär im Prinzip ja
auch kein Grund gewesen

06 P2 vor zwölf Jahren

07 C5 [vor zwölf Jahrn wenn du nach einem Jahr umgebracht hättest

08 P1 [ja gut zwölf Jahre
jaja

09 C5 ich sag mal getötet hättest durch Todesstrafe wär die Frau jetzt
tot und wär nie wieder rausgekommen

10 P2 das wär (nur wenn sie eindeutige) Beweise gehabt hätten

11 C5 ja gut

12 P1 aber die lagen vor

13 C5 [ja aber die lagen doch (…)

14 mS [((reden)).....................)

15 D1 /2/ immer der Reihe nach

16 P1 /3/ du hast ja selbst noch grad gesagt eh das warn keine ein
deutigen Beweise ein lückenhaftes

17 C5 damals ja

18 P3 [damals lückenhaftes Alibi   es waren im

19 P1 [<<forte> lückenhaftes Alibi hab ich gesagt von (………..)

20 P3 im ganzen zwei die gestehen die darf nicht zum Tode verurteilt
werden

21 C5 [(…………….das hast du jetzt falsch verstanden

21 D1 [stopp stopp stopp   stopp stopp   stopp /4/ jetzt jetzt ist der
Florian der meldet sich und den wollen wir auch mal zu Wort
kommen lassen

22 P1 ja also

23 C4 natürlich muss da jeder

24 D2 du musst dich melden

25 C3 hört sich blöd an

26 P4 ja nun natürlich muss die ehm Beweisführung natürlich ver-
schärft werden es ist (…) wir sagen ja dass es die gleiche
Entscheidung is als wie wenn man n Eierdieb verurteilt oder so
natürlich tut man haben wir eh schon ihr stellt das so hin als
wär das genau das gleiche wir wolln das schon em so machen
dass dann zum Beispiel wie gesagt mit dem genetischen Fingerabdruck dass er dann auch bestätigt werden muss . also
dass schon also n richtiges   Beweisverfahren für die Todesstrafe gibt [das man pauschal vernehmen kann

27 C5   [es muss ….   in jedem Justizermitt-
lungsverfahren ein Beweisverfahren da sein egal was es is und
das war zum Beispiel bei dem Fall Weimar auch der Fall damals
und damals warn halt die Erkenntnisse von heute zum Beispiel
nicht da und die Frau wär jetzt hopps und ist unschuldig

28 C4 man hat nie diehundertprozentige Sicherheit dass wirklich
auch der Fingerabdruck kann überall mal auch Fehler
unterlaufen und dann hat man nicht die hundertprozentige
(Sicherheit)

29 D1 es geht ja /5/ Stefan Handzeichen bitte Handzeichen psss
ausreden lassen (…)

Die Schülerin C3 fokussieren in diesem Transkript den zum Zeitpunkt
der Datenerhebung (1998) aktuellen Fall der Monika Weimar, um daran deutlich zu machen, wie problematisch auch eine scheinbar eindeutige Beweislage sein kann, wenn neue Informationen zugänglich sind,
die zumindest die Zuweisung der Schuld in einem neuen Licht erscheinen lassen. Die Proponenten halten dagegen, dass eindeutige Beweise
vorgelegen haben. Die Mitglieder der beiden Gruppen diskutieren sehr
engagiert, sie unterbrechen sich auch, sodass der Diskussionsleiter sich
zweimal genötigt sieht, mit Äußerungen zur Gesprächsorganisation
einzugreifen (15, 21). Schließlich geht es um die Angemessenheit des
Beweisverfahrens, die relativ differenziert problematisiert wird. Mit der
Intervention des Diskussionsleiters (29) endet dieser Abschnitt, denn
danach werden andere Aspekte der Problematik der Todesstrafe thematisiert.

Analyse des Transkripts

Die in diesem Abschnitt eingebrachten Argumente lassen sich so rekonstruieren.

Der Fall Weimar
Beispiel: Monika Weimar wurde nach zwölf Jahren aus der Haft entlassen

Übersicht 5.5: Argumentationsstruktur Fall Weimar

Beweise sind zweifelhaft	jetzt ist sie frei	Beweisführung muss verschärft werden	Beweisverfahren muss sein
lückenhaftes Alibi	neue Erkenntnisse der Justiz	Bestätigung mit dem genetischen Fingerabdruck	es gibt keine hundertprozentige Sicherheit
	wenn es die Todesstrafe gegeben hätte wäre sie jetzt tot.		

Deutlich wird bei der Strukturierung der in diesem Abschnitt thematisierten Aspekte »Neue Erkenntnisse der Justiz« und »Beweisverfahren«, dass es sich hier um ein fallorientiertes Beispiel handelt, bei dem Proponenten und Opponenten ihre unterschiedlichen Sichtweisen deutlich machen können. Die argumentative Struktur erscheint relativ einfach und steht so im Kontrast zu dem im Transkript deutlich gewordenen Engagement der Schüler. Andererseits ist zu berücksichtigen, dass es sich um einen kleinen Ausschnitt aus einer sehr lang geführten Diskussion handelt, die in allen ihren Facetten an dieser Stelle nicht aufgearbeitet werden kann.

Fünf Segmente   Insgesamt lässt sich das Transkript in fünf Segmente einteilen, die zum einen inhaltlich bestimmt sind (1, 3, 5), zum anderen gesprächsorganisatorisch (2, 4). In der Diskussion um die Todesstrafe führt die der Kontra-Gruppe angehörige Schülerin C3 den seinerzeit aktuellen Fall der Monika Weimar an, die nach zwölf Jahren Haft zunächst entlassen worden war. Sie ergänzt die für den Zusammenhang relevanten Informationen durch weitere Informationen, die die inhaltliche Ausgestaltung des Falles betreffen. Schließlich zieht sie daraus den Schluss, dass die Justiz neue Beweise berücksichtigt hat, die die M. Weimar nicht mehr belasten. Der Proponent P1 stellt die Geltung dieser Beweislage infrage, ohne dies weiter ausführen zu können, denn P2 ergreift das Wort, um die These zu formulieren, dass bereits zur Zeit der Anklageerhebung zwölf Jahre zuvor das Alibi bereits zweifelhaft gewesen sei. Sowohl P1 als auch C3 versuchen, den nächsten Beitrag zu platzieren: C3 setzt sich hier eindeutig durch. Entschieden vertritt sie die Position; dass M. Weimar nicht mehr leben würde, wenn es in der Bundesrepublik Deutschland noch die Todesstrafe geben würde. P2 verweist auf seinen vorherigen Beitrag, dass dies nur unter der Bedingung der Fall gewesen wäre, dass eindeutige Beweise vorgelegen hatten. C5 bestätigt diese Sichtweise, während P1 widerspricht. Offenbar ist der Konflikt zwischen den Kontrahenten an dieser Stelle eskaliert, denn es reden mehrere Personen, und der Hinweis von P1, dass diese doch vorgelegen hätten, kann nicht weiter verfolgt werden. Der Diskussionsleiter greift organisatorisch ein, indem er auf die Verteilung des Rederechts nach den in solchen Diskussion üblichen Konventionen verweist.

P1 erhält nun die Gelegenheit, seine Position einzubringen. Er erinnert C3 daran, dass es damals keine eindeutigen Beweise gegeben habe, und auch das Alibi sei lückenhaft gewesen. C3 widerspricht. Die größere Lautstärke zeigt, wie engagiert sie ihre Position vertritt. Und P3 verweist nunmehr darauf, dass sie möglicherweise nicht zum Tode hätte verurteilt werden dürfen. An dieser Stelle ist der Konflikt zwischen den beiden Gruppen wieder so eskaliert, dass der Diskussionsleiter eingreift, indem er mehrfach stopp sagt, um die direkte Konfrontation zwischen den beiden Gruppen zu verhindern. Zudem hat er beobachtet, dass sich Florian (P4) gemeldet hat und erteilt ihm anschließend das Wort. Das hindert andere Schüler nicht daran, dieses Vorgehen zu kommentieren (22-25). Florian thematisiert in seinem Beitrag den Aspekt der Beweisführung, der nach den Entwicklungen in den 90er-Jahren nunmehr auch die Berücksichtigung des sog. genetischen Fingerabdrucks erforderlich macht. Dies ist für ihn ein Beleg, dass es schon ein richtiges Beweisverfahren für die Todesstrafe gebe. Diese These veranlasst C5, sich mit einer grundsätzlichen Meinung einzuschalten: Es müsse in jedem Verfahren ein Beweisverfahren genutzt werden, und da man seinerzeit die neuen Erkenntnisse nicht gehabt habe, wäre die Angeklagte heute bereits tot (*hopps*), obwohl sie unschuldig ist. C4 verweist ergänzend darauf, dass man nie eine hundertprozentige Sicherheit habe, da in der Beweisaufnahme immer wieder Fehler passieren könnten. Der Diskussionsleiter kommentiert dies positiv, um anschließend dem nächsten Schüler das Wort zu erteilen.

Betrachten wir nun den Transkriptausschnitt unter den vier dominierenden Analysegesichtspunkten. Die *kontextuelle* Ebene schlägt sich nieder in der relativ engagierten Auseinandersetzung mit dem behandelten Thema. Die Pro- und Kontra-Diskussion ist durch die Gruppenarbeit ebenfalls gut vorbereitet worden, die Schüler beider »Parteien« beteiligen sich mit großem Engagement – dies zeigt auch die Tatsache, dass die Diskussion insgesamt ca. 45 Minuten dauert. Die im Transkriptausschnitt dokumentierten Beiträge zeigen, dass die Schüler situationsangemessen und engagiert an der Diskussion beteiligt sind. Die Untersuchung der *elokutionellen* Ebene zeigt, dass die Schüler am Thema interessiert sind. Es kommt auch zu direkten kontroversen Kommentaren. Aus diesem Grund muss der Diskussionsleiter häufig eingreifen, um eine Eskalation bei der Thematisierung der entgegengesetzten Positionen zu verhindern und für die Aufrechterhaltung der kommunikativen Ordnung zu sorgen. Das von den Schülern genutzte Register lässt sich

Vier Analyseelemente

als relativ elaboriert bezeichnen, denn sie bringen die jeweilige Position engagiert und differenziert ein, kein Wunder, wenn man kurz vor dem Abitur steht. Der Perspektivierungsgrad ist bei den meisten Beiträgern sehr elaboriert, die eigene Sichtweise wird gut begründet eingebracht. Die Untersuchung der *kognitiven* Dimension zeigt, dass die Schüler in der Lage sind, komplexe Argumentationsstrukturen zu artikulieren und sich auf die von anderen eingebrachten Standpunkt direkt und differenziert zu beziehen. Die jeweiligen Beitragsformate sind in der Regel erweitert oder aber komplex. Bei der Betrachtung der *sozialen* Dimension fällt auf, dass die Schüler sehr engagiert und differenziert diskutieren. Sie äußern sich spontan, wenn es erforderlich ist, vor allem in der Behandlung von kontroversen Positionen. Insgesamt lässt sich diese Pro- und Kontra-Diskussion als sehr engagiert charakterisieren. Die Schüler bearbeiten die ihnen gestellte Aufgabe mit großem Interesse, sie engagieren sich für ihren Standpunkt und tragen die unterschiedlichen Sichtweisen in der Situation konsequent aus.

Aktualität von Todesstrafe? Variationsmöglichkeiten gibt es vor allem in Hinblick auf das Thema. Ob das Thema »Todesstrafe« heute noch aktuell ist, dürfte kontrovers beantwortet werden. Jedenfalls gibt es noch zahlreiche Länder, in denen die Todesstrafe als Rechtsinstrument genutzt wird, z. B. in zahlreichen Bundesstaaten der USA. Aber auch die hypothetische Auseinandersetzung mit dem Thema kann deutlich machen, welche Möglichkeiten und Grenzen bei der Beurteilung der Frage ins Spiel gebracht werden können. Dennoch lassen sich sicher viele andere interessante Fragestellungen finden, die es den Schülerinnen und Schülern ermöglicht, sich inszeniert kontrovers mit einem Thema zu beschäftigen. Dabei zeigt sich oft, dass Schüler, die eine Position vertreten, die nicht ihre eigene ist, sich relativ gut in die Diskussion einbringen können. Bei der Organisation muss darauf geachtet werden, dass bestimmte Vorgaben (zeitlicher Rahmen, inhaltliche Schwerpunkte) erfüllt werden, damit diese Methode auch wirklich gut genutzt wird. Zudem sollten die Themen durch entsprechende Materialien vorbereitet werden, sodass die Schüler die Möglichkeit haben, sich differenziert mit einem Thema auseinanderzusetzen. Es wäre aber auch möglich, ein relativ allgemein formuliertes Problem zu diskutieren, und zwar ohne die Dimensionen von Pro und Kontra.

Pro- und Kontra-Diskussion Die Pro- und Kontra-Diskussion ist ein gutes Mittel, um Schülerinnen und Schüler dazu anzuleiten, sich konzentriert auf ein Thema in einer bestimmten vorgegebenen Perspektive vorzubereiten. Sie haben dabei die Möglichkeit, dezidiert eigene Argumente für eine der möglichen zwei Sichtweisen zu entwickeln und sie mit den Vertretern der anderen Gruppe zu diskutieren. Diese Form der Diskussion dürfte auch auf die Sekundarstufe I begrenzt sein, aber es ist durchaus auch vorstellbar, dass

Schülerinnen und Schüler aus der Grundschule solche Diskussionen führen – allerdings darf man hier nicht erwarten, dass sie andere Positionen einnehmen, als die, für die sie sich entschieden haben. Es handelt sich um eine interessante und vermutlich auch effektive Übung zur verbalen Bearbeitung von unterschiedlichen Positionen in Hinblick auf ein gegebenes Thema.

In den drei vorgestellten Arrangements wird eine Rederechtverteilung praktiziert, wie sie in öffentlichen Zusammenhängen üblich ist: Ein Gesprächsleiter ist für die Beobachtung der Anwesenden zuständig, er registriert die durch Melden deutlich gemachten Redewünsche. Die Lehrerin gehört in diesem Arrangement zu den Teilnehmern, sie hat also auf die Ausübung ihrer institutionellen Rolle verzichtet und beschränkt sich auf die Ausübung einer Gesprächsrolle. Allerdings erzwingt ihre Präsenz auch von den Schülern, dass sie sich im thematischen und organisatorischen Rahmen bewegen. Für die Teilnehmer, die in einer solchen kommunikativen Ordnung agieren, gelten die folgenden Maximen:

(MT)   Du kannst jederzeit einen Redewunsch durch Melden deutlich machen. Du kannst sicher sein, dass dein Beitrag vom Gesprächsleiter abgerufen wird. Du hast aber keinen Einfluss auf den Zeitpunkt.

Maximen

Für den Gesprächsleiter schließlich gelten die folgenden Maximen:

(MG)   Du achtest darauf, dass du die Meldungen der Beteiligten in der Reihenfolge aufnimmst und ihnen entsprechend das Rederecht erteilst. Du kannst auch selbst das Rederecht übernehmen, wenn du dich inhaltlich am Gespräch beteiligen willst.

5.6 Resümee

Abschließend lassen sich die zentralen Elemente des Unterrichts zusammenfassend beschreiben und zusätzlich sollen Perspektiven zur Veränderung des Unterrichts aufgezeigt werden. Ausgehend von dem Konzept Foucaults und Deleuze, die Schule als Disziplinaranstalt bzw. als Kontrollanstalt kennzeichnen, lassen sich die spezifischen Handlungsmöglichkeiten relativ gut erschließen. Denn Grundlage des Schulbesuchs ist die allgemeine Schulpflicht, die die Schülerinnen und Schüler dazu verpflichtet, von Montag bis Freitag regelmäßig in die Schule zu gehen, es sei denn, es sind Schulferien – dies ist in Deutschland so, dass etwa drei Monate zusammenkommen (Sommerferien sechs Wochen, Herbstferien ein bis zwei Wochen, Weihnachtsferien zwei Wochen, Osterferien

Schule als Disziplinaranstalt

zwei Wochen und Pfingstferien ein bis zwei Wochen). Im Unterschied dazu ist es in Frankreich großzügiger: Dort dauern die Ferien insgesamt vier Monate, vor allem die Sommerferien, die Mitte Juni beginnen und am ersten Septemberwochenende enden – dies gilt übrigens auch für die Länder Italien und Spanien.

Der organisatorische Rahmen des Schulbesuchs ist auch weiterhin sehr differenziert: Während es in Frankreich beispielsweise fast nur Ganztagsschulen gibt, sind es in Deutschland in der Regel Schulen, die von morgens um 8 Uhr oder früher beginnen und gegen 13 Uhr bzw. 13:30 Uhr enden. Vor allem hat in den letzten Jahren die zeitliche Ausweitung des Schulbesuchs begonnen, sodass die Schülerinnen und Schüler die Möglichkeit haben, gelegentlich auch nachmittags in die Schule zu gehen. Eine besondere Rolle haben dabei die sog. integrierten Gesamtschulen, die als Ganztagsschulen geplant wurden, die es aber nicht in allen Bundesländern gibt – in Baden-Württemberg beginnt es sie jetzt, aber in Bayern beispielsweise ist dies noch nicht realisiert.

Lehrpläne Wichtig ist auch der Blick auf die Lehrpläne, die jedoch in den einzelnen Ländern sehr unterschiedliche Bezeichnungen haben: in Bayern heißt es »Lehrplan«, in Baden-Württemberg und Hamburg »Bildungsplan« sowie in Niedersachsen und Sachsen-Anhalt »Rahmenrichtlinien«. Diese Formulierungen lassen sich noch weiter ausdifferenzieren – an dieser Stelle soll jedoch deutlich gemacht werden, welche unterschiedlichen Konzepte die einzelnen Bundesländer verfolgen. Dies liegt unter anderem auch daran, dass die jeweiligen Lehrinhalte in den entsprechenden Landesministerien festgelegt werden.

Unter diesen Voraussetzungen wird dann der Unterricht durchgeführt und entsprechend strukturiert. Dass dabei auch die jeweiligen Lehrplanvorgaben umgesetzt werden müssen, versteht sich von selbst. In Teil 5.1 wurden die spezifischen Rahmenbedingungen herausgearbeitet, wobei relativ wichtig ist, wie und wo die Schüler im Klassenraum verteilt sind – also in welchem Tableau sie sitzen. Sodann ist wichtig, wie der Unterricht organisiert wird. Dabei gibt es mehrere Möglichkeiten: In der Regel wird lehrerzentriert unterrichtet, aber auch schülerzentrierte und verfahrensgeregelte Formen können bisweilen genutzt werden. Zu den jeweiligen Analysen später mehr. Wichtig ist dabei auch, wie die Stunde begonnen und wie sie abgeschlossen wird – denn es gibt einen zeitlichen Rahmen von in der Regel 45 Minuten oder aber – wenn eine Doppelstunde gehalten wird – von 90 Minuten. Auf diese zeitlichen Begrenzungen gilt es, Bezug zu nehmen. Dabei zeigt sich schon, dass es schwieriger ist, eine Doppelstunde zu realisieren als eine Einzelstunde, denn die unterschiedlichen zeitlichen Verhältnisse müssen dabei beachtet werden – wobei bei einer Doppelstunde eine stärkere inhaltliche Orientierung geschaffen werden kann. Die Eröffnungsphase ist auf jeden

Fall deutlich länger als die Abschlussphase, weil es unter anderem auch darum geht, das jeweils geplante inhaltliche Thema zu bestimmen, während beim Ende vor allem durch die jeweiligen akustischen Signale (Klingeln) der zeitliche Rahmen begrenzt wird. In den beiden genutzten Transkripten aus eine Biologie- und einer Deutschstunde lässt sich dieses Modell gut rekonstruieren, denn sie machen deutlich, wie wenig zeitlicher Raum am Ende einer Stunde bleibt, um zum Abschluss zu kommen.

Kommen wir nun zum Modell des lehrerzentrierten Unterrichts, der am häufigsten im Unterricht genutzten Lehrform (5.3). Dies liegt u. a. daran, dass es für die Lehrer wichtig ist, bestimmte Inhalte zu vermitteln. So unterscheidet sich der Sprachunterricht mit dem Schwerpunkt Englisch vom Deutschunterricht, der Biologie- und Physikunterricht vom Geschichtsunterricht und eine besondere Organisationform weist der Sportunterricht auf (vgl. Kap. 4). Ein zentraler Punkt dabei ist, dass die jeweiligen thematischen Schwerpunkte fachlich bestimmt sind, und diese sich dann entsprechend unterscheiden. An den ausgewählten Beispielen aus den Fächern Geschichte, Deutsch und Englisch wird relativ klar herausgearbeitet, wie unterschiedlich der lehrerzentrierte Unterricht umgesetzt wird. Dies hat u. a. auch mit den jeweiligen fachlichen Inhalten zu tun, die jeweils durch das entsprechende inhaltliche Profil bestimmt sind.

Zusammenfassend lässt sich feststellen, dass die lehrerzentrierte Ordnung gekennzeichnet ist durch die Dominanz des Lehrers. Er nimmt seine institutionellen Pflichten und Rechte wahr, indem er nach eigenen Vorstellungen Schülern das Rederecht erteilt, indem er selbst den jeweils nächsten Sprecher auswählt. Um den Schülern die Teilnahme zu ermöglichen, kann er auf das Prinzip der »programmierten Selbstauswahl« zurückgreifen oder durch Melden signalisierte Redewünsche berücksichtigen. Sollte es aber um andere Formen der interaktiv organisierten Verständigung gehen, müsste er eine andere Form wählen, entweder schülerorientiert oder verfahrensgeregelt.

Der schülerzentrierte Unterricht zeichnet sich vor allem dadurch aus, dass die Schüler mehr Möglichkeiten haben, sich einzubringen, während der Lehrer sich zurückhalten muss, um seine Interessen umzusetzen. Die ausgewählten Beispiele haben auch deutlich gemacht, dass es sich vor allem um Formen der thematischen Auseinandersetzung handelt, insofern nämlich bestimmte organisatorische Aspekte in den Mittelpunkt gerückt werden und dann von den beteiligten Personen besprochen werden. So sind die jeweils thematisierten Aspekte sehr unterschiedlich: Während im ersten Beispiel aus einer 4. Klasse der thematische Schwerpunkt festgelegt wird, indem die Schülerinnen und Schüler darauf konzentriert werden, geht es im zweiten Beispiel um die Gestal-

Lehrerzentrierter Unterricht

Schülerzentrierter Unterricht

tung einer Klassenratsstunde, in der die Lehrerin nachfragt, ob sie jetzt aus dem Raum gehen soll. Dieses Thema wird relativ gründlich behandelt mit dem Ergebnis, dass sie im Klassenraum verbleibt. Es lässt sich zusammenfassend feststellen, dass von einer schülerzentrierten Ordnung dann gesprochen werden kann, wenn der Lehrer nicht auf die Regeln des lehrerzentrierten Unterrichts zurückgreift und so die Schüler die Möglichkeit haben, selbst das Wort zu ergreifen, wenn sich ihnen die Gelegenheit dazu bietet.

Verfahrens-geregelter Unterricht

Der verfahrensgeregelte Unterricht ist im Wesentlichen dadurch bestimmt, dass vor Beginn der inhaltlichen Auseinandersetzung die Regeln für die Organisation der verbalen Interaktion abgesprochen bzw. festgelegt werden. Normalerweise sitzen dann ein Schüler oder mehrere Schüler vorne, deren Aufgabe es ist, das Gespräch zu leiten. In den ausgewählten Beispielen wurde dieser Ansatz genutzt. Im Mittelpunkt der ersten Diskussion steht die Lehrerin, die die Schüler in einem Stuhlkreis mit dem Problem konfrontiert, ob Hausaufgaben am Wochenende sinnvoll seien. Im zweiten Beispiel geht es um die Frage, ob die Todesstrafe wieder eingeführt werden soll – diskutiert nach dem Modell einer Pro- und Kontra-Diskussion. Dabei werden insgesamt auch sehr interessante Aspekte behandelt – wobei die gesamte Diskussion über 60 Minuten lang war.

Verfahrens-orientierung

In allen Beispielen zeigt sich, wie die Gesprächsleiter die jeweiligen Strategien der beteiligten Personen herausstellen und wie sie damit umgehen, indem sie sie entweder akzeptieren oder aber problematisieren. Es zeigt sich sehr deutlich, wie die Schülerinnen und Schüler das ihnen vorgeschlagene Format nutzen, um auf diese Weise gewisse inhaltliche Schwerpunkte zu thematisieren und darüber auch eine Auseinandersetzung zu führen.

Abschließend einige Überlegungen zur Frage, wie diese Formate weiterentwickelt werden können. Unstrittig ist, dass der lehrerzentrierte Unterricht die am meisten gebrauchte Form des Unterrichtens ist. Dies zeigt sich nicht nur an den ausgewählten Beispielen, dies wurde aber auch schon in Kapitel 4 relativ deutlich herausgearbeitet. Die anderen Beispiele des schülerzentrierten und des verfahrensgeregelten Unterrichts haben allerdings auch Qualitäten, auf die hingewiesen werden muss. Bei schülerzentrierten Gesprächsformen muss sich die Lehrperson zurückhalten, um den Beteiligten die Möglichkeit zu geben, sich einzubringen. Damit wird eine Konzentration auf die Anliegen und Interessen der Schüler erreicht, die vor allem deshalb nützlich ist, weil auf diese Weise die jeweiligen Perspektiven in den Mittelpunkt gerückt werden. Und bei der verfahrensorientierten Form des Dialogs geht es vor allem um organisatorische Aspekte der Aktivitäten der Schülerinnen und Schüler. Dabei kann der Lehrer die Gesprächsleitung übernehmen, er kann sie aber auch an die Schüler übergeben, die dann ihrerseits das unterrichtliche Handeln gesprächsförmig organisieren. Unter diesen Voraussetzungen wird es besser möglich, Schülerinnen und Schüler aktiv in den Unterricht miteinzubeziehen. Diese Formen müssten dann weiter gefördert werden – um die Dominanz des lehrerzentrierten Unterrichts zu brechen.

6. Zusammenfassung und Perspektiven

In diesem Teil wird es darum gehen, die relevanten Ergebnisse der gesprächsanalytisch fundierten Studie sowie der fachspezifischen Ausrichtung zusammenzufassen und diese dann im Anschluss mithilfe von Handlungsempfehlungen für einen »guten« Unterricht zu ergänzen. Bei der Zusammenfassung der analytischen Ergebnisse wird es drei unterschiedliche Aspekte geben: Zunächst werden die fachspezifischen Besonderheiten in der Organisation von Unterricht zusammengefasst, in einem zweiten Schritt werden die in den Transkriptionen deutlich gewordenen interaktiven Praktiken der Lehrerinnen und Lehrer resümiert und schließlich wird es um die Aspekte gehen, wie Unterricht organisiert sein kann. Im Anschluss daran erfolgt eine Entwicklung und Begründung von Handlungsempfehlungen für einen guten Unterricht.

Orientierung Kommen wir nun zum ersten Punkt. Bei der Betrachtung der einzelnen Fächer ist deutlich geworden, wie unterschiedlich der Unterricht ablaufen kann. Zentrales Element ist dabei die fachliche Orientierung. Dabei zeigt sich, dass der Unterricht in naturwissenschaftlichen Fächern sich mit ganz anderen Schwerpunkten beschäftigt als der in den anderen Fächern. Während im Fach Biologie das Thema »DNA« im Mittelpunkt gestanden hat und die Schüler sich doch relativ interessiert damit beschäftigt haben, stand im Fach Physik ein schülerzentrierter Unterricht im Zentrum, insofern die Schülerinnen und Schüler etwa 70 Minuten Zeit hatten, sich mit dem von dem Lehrer vorgegebenen Inhalt zu beschäftigen. Auch sie haben sich engagiert mit der vorgegebenen Aufgabenstellung beschäftigt und die auch entsprechend umgesetzt, sodass die abschließende Auswertung als relativ gelungen angesehen werden kann, da hier sehr offen die Schwerpunkte des durchgeführten Experiments deutlich erarbeitet wurden. In der für das Fach Deutsch dokumentierten Plenumsdiskussion haben sich die daran beteiligten Schülerinnen und Schüler relativ interessiert mit dem vorgegebenen Thema auseinandergesetzt, nachdem sie sich vorher in Kleingruppen auf diese vorbereitet hatten. Allerdings ergeben sich auch fachliche Unterschiede, denn es ist in der Regel nicht üblich, auch in den naturwissenschaftlichen Fächern Diskussionen zu führen – dies bleibt den Fächern Deutsch, Gemeinschaftskunde, Englisch und Geschichte vorbehalten. Die für das Fach Geschichte zentrale Fragestellung der Einschätzung der beiden sowjetischen Politiker Lenin und Stalin im Jahr 1923 wurde in einem lehrerzentrierten Unterricht realisiert, wobei allerdings der Lehrer durchaus angemessen die Aktivitäten der Schülerinnen und Schüler registriert hat und sie auch sinnvoll in das von ihm gewählte methodische Arrangement einbezogen hat. Immerhin ist es ihm gelungen, das Interesse der Schüler zu wecken, und er hat sie zu einer intensiven Mitarbeit veranlasst – dies lässt sich an den jeweils eingebrachten Beiträgen angemessen verdeutlichen. Im Fach Englisch stand der Aspekt der »jobs« im Mittelpunkt, und auch hier ist es dem Lehrer gelungen, die Schülerinnen und Schüler dafür zu interessieren, auch wenn die gesamte Aushandlung des Themas in englischer Sprache stattgefunden hat. Seine unterrichtlichen Aktivitäten waren auch lehrerzentriert, allerdings haben auch in dieser Dokumentation die Schülerinnen und Schüler mehr oder weniger interessiert mitgearbeitet. Bleibt noch das Beispiel aus dem Sportunterricht, in dem eine ganz andere Organisationsform notwendig ist, weil es auch darum geht, die jeweiligen körperlichen Anforderungen in entsprechenden Übungen zu realisieren. Und das Beispiel hat gezeigt, dass es der Lehrerin gelungen ist, die Viertklässler für den Schwerpunkt Seilspringen zu motivieren.

Nun zu den interaktiven Praktiken der Lehrerinnen und Lehrer. Dabei lassen sich deutliche Unterschiede aufzeigen. Während es in einem lehrerzentrierten Unterricht um die Vermittlung des von der Lehrerin bzw. vom Lehrer in den Mittelpunkt gestellten thematischen Schwerpunktes geht, werden im schülerzentrierten Unterricht die Handlungsmöglichkeiten der Schülerinnen und Schüler erweitert. Dies kann man deutlich an den in Kapitel 5.4 dokumentierten Ausschnitten erkennen. Zentral aber ist die Frage, mit welchen interaktiven Praktiken es den Lehrerinnen und Lehrern gelingt, ein für die Schülerinnen und Schüler relevantes kommunikatives Konzept zu entwickeln – vor allem auch im lehrerzentrierten Unterricht. Insbesondere in den Beispielen aus den naturwissenschaftlichen Fächern (Biologie und Physik) zeigt sich, wie viel Motivation der Schülerinnen und Schüler die entsprechende Unterrichtsplanung der Lehrpersonen erzeugt hat. Dies lässt sich auch für den Geschichtsunterricht festhalten: Auch hier wird lehrerzentriert unterrichtet, aber der Lehrer reagiert angemessen auf die jeweiligen Schülerbeiträge, er agiert moderat, bestimmt jedoch auch die Art und Weise der inhaltlichen Auseinandersetzung mit den Themen. Ähnliches lässt sich auch für das ausgewählte Beispiel aus dem Deutschunterricht feststellen: Hier agieren die Schülerinnen und Schüler in der Podiumsdiskussion relativ angemessen – wenngleich in anderen Dokumentationen eine intensivere und damit längere Auseinandersetzung mit den gestellten Themen stattfindet. Dennoch ist dies ein gutes Beispiel für eine besondere Form des Unterrichts, denn das ausgewählte Thema »Handys:

Interaktive Praktiken der Lehrpersonen

ja oder nein?« wird relativ interessant argumentativ behandelt. Sehr gut gelungen ist auch das Beispiel aus dem Fach Sport, insofern es der Lehrerin gelingt, die Schülerinnen und Schüler für die ausgewählten Schwerpunkte zu begeistern und sie auch angemessen instruiert, wie das alles zu erledigen ist. Dies gilt auch für das Beispiel aus dem Englischunterricht: Der Lehrer agiert hier unter den spezifischen Umständen angemessen und es gelingt ihm, das Interesse der Schülerinnen und Schüler zu wecken. Sie arbeiten relativ interessiert mit und entwickeln dabei ganz interessante inhaltliche Vorschläge, auf die der Lehrer relativ interessiert reagiert und diese Aspekte dann auch thematisiert. Insgesamt zeigt sich, dass die Lehrpersonen in den ausgewählten Beispielen fachlich bezogen gut orientiert sind, und dies auch den Schülerinnen und Schülern deutlich machen. Gelungener Unterricht, so könnte man die Ergebnisse zusammenfassen. Dabei bleibt aber noch zu berücksichtigen dass es auch diverse Beispiele für nicht gelungenen Unterricht gibt – dazu gibt es auch zahlreiche Transkriptionen, die dies empirisch belegen.

Interaktive Organisation des Unterrichts
Der dritte Gesichtspunkt bezieht sich auf die interaktive Organisation des Unterrichts. In der Regel verläuft er lehrerzentriert, d. h., dass die Lehrpersonen die kommunikative Ordnung bestimmen. Lehrerzentriert ist der Geschichtsunterricht, der Englischunterricht und der Biologieunterricht. In den drei anderen Fächern sieht es etwas anderes aus. Im Sportunterricht legt die Lehrerin fest, welche Aktivitäten als angemessen gelten. So müssen die Schülerinnen und Schüler sich für die Besprechung der Schwerpunkte bei der Lehrerin einfinden, um im Anschluss diese in entsprechenden Zeiträumen auch zu erarbeiten, indem sie bestimmte, von der Lehrerin vorgegebenen Formen der körperlichen Betätigung realisieren. Im Physikunterricht nutzt der Lehrer eine schülerzentrierte Form der unterrichtlichen Gestaltung, indem er ihnen es ermöglicht, sich 70 Minuten lang mit dem Experiment »Der waagerechte Wurf« zu beschäftigen. Vor diesem Zeitraum werden die Schülerinnen und Schüler darauf vorbereitet, und im Anschluss werden die Ergebnisse der Gruppenaktivitäten ausgewertet. Und schließlich der Deutschunterricht: Hier diskutieren ausgewählte Schüler in einer Diskussion vor dem Klassenplenum die Frage, ob Handys erlaubt sein sollen oder nicht. Dies gelingt ihnen relativ angemessen und sie entwickeln ein bestimmtes Konzept zur Realisierung der aufgeworfenen Fragen. Insgesamt zeigt sich, dass die unterrichtlichen Praktiken in den einzelnen Fächern durchaus von den jeweils gewählten Orientierungen bestimmt sind. Und schließlich zeigt die Auseinandersetzung mit den unterschiedlichen Formen der unterrichtlichen Organisation, wie verschieden es gestaltet werden kann. So zeigt sich, dass im lehrerzentrierten Unterricht die Beteiligten hauptsächlich den Instruktionen der

Lehrperson folgen müssen – und das ist die am meisten genutzte Form des Unterrichts. Der schülerzentrierte Unterricht findet nicht häufig statt, und die ausgewählten Beispiele zeigen, wie offen einzelne Lehrpersonen die Interaktion gestalten. Und im verfahrensgeregelten Unterricht gilt die Maxime, dass die Gesprächsleiter die Regeln festlegen und im Anschluss darauf achten, dass sie auch eingehalten werden. Die ausgewählten Beispiele vor allem für die beiden zuletzt beschriebenen Praktiken zeigen, welche Verschiebungen des Handlungspotenzials dadurch erzeugt werden. Denn die fachliche Determinierung tritt in solchen Organisationsformen in den Hintergrund, es steht vielmehr die Organisation der ausgewählten Praktiken im Zentrum des Interesses. Und der Handlungsraum der Schülerinnen und Schüler wird deutlich weiter gefasst.

Nach dieser kritischen Bestandsaufnahem sollen abschließend einige Normen formuliert werden, die geeignet sind, zu einem angemessenen Unterricht in den verschiedenen Fächern zu finden (vgl. dazu Becker-Mrotzek/Vogt (²2009), S. 202–205). Aus den vorgestellten linguistischen Untersuchungen zur Kommunikation in Schule und Unterricht werden im Folgenden einige didaktische Maximen hergeleitet. Damit soll die linguistische Theorie fruchtbar gemacht werden für die analysierte Praxis. Die vorgestellten Ansätze gründen auf einer qualitativ-empirischen Basis, wie sie nur wenigen didaktischen und pädagogischen Konzepten zugrunde liegt. Die ist ein gewichtiges Argument, weil erst in der Empirie sichtbar wird, ob die intendierten Lehr-Lern-Prozesse in der Praxis auch so stattfinden. Und hier hat die linguistische Pragmatik eine Methodologie anzubieten, die dem Gegenstand in besonderer Weise angemessen ist. Anders als quantitativ-empirisch verfahrende Untersuchungen gelingt es hier, den kommunikativ vermittelten Zusammenhang von Lehren und Lernen so detailliert zu beschreiben, dass kognitive Prozesse auf Schülerseite nicht nur rekonstruierbar werden, sondern auch ins Verhältnis gesetzt werden können zu den vorausgehenden Lehrmaßnahmen. Das bedeutet jedoch nicht, dass schon alle Fragen geklärt wären. Es ist vielmehr so, dass immer noch viele Desiderata bestehen – aber es ist ein Weg gewiesen, diese zu bearbeiten.

Normen für den Unterricht

1. Reflektiere die Bedingungen von Unterricht und mache sie dir bewusst

Unterricht findet unter definierten Bedingungen statt, die im Wesentlichen durch die *Institution* Schule gegeben sind. Lehrer und Schüler handeln im Unterricht nicht als unabhängige Subjekte, die ihre gemeinsamen Tätigkeiten frei aushandeln könnten, so wie dies gelegentlich im Alltag der Fall ist. Sie handeln vielmehr als Agenten und Klienten der Institution Schule. Damit sind sie beide ihren Zwecken unterworfen, die ihren sichtbaren Ausdruck in den Schulvorschriften finden. Die zentralen Zwecke kann man mit Qualifikation und Selektion umschreiben. Schule hat zum einen die Aufgabe, das gesellschaftliche Wissen an die nächste Generation weiterzugeben und damit zugleich den Einzelnen zu qualifizieren. Indem sich der Einzelne Wissen aneignet, qualifiziert er sich zugleich für seine späteren Aufgaben in der Gesellschaft. Schule hat zum anderen aber auch die Aufgabe, dieses Wissen in fraktionierter Form weiterzugeben, d. h., aufzuteilen auf die verschiedenen Klassen und Gruppen der Gesellschaft. Denn wegen seines Umfangs kann der Einzelne immer nur Teile des gesellschaftlichen Gesamtwissens aufnehmen. Damit ist eine Selektionsfunktion verbunden, weil die verschiedenen Wissensfraktionen Zugang zu unterschiedlichen Berufsfeldern eröffnen. Am deutlichsten wird dies immer noch an der Scheidung von Hand- und Kopfarbeit. Wichtigstes Selektionsinstrument sind die Zensuren und die damit verbunden formalen Qualifikationen (Schulabschlüsse).

Diese Bedingungen sind unhintergehbar und bilden den Rahmen jeden schulischen Handelns. Damit soll auf den institutionellen Rahmen des Handlungsfeldes Unterricht hingewiesen werden. Dieser Rahmen konstituiert Handlungsspielräume, die jeder einzelne in eigener Verantwortung nutzen kann. Wer sich diese Bedingungen vor Augen führt, kommt vielleicht zu einer realistischeren Einschätzung der eigenen Möglichkeiten. Und für Neulinge besteht die Hoffnung, beim ersten Kontakt mit Schule nicht den sprichwörtlichen »Praxisschock« zu erleiden.

2. Stelle für alle Beteiligten Transparenz her

Die Arbeit mit linguistischen Verfahren in der Unterrichtsforschung erzeugt nicht allgemeingültige Ergebnisse im Sinne einer Formulierung kausaler oder finaler Zusammenhänge; vielmehr verschafft der genaue Blick auf sprachliche Interaktionen im Klassenzimmer dem Analytiker nicht nur Einsicht in deren Bedingungen, sondern auch in deren ungenutzte Potenziale. Nicht nur stellt jedes vom Lehrer initiierte sprachliche Handlungsmuster eine Auswahl aus mehreren Möglichkeiten dar, auch die Äußerungsformen, die dieses entwickeln, sind variabel. So können für Situationen Potenziale bestimmt und Alternativen formuliert werden. Derjenige, der als Lehramtsstudent, Referendar oder Lehrer sich linguistischer Verfahren bedient, erarbeitet für sich ein Instrumentarium selbstreflexiv nutzbarer Kategorien, das ein vertieftes sprachliches Bewusstsein über die Bedingungen des eigenen professionellen Handelns herstellen kann.

Den reflexiven Hintergrund des eigenen Handelns sollten Lehrer auch ihren Schülern gegenüber deutlich machen, indem sie über die Verhältnisse, die sie verantwortlich schaffen, bei den davon Betroffenen Transparenz herstellen. Das beginnt bei Informationen über den Lehrplan und die daraus abgeleitete Planung auf Jahresebene, setzt sich fort bei der Vorbereitung von Unterrichtsvorhaben und findet seinen Abschluss in der Gestaltung der einzelnen Stunde. So macht beispielsweise die Praktik des »Rätselratens« im fragend-entwickelnden Unterricht die Schüler deshalb zu Statisten der Lehrerinszenierung, weil ihnen die Hintergründe des Handelns nicht deutlich gemacht werden. Wenn der Lehrer sie zu aktiven Teilnehmern machen will, muss er ihnen einen anderen Zugang zu den Inhalten ermöglichen, indem er die Bedingungen des eigenen Handelns explizit macht. Schüler aller Altersgruppen, das zeigen zumindest die Beobachtungen am hier vorgestellten Material, hören genau zu, welche organisatorischen und thematischen Anforderungen der Lehrer an sie stellt; sie bewerten das Geschehen auch, indem sie Anspruch und Realisierung miteinander in Beziehung setzen. Es lohnt sich deshalb für den Lehrer immer, mit offenen Karten zu spielen, selbst seine Erwartungen zu verdeutlichen, sei es in der Lehrerfrage, im Unterrichtsgespräch oder in der Festlegung des organisatorischen Rahmens in der Diskussion.

3. Praktiziere eine bewusste Methodenvielfalt

Die Analysen haben die Komplexität von Lehr-Lern-Prozessen deutlich vor Augen geführt. Es ist ersichtlich geworden, dass alle bislang untersuchten Unterrichtsmethoden ihre Stärken und Schwächen haben. Auch wenn die Zusammenhänge noch nicht im Einzelnen geklärt sind, so ist doch klar, dass dies auch begründet ist in den Unterschieden der beteiligten Schüler und Lehrer sowie der Inhalte. Nicht jedes Thema kann mit jeder Methode behandelt werden und nicht alle Schüler und Lehrer kommen mit allen Methoden gleichermaßen zurecht. Um möglichst vielen Lernertypen und den verschiedenen Lernerfordernissen gerecht zu werden, wird von einem Methodenmonismus abgeraten, stattdessen soll eine bewusste Methodenvielfalt empfohlen werden. Methodenvielfalt bedeutet jedoch nicht, einen Wechsel um seiner selbst willen zu praktizieren. Ziel ist es vielmehr, die Methoden an die Möglichkeiten der Schüler, die Erfordernisse der Sache und die eigenen Bedürfnisse anzupassen. Das verlangt eine reflektierte Praxis. Lehrervortrag, Unterrichtsgespräch, Diskussion oder Gruppenarbeit können je spezifische Funktionen im Unterricht übernehmen. Welche Methode im Einzelfall die geeignete ist, hängt von den je besonderen Bedingungen ab, sodass rezeptologische Aussagen nicht sinnvoll erscheinen.

4. Mache die Interaktionsverfahren der Klassengemeinschaft regelmäßig zum gemeinsamen Thema

Die sozialen Zwecke der Schule können Lehrerinnen und Lehrer dadurch fördern, indem sie ihren Schülerinnen und Schülern mehr Handlungsmöglichkeiten einräumen. Das bezieht sich zunächst auf eine schülerzentrierte Gegenstandsbearbeitung, wie sie im Begriff des projektorientierten Unterrichts gefasst wird: Schüler und Lehrer planen und organisieren gemeinsam den Lehr-Lern-Prozess. In dem Maße, in dem Schülerinnen und Schüler über Handlungsspielräume verfügen, gewinnen die Auseinandersetzungen um ihre Ausfüllung an Ernsthaftigkeit und Engagement. Der Wissenstransfer vollzieht sich dann innerhalb eines sozialen Rahmens, an dessen Herstellung auch die Schüler beteiligt sind. Aus einer Schulklasse kann so eine Arbeitsgruppe werden. Dass es dabei zu sozialen Spannungen kommen kann, dürfte selbstverständlich sein. Probleme und Konflikte innerhalb eines so konzipierten Zusammenhangs gehören deshalb selbstverständlich zu den Unterrichtsinhalten und verdienen eine aufmerksame Bearbeitung, z. B. in Diskussionen, in denen kontroverse Einschätzungen bearbeitet werden. Aber auch im traditionellen Unterricht sollten solche gruppeninternen Fragen regelmäßig thematisiert werden, wenn nicht in speziellen SV-Stunden (Schülermitverantwortung), dann in Deutsch- oder Politikstunden.

5. Sei offen für ungeplante und unerwartete Interaktionsprozesse

Schüler tun oft nicht das, was der Lehrer von ihnen erwartet: Sie sind nicht so aufmerksam, wie er sich das gewünscht hat, oder sie reagieren auf seine »Impulse« nicht so, wie er das in seiner Unterrichtsvorbereitung konzipiert hat, ohne dass sie etwas »Falsches« gesagt hätten. Er wird bestrebt sein, in einer solchen Situation Wege zu finden, den Gang der verbalen Interaktion auf den von ihm vorgesehenen Weg zurückzuführen, indem er den Beitrag entsprechend evaluiert und so anderen Schülern die Chance gibt, diesen zu finden. Er könnte jedoch auch jene Differenz thematisieren; zudem könnte er andere interessierte Schüler miteinbeziehen, indem er den Schülerbeitrag selbst thematisch macht. Dann könnte sich ein Perspektivenabgleich entwickeln, ein Hin und Her der Vorschläge, für die schließlich Kriterien gefunden werden müssen, eine begründete Entscheidung zu fällen. So entstehen Kontroversen, die für die Beteiligten im Klassenzimmer – als Beiträger oder Parteiergreifender Zuhörer – fast immer spannend sind, sodass es sich für den Lehrer lohnen könnte, sein besonderes Augenmerk auf die Entfaltung solcher Sequenzen zu legen. Widerstreitende Positionen entwickeln im öffentlichen Raum eine Eigendynamik, sie zwingen die Beteiligten dazu, ihre eigene Position mit denen anderer in Beziehung zu setzen. Hier wäre es die Aufgabe des Lehrers, dieser Dynamik nichts in den Weg zu stellen – wie jener Lehrer einer 12. Klasse, der das Anliegen eines Schülers, zu dem Beitrag eines Mitschülers spontan kontrovers Stellung zu beziehen, übersieht, und, seine Kontrollfunktion ausübend, einem der Schweiger das Rederecht aufzwingt. Wenn wir als Lehrer Kontroversen fördern, tun wir sicherlich auch etwas für die Herausbildung einer Konfliktfähigkeit, einer Kompetenz, die zu den zentralen Qualifikationen in einer ausdifferenzierten Gesellschaft gehört.

6. Hinterfrage die eigene Beurteilungspraxis

Beurteilen und Bewerten gehört zwar, wie oben dargelegt, zu den zentralen Aufgaben des Unterrichtsalltags, findet aber in der Ausbildung nur wenig Beachtung. Das gilt für die Beurteilung schriftlicher Leistungen, obwohl diese in den 70er-Jahren relativ viel Aufmerksamkeit erfahren hat (Rothland 2001), und es gilt erst recht für die sog. mündlichen Leistungen. Das hat zur Folge, dass in der Praxis das didaktische Brauchtum relativ unreflektiert fortgeschrieben wird. Mündliche Leistungen einzuschätzen, ist aus mehreren Gründen schwierig. Zum einen wegen der Flüchtigkeit des gesprochenen Wortes, sodass eigentlich nur Erinnerungen an Kommunikation beurteilt werden können. Und zum anderen, weil es hier noch schwieriger ist als bei Texten, Qualitätsmaßstäbe zu benennen (Fiehler 1998). Da ein Gespräch immer das Ergebnis des Zusammenwirkens mehrerer Beteiligter ist, ist es problematisch, das Verhalten eines Einzelnen isoliert zu beurteilen. Um nur ein Beispiel zu nennen: Wenn jemand eine Geschichte erzählt, die ihn sehr bedrückt, ist das geduldige Zuhören genau die richtige und angemessene kommunikative Aktivität. Diese kann aber in einer Situation, in der es um das gemeinsame Erarbeiten einer Lösung geht, unangemessen sein. Und im Unterrichtsdiskurs kann das Schweigen eines Schülers, der darauf verzichtet, eine bereits gegebene Antwort eines weiteres Mal zu wiederholen, kommunikativ angemessen sein, obwohl er dadurch nicht in den Fokus des Lehrers rückt. Es ist also empfehlenswert, auf vorschnelle und unreflektierte Beurteilungen auf dem Hintergrund nur erinnerter Eindrücke zu verzichten.

Literatur

Becker-Mrotzek, Michael/Meyer, Christoph (1999): »Diskursanalytische Arbeitsweisen und Standardverfahren«. In: Brünner, G./Fiehler, R./Kindt, W. (Hgg.): Angewandte Gesprächsforschung. Opladen: Westdeutscher Verlag. 18–46.

Becker-Mrotzek, Michael/Vogt, Rüdiger (²2009): Unterrichtskommunikation. Linguistische Analysemethoden und Forschungsergebnisse. Tübingen: Niemeyer.

Brünner, Gisela/Graefen, Gabriele (1994): »Zur Konzeption der Funktionalen Pragmatik«. In: Brünner, Giesela/Graefen, Gabriele (Hgg.): Texte und Diskurse. Methoden und Forschungsergebnisse der Funktionalen Pragmatik. Opladen: Westdeutscher Verlag, 7–24.

Couper-Kuhlen, Elizabeth/Selting, Margret (2001): »Argumente für die Entwicklung einer interaktionalen Linguistik«. In: Gesprächsforschung – Online-Zeitschrift zur verbalen Interaktion 1/2000, 76–95.

Deleuze, Gilles (1990): »Postskriptum über die Kontrollgesellschaften«. In: Deleuze, Gilles: Unterhandlungen 1972–1990. Frankfurt: Suhrkamp, 254–262.

Ehlich, Konrad/Rehbein, Jochen (1976): »Halbinterpretative Arbeitstranskriptionen (HIAT)«. In: Linguistische Berichte 45, 21–41.

Ehlich, Konrad/Rehbein, Jochen (1979): »Sprachliche Handlungsmuster«. In: Soeffner, H.-G. (Hg.): Interpretative Verfahren in den Sozial- und Textwissenschaften. Stuttgart: Metzler, 243–275.

Ehlich, Konrad/Rehbein, Jochen (1986): Muster und Institution. Untersuchungen zur schulischen Kommunikation. Tübingen: Narr.

Foucault, Michel (1977): Überwachen und Strafen. Frankfurt/M. Suhrkamp.

Gabeler, Anja (2011): Physikdidaktische Lehre mit Videoclips von Schulunterricht. Vorbereitung, Aufgabenstellung und Anleitung von Schülerexperimenten. Hannover (Masterarbeit).

Helmke, Andreas (2012): Unterrichtsqualität und Lehrerprofessionalität. Diagnose, Evaluation und Verbesserung des Unterrichts (4. überarbeitete Aufl., Schule weiterentwickeln – Unterricht verbessern. Orientierungsband). Seelze: Klett-Kallmeyer.

Heil, Werner (²2012): Kompetenzorientierter Geschichtsunterricht. Stuttgart: Kohlhammer.

Hempel, Carl Gustav (1977): Philosophie der Naturwissenschaften. München: Deutscher Taschenbuch-Verlag.

Kircher, Ernst (2002): Physikdidaktik in der Praxis. Berlin: Springer.

Klippel, Friederike/Doff, Sabine (2007): Englischdidaktik: Praxishandbuch für die Sekundarstufe I und II. Berlin: Cornelsen Scriptor.

Lange, Harald (2008): »Methoden im Sportunterricht – Lehr-/Lernprozesse anleiten, öffnen und einfallsreich inszenieren.« In: Lange, Harald/Sinning, Silke (Hrgg.) (2008): Handbuch Sportdidaktik. Balingen: Spitta-Verlag, 294–318.

Lüders, Manfred (2003): Unterricht als Sprachspiel. Eine systematische und empirische Studie zum Unterrichtsbegriff und zur Unterrichtssprache. Bad Heilbrunn/OBB: Klinkhardt.

Mehan, Hugh (1979): Learning lessons. Social Organization in the Classroom. Cambridge (Mass.)/London: Harvard University Press.

Meyer, Hilbert ([13]2008): Unterrichtsmethoden. I: Theorieband. Berlin: Cornelsen-Scriptor.

Meyer, Hilbert ([13]2006): Unterrichtsmethoden. II: Praxisband. Berlin: Cornelsen-Scriptor.

Rehbock, Helmut (1981): »Nebenkommunikationen im Unterricht. Funktionen, Wirkungen, Wertungen«. In: Baurmann, J./Cherubim, D./Rehbock, H. (Hgg.): Neben-Kommunikationen. Beobachtungen und Analysen zum nichtoffiziellen Schülerverhalten innerhalb und außerhalb des Unterrichts. Braunschweig: Westermann, 35–88.

Redder, Angelika (1984): Modalverben im Unterrichtsdiskurs. Pragmatik der Modalverben am Beispiel eines institutionellen Diskurses. Tübingen: Niemeyer.

Sauer, Michael ([5]2006): Geschichte unterrichten. Eine Einführung in die Didaktik und Methodik. Seelze: Kallmeyer.

Sinclair, John McH./Coulthard, Malcolm (1977): Analyse der Unterrichtssprache. Ansätze zu einer Diskursanalyse dargestellt am Sprachverhalten englischer Lehrer und Schüler. Übersetzt, bearbeitet u. herausgegeben v. H.-J. Krumm. Heidelberg: Quelle & Meyer. – Originalausgabe: Towards an analysis of discourse. London: Oxford University Press, 1975.

Sinning, Silke (2007): »Sportspiele vermitteln. Spielen lehren und lernen«. In: Lange, Harald/Sinning, Silke (Hgg.) (2008): Handbuch Sportdidaktik. Balingen: Spitta-Verlag, 359–384.

Schmitt, Reinhold (2009): »Schülerseitiges Interaktionsmanagement: Initiativen zwischen supportiver Strukturreproduktion und Subversion.« In: Gesprächsforschung – Online-Zeitschrift zur verbalen Interaktion, 10. Jg., 20–69 – Mannheim: Verlag für Gesprächsforschung, 2009.

Schmitt, Reinhold (2011): »Unterricht ist Interaktion! Zur Rahmung des Bandes«. In: Schmitt, Reinhold (Hg.): Unterricht ist Interaktion! Analysen zur De-facto-Didaktik. Mannheim: Amades, 7–30.

Schmitt, Reinhold (2011): »Didaktik aus interaktionistischer Sicht«. In: Schmitt, Reinhold (Hg.): Unterricht ist Interaktion! Analysen zur De-facto-Didaktik. Mannheim: Amades, 225–238.

Spörhase, Ulrike/Ruppert, Wolfgang (2010): Biologie-Methodik : Handbuch für die Sekundarstufe I und II. Berlin: Cornelsen Scriptor.

Tesch, Maike (2005): Das Experiment im Physikunterricht. Didaktische Konzepte und Ergebnisse einer Videostudie. Berlin: Logos.

Tesch, Maike/Reinders, Duit (2004): »Experimentieren im Physikunterricht – Ergebnisse einer Videostudie«. In: Zeitschrift für Didaktik der Naturwissenschaften (2004), 51–69.

Vogt, Rüdiger (2002): Im Deutschunterricht diskutieren. Zur Linguistik und Didaktik einer kommunikativen Praktik. Tübingen: Niemeyer.

Wagner, Roland W. (2006): Mündliche Kommunikation in der Schule. Paderborn: Schöningh.

Wenzel, Hartmut (1978): Lernziele im Physikunterricht. Die Lernzieldiskussion in der Physikdidaktik der Bundesrepublik unter besonderer. Berücksichtigung gesellschaftsorientierter Lernziele. München: Minerva.

Wright, Georg Hendrik (1974): Erklären und Verstehen. Frankfurt: Athenäum Fischer.